《萍乡概览》编纂委员会

主　　编：李昌清
副 主 编：陈为真　赖爱荣
成　　员：姚　萍　易文浩　刘　影　漆贺春　胡继超
　　　　　赵斯琴　李文正　周德林　韩　茜　李雅婷
地图编辑：魏　悦　刘　锬　崔亚如　彭　兵　郭剑平
　　　　　饶　君　曾翠云　付　聪　许　洁

《萍乡概览 莲花县卷》编纂人员

统　　稿：易文浩　周德林　陈移新　陈海霞
撰　　稿：赵江波　李　辉　吴正舟　刘　欣　贺　俊
　　　　　邹　晨　黄凌洁　周吉伟　胡　江　贺慧平
　　　　　尹　星　刘　真　刘世杨　刘　菲

莲花县卷

萍乡概览

中共萍乡市委史志研究室 编

江西人民出版社

编纂说明

一、《萍乡概览》以马克思列宁主义、毛泽东思想、邓小平理论、"三个代表"重要思想、科学发展观、习近平新时代中国特色社会主义思想为指导，深入学习贯彻落实习近平文化思想，客观、系统地记录萍乡市、县、乡（镇、街道）、村（社区）各级基本情况概要，反映其自然、政治、经济、文化、社会的历史与现状。

二、本卷记述时间不设上限，尽量追溯到村落（社区）形成时，下限至2023年底，其中未标注年份的人口、面积等基础数据为截至2022年底的数据。

三、本卷收录莲花县琴亭镇、升坊镇、坊楼镇、良坊镇、路口镇、神泉乡、三板桥乡、南岭乡、荷塘乡、高洲乡、六市乡、湖上乡、闪石乡、海潭垦殖场共14个乡镇（场）162个村（社区）简介。

四、概览分为基本概况、自然环境与资源、经济概况、基础设施、社会发展、特色地情等栏目，突出地方特色和历史文化，不求面面俱到，有则多记，无则不记。

五、本卷图片由莲花县融媒体中心、各乡镇提供。

乡（镇、街道）图例

符号	说明	符号	说明
★	市政府	═══	主要街道
◎	县（市、区）政府	═══	次要街道
⊙	乡（镇）、街道	───	一般街道
⊙	居委会	──●──	高速铁路
●	村委会	──●──	普通铁路
○	自然村	═══	高速公路
1918▲金顶	山峰	──G320──	国道及编号
		──S311──	省道及编号
〰〰	大型水库	───	县道
〰	中型水库	───	乡道
〰	小型水库	───	村道
		─··─··─	省界
⌒⌒	桥梁	─ ─ ─	设区市界
⊏====⊐	隧道	─·─·─	县（市、区）界
		─ ─ ─	乡（镇）、街道界

附注：图内所有界线不作为划界依据。

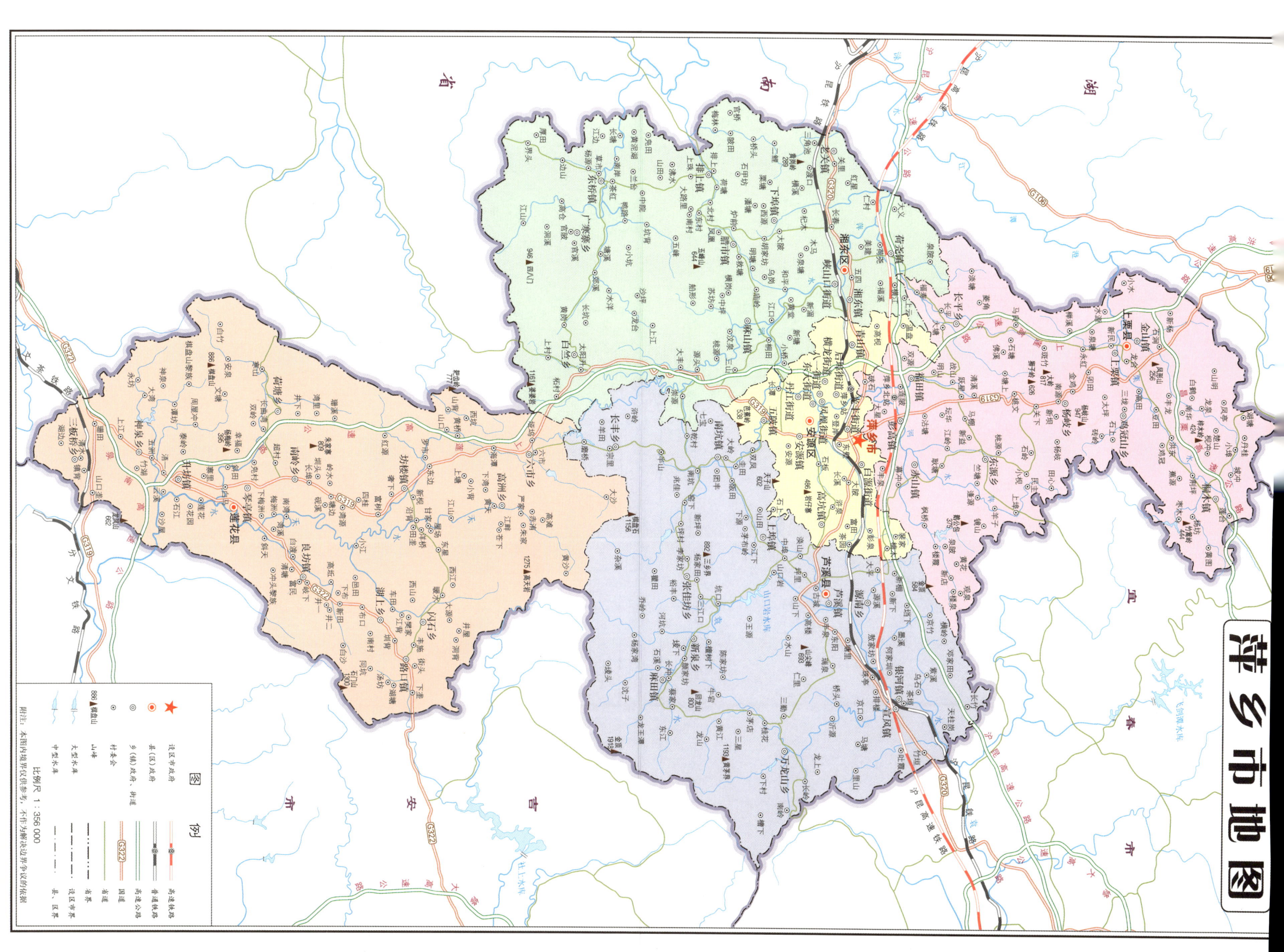

萍乡概况

历史沿革 远在5000年前的新石器时代，萍乡就有先民居住和生活，为百越族的一支三苗族。西周时，萍乡属扬州，春秋属吴国，战国时为楚地，汉时属豫章郡宜春县地。三国吴宝鼎二年(267)设萍乡县，属安成郡，县治设芦溪古岗(今芦溪古城村)。唐武德二年(619)，县治从芦溪古岗迁至萍乡凤凰池。唐贞观元年(627)，江南道分东西两道，萍乡属江南西道袁州。元至元十四年(1277)，袁州安抚司改为总管府，隶属湖南行省，萍乡县属袁州总管府。至元十九年(1282)，升袁州为路，隶属江西行省，萍乡县属袁州路。元元贞元年(1295)，萍乡由县升格为州。明洪武二年(1369)，萍乡由州改县，隶属江西布政司袁州府。1914年，属庐陵道。1926年，直隶于江西省。1932年，属第八行政区。1935年，属第二行政区。

1949年7月23日萍乡解放后，设萍乡市萍乡县，9月撤市留县，隶属袁州专区。1952年9月袁州专区和南昌专区合并为南昌专区，萍乡隶属之。1959年1月，南昌专区改名为宜春专区，萍乡隶属之。1960年萍乡撤县设市，由宜春专区代管。1970年3月10日，萍乡改为省辖市，延续至今。

行政区划 萍乡市辖芦溪、上栗、莲花3县，安源、湘东2区，共29个镇、19个乡、9个街道办事处、144个居民委员会和641个村民委员会。另市本级设有国家级萍乡经济技术开发区管委会和武功山风景名胜区管委会。截至2023年底，全市户籍人口1968083人，常住人口1801638人。

自然地理 萍乡市地处江西省西部，东接宜春市袁州区、吉安市安福县，西邻湖南省醴陵市、攸县，南连吉安市永新县和湖南省茶陵县，北毗湖南省浏阳市，位于北纬26°57′—28°01′、东经113°35′—114°17′之间，面积3830.42平方千米。

萍乡是江西的"西大门"，素有"湘赣通衢""吴楚咽喉"之称。在赣西经济发展格局中处于中心位置，是湘赣两省唯一全境纳入湘赣边区域合作示范区的设区市。沪昆高铁、沪昆铁路横穿境内与京广、京九两大铁路动脉相连。319国道和320国道呈十字形在市区交会通过，沪昆高速公路、上莲高速公路贯穿全境。市中心城区距湖南长沙黄花机场仅120千米，具有优越的区位地理条件。

萍乡市地貌类型有中低山、丘陵、岗地和河谷平原四类。其中中低山和丘陵区分布广泛，面积分别为1535.92平方千米和1591.09平方千米，占全市总面积的40.08%和41.52%。境内山地、丘陵、盆地错综分布，地貌较为复杂。东部、南部、北部以山地为主，西部地势平缓。东南部有武功山脉，海拔一般在800～1900米之间，最高峰白鹤峰海拔1918.3米。北部杨岐山至大屏山一带地势险要，海拔在600～900米之间。西部萍水河河床最低点的海拔只有64米。中部偏东地势较高，成为洞庭湖水系和鄱阳湖水系的分水岭。

域内水系分属洞庭湖水系和鄱阳湖水系。全市主要河流有五条，即萍水、栗水、草水、袁水、莲水。袁水、莲水发源于武功山，汇入赣江；萍水、栗水、草水发源于武功山与杨岐山之间，最终注入湘江。主要支流有长平河、福田河、东源河、楼下河、高坑河、万龙山河、张佳坊河、金山河、大山冲河、鸭路河等。水资源十分丰富，地表水径流量为26.46亿立方米/年，地下水储量为4亿立方米。

萍乡市属亚热带湿润季风气候区，全年光照充足，雨量充沛，四季分明，极端最高气温达41℃，极端最低气温-9.3℃，年平均气温17.3℃。年平均降水量1596.7毫米。降水量时空分布不均，4—6月降水较为集中，占全年降水量的42%；空间上南部多于北部，东部多于西部，山区多于平原。

萍乡自然资源丰富、景色优美，全市森林覆盖率达67.27%，已探明的矿藏有36种，植物物种有1400余种。境内分布的陆生野生动物有两栖类20种、爬行类30种，有鸟类170种、兽类50种。境内亿年溶洞孽龙洞被誉为"天下第一洞""地下艺术长廊"，大屏山、玉皇山、明月湖以及仙凤三宝、十里花溪、荷花博览园等一大批山水景观和乡村旅游点星罗棋布，共同构筑了山水形胜、风景如画的大美萍乡。

历史人文 萍乡历史悠久，文化底蕴深厚。田中古城为始建于商周时期的遗址，见证了萍乡3000余年的文明史。相传在春秋时期，楚昭王在此渡江得"萍实"，乃"吉祥之物"，萍乡也因此得名，意为"萍实之乡"。吴、楚文化的相濡浸染，孕育了独具萍乡风情的民风民俗和异彩纷呈的民间艺术,采茶俚调、民间灯彩、古朴漆画、春锣渔鼓等民间文化传承千年,历久弥新。

杨岐山是中国佛教禅宗五家七宗之一杨岐宗的发祥地,宗教文化源远流长,影响远播海内外。源于楚巫的傩文化被称为"艺术的活化石",萍乡傩面、傩舞、傩庙"三宝"俱全,被誉为"中国傩文化之乡"。

萍乡自古才俊辈出。古代有著名理学家刘元卿,"江西大器"刘凤诰,清代廉吏颜培天,"末代帝师"朱益藩,维新志士、文史大家文廷式等;近代以来涌现了二胡大家黄海怀、中国声乐事业奠基者喻宜萱,还走出了陈述彭、简水生、颜龙安等10位萍乡籍"两院"院士。

萍乡是中国近代工业文明发祥地之一。清邮政大臣盛宣怀于光绪二十四年(1898)在安源创办萍乡煤矿,光绪三十四年(1908)又创办了当时中国第一个股份合资企业——汉冶萍公司,修筑了株萍(至安源)铁路。萍乡煤矿为汉冶萍公司的重要组成部分,是江南最早采用西法机器生产、运输、洗煤、炼焦的煤矿,1916年就产原煤95万吨、焦炭25万吨,萍乡被誉为"江南煤都"。

萍乡是"工运摇篮"。1922年9月,毛泽东、刘少奇、李立三等老一辈无产阶级革命家领导的安源路矿工人大罢工,是中国共产党第一次独立领导并取得完全胜利的工人斗争。安源路矿工人运动持续近十年,开创了中国共产党最早的党校——安源党校、全国产业工人中最早的党支部——中共安源路矿支部、中国共产党领导下最早的经济事业组织——安源路矿工人消费合作社等全国之最。安源工运成为激励全国工人运动的一面旗帜,在中共党史、中国工人运动史、中国人民解放军建设发展史上写下了光辉的一页。在工运浪潮的鼓舞下,中国共产党领导的第一个少年儿童革命组织——安源儿童团在这里诞生,秋收起义在这里策源和爆发,引兵井冈山、开辟中国革命道路的伟大决策在这里作出,萍乡籍和安源走出去的将军就有30人。

萍乡是"户外天堂"。境内武功山是国家AAAAA级旅游景区,入选世界地质公园,获评国家级文明旅游示范单位、国家自然资源科普基地、国家体育旅游示范基地、全国非遗旅游景区。山顶十万亩高山草甸在世界同纬度名山中绝无仅有,被誉为"云中草原、户外天堂",为众多年轻人和户外运动爱好者所青睐,常年在各大旅游平台发布的山岳景区榜单中位居前十,每年都有超过100万人来此徒步、露营,欣赏壮观的云海、草甸、星空和日出的美景。

萍乡是"花炮故里"。花炮祖师李畋的故乡就在萍乡上栗。花炮制作传承发展至今1300余年从未中断,萍乡(上栗)烟花制作技艺入选了国家级非物质文化遗产名录。如今,萍乡是全国四大烟花爆竹主产区和转型升级集中区之一,"上栗花炮"获评中国地理标志商标。2023年,萍乡花炮产业实现产值超200亿元,产品远销60余个国家和地区,产品销量占国内市场的27%、出口市场的22.7%。

萍乡是"中国辣都"。鲜辣椒规模种植面积1.6万亩左右,年产量约5840吨,市场推广应用品种20余个。"鲜辣"是萍乡饮食中最鲜明的印记,"萍乡十大碗"、莲花血鸭、萍乡小炒肉等辣味萍乡菜远近闻名。"花蝴蝶"麻辣豆皮、萍乡炒粉、麻辣喙螺、盐果子等辣味小吃,种类繁多,各具特色,深受萍乡人和各地游客喜爱。2024年10月,萍乡市被全国生态食材评定中心评为"中国生态美食地标辣文化之都"、生态产品区域公用品牌。

经济发展　2023年,地区生产总值1151.66亿元,同比增长3.0%。一般公共预算收入112.2亿元,增长4.8%。一般公共预算支出325.7亿元,增长6.2%。规上工业总产值1092.66亿元,增长0.5%。规上工业增加值增长2.8%。城镇居民人均可支配收入46928元,增长3.6%。农村居民人均可支配收入25967元,增长6.9%。城乡居民年末储蓄余额1302.13亿元,增长17.26%。

目 录

莲花县概况	001	六模村	037
		下梅洲村	039
琴亭镇	005	望山村	041
金城社区	007		
永安社区	009	坊楼镇	044
城南社区	011	坊楼村	046
御景湾社区	013	罗市村	049
明珠社区	014	东边村	051
西门村	015	富树村	052
南门村	017	小江村	054
北门村	018	奢下村	056
西边村	019	新枧村	057
莲花村	021	沿背村	059
花塘村	022	田垅村	061
寨里村	024	洋桥村	064
白马村	025	甘家村	066
斜田村	027	红源村	068
幸福村	028	东星村	070
白岭村	029	屋场村	071
凫村村	030	江山村	073
杨枧村	032		
曙光村	033	升坊镇	077
金家村	035	花园村	081

江口村	083	下坊村	136
沙屋村	086	斜天村	138
升坊村	088	新田村	140
石江村	090	邑田村	142
太岭村	093		
浯二村	095	**路口镇**	145
浯一村	098	路口村	148
云溪村	100	丰施村	150
		范家村	151
良坊镇	103	街头村	152
白渡村	105	庙背村	154
白沙村	107	湖塘村	155
布口村	108	汤坊村	158
冲头民族村	110	阳春村	160
富民村	113	同坑村	162
高圲村	115	下垅村	163
黄源村	116		
井二村	118	**神泉乡**	166
井一村	119	棋盘山民族村	168
良坊村	121	谭坊村	169
梅洲村	122	湖田村	171
南湾村	123	神泉村	171
岐下村	125	大湾村	172
清塘村	126	永坊村	173
泉水村	127	周屋冲村	175
太源村	128	坪里村	176
汤渡村	130	段坊村	177
田心村	131	珊田村	178
湾溪村	133	上江村	180
下布村	135	模背村	181

竹湖村	182	万里村	232
五洲村	183	珊溪村	234
桃岭村	184	严塘村	236
		寒山村	237
三板桥乡	**186**	安泉村	238
田南村	190	文塘村	240
棠市村	192	白竹村	242
湖边村	194		
三板桥村	195	**高洲乡**	**246**
清水村	197	赤洧村	249
镇背村	198	江畔村	251
桥头村	199	高洲村	252
山口垅村	200	黄天村	254
		上塘村	255
南岭乡	**203**	小背村	257
长埠村	206	严家村	259
超村村	208	朱家村	260
岭水村	209	黄沙村	261
四桂村	211	高滩村	263
塘边村	213	下湾村	264
湾源村	215	苍下村	266
砚溪村	217		
圳头村	218	**六市乡**	**269**
		海潭村	273
荷塘乡	**221**	黄桥村	276
长曲湾村	224	六市村	278
双岭村	225	山背村	279
楼下村	227	太沙村	281
庙下村	229	西坑村	283
井下村	230	垭坞村	285

003

山口村	287	**闪石乡**	312
		闪石村	315
湖上乡	290	洞背村	316
车田村	293	江南村	318
凡家村	295	井屋村	319
湖上村	296	暖水村	320
江背村	299	西江村	322
南村村	300	太源村	323
山下村	303	渭下村	325
西山村	304		
小水村	306	**海潭垦殖场**	327
曾家村	307		
圳背村	309	**后记**	330

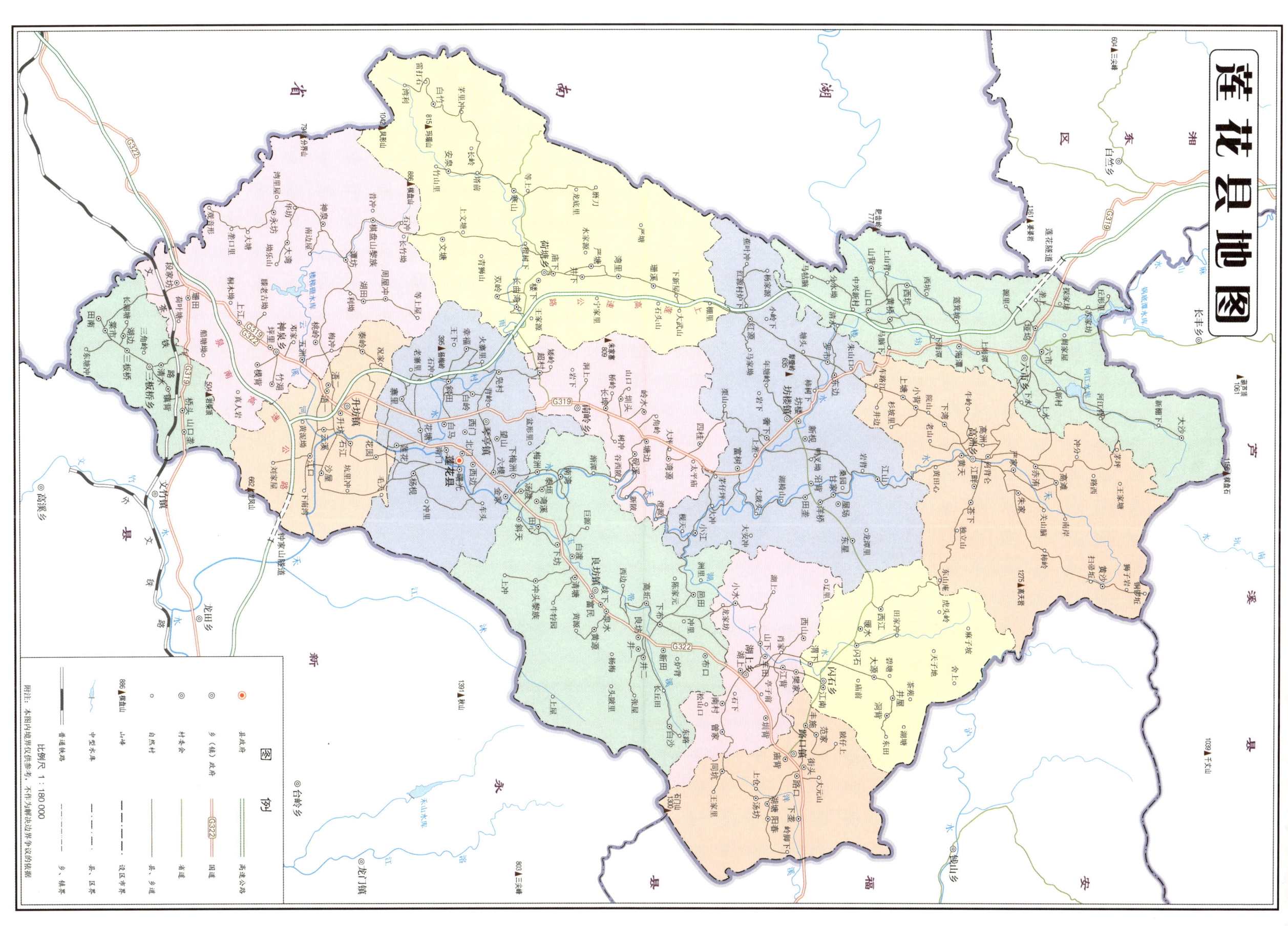

莲花县概况

莲花县位于江西省西部,萍乡市南部。东北靠安福县,南邻永新县、茶陵县,西接湖南省攸县,北连芦溪县、湘东区。县境南北最长约58千米,东西最宽约38千米,面积1072平方千米,其中城区面积16.82平方千米。辖8个乡、5个镇、1个垦殖场。户籍人口27万人,其中常住人口216498人。

莲花是历史悠久的文明古地。秦汉年间设立安成县,晋太康元年(280)置广兴县,清乾隆九年(1744)设莲花厅,1912年改为莲花县。1949年8月10日,莲花县解放,隶属吉安地区。1968年吉安地区改为井冈山地区,莲花属井冈山地区。1979年井冈山地区改为吉安地区行政公署,莲花属吉安地区。1992年8月11日,莲花改属萍乡市。莲花县是江西省十大文化古县,素有"泸潇理学,碧云文章"之美誉,元朝名僧、诗人释惟则,明朝文学家、理学家刘元卿,清朝帝师朱益藩,现代沙漠学家李鸣岗,中国科学院院士、中国地震工程学奠基人刘恢先,"将军农民"甘祖昌、"全国道德模范"龚全珍,都是莲花人的骄傲。

莲花县气候温和,属亚热带湿润季风气候,四季分明,光照充足,雨量充沛。山地、丘陵和平原各占土地面积的26.4%、49.5%、24.1%。其中耕地21.94万亩,占全县土地调查总面积的13.65%;园地5.41万亩,占全县土地总面积的3.36%;林地112.94万亩,占全县土地总面积的70.26%;是一个典型的以农业生产为主的山区县。

莲花县物产丰富,比较有名的农特优产品主要有"一把勺"莲花血鸭真空包装熟制品、"胜龙"牛肉、"莲花谣"地方特产、"香满园"莲系列产品、"吉内得"有机大米、莲花刺绣、百合、蜂蜜、茶油等。

县境内地貌复杂，峰峦起伏，层峦叠嶂。山岭连绵，沟壑纵横，环境多样。境内常绿阔叶林、常绿落叶阔叶混交林、落叶阔叶林、针叶林、针阔叶混交林、竹林、灌丛和灌草丛、湿地植被等分布广泛。据调查统计，境内维管束植物有191科676属1426种，其中本地自然分布的种子植物有154科585属1223种，栽培种46科65属88种。本地自然分布的种子植物中裸子植物5科6属8种，被子植物149科579属1215种。境内珍稀濒危保护植物有11种，占全省珍稀濒危保护植物种数的11.70%。其中国家Ⅰ级重点保护植物4种，占全省的19.05%；国家Ⅱ级重点保护植物7种，占全省的12.28%。县境内省级重点保护植物66种，占全省的28.45%，其中省Ⅰ级重点保护植物有13种，省Ⅱ级重点保护植物14种，省Ⅲ级重点保护植物39种。动物资源丰富，种类繁多。境内有脊椎动物32目85科270种，其中国家重点保护动物35种，省级重点保护动物59种，占全省省级重点保护动物总数的52%。有国家Ⅰ级重点保护野生动物1种：云豹；国家Ⅱ级重点保护动物9种：穿山甲、猕猴、大灵猫、豺、水獭、小灵猫、金猫、水鹿、鬣羚。江西省重点保护动物12种：赤狐、黄腹鼬、黄鼬、豹猫、毛冠鹿等。境内鸟类共计150种，其中国家重点保护鸟类23种，国家Ⅰ级重点保护鸟类1种：白颈长尾雉；国家Ⅱ级重点保护鸟类22种：鸳鸯、黑冠鹃隼、蛇雕、赤腹鹰、松雀鹰、白鹇、勺鸡、领角鸮等；江西省重点保护鸟类30种：池鹭、牛背鹭、绿翅鸭、灰胸竹鸡、山斑鸠、珠颈斑鸠、普通翠鸟、黄嘴噪啄木鸟等。矿产资源丰富，已发现的矿种有煤、铁、瓷土、紫砂泥、水泥用灰岩、熔剂用灰岩、白云岩、大理岩、钨、金、铜、银、铅、锌、锰、硫、粉石英、磷、高岭土、滑石（镁质黏土）、砖瓦用黏土、建筑用砂（石）、矿泉水等矿产23种。具有本地优势的矿产有煤、铁矿、陶瓷土、紫砂泥、水泥用灰岩、熔剂用灰岩等。

近年来，在国家一系列扶贫开发政策的大力扶持下，莲花交通基础建设发展很快，交通运输水平显著提升，尤其是农村交通运输条件得到了极大改善。公路方面，县境内有高速公路2条（G72泉南高速和S89上莲高速）共长56.176千米、国道2条（G319三板桥至六市段和G322路口至界化垅段）共长96.465千米、省道2条（S255六市至路口公路和S538垒里冲至山斗岭公路）共长39.755千米、农村公路共长1775.109千米，总里程达1967.505千米，基本形成以泉南高速、S89上莲高速、G319国道、G322国道为主骨架，以省县道为主枢纽连接毗邻省县市，以中心城区为辐射点，以乡村道为"毛细血管"纵深发展的"六纵八横"公路网。县境内普通国省道均达二级及以上标准，县道三级公路占比75.75%。

教育事业发展迅速。2022年，全县共有各级各类学校84所，其中重点高中1所、民办高中1所、职业中专学校1所、一般完中2所、初级中学9所、九年一贯制学校4所、十二年一贯制学校1所、小学63所（县直小学3所、中心完小11所、一般完小34所、教学点15所）、其他学校2所（保育院1所、特校1所）。全县高中在校学生5950人（公办高中4752人、民办高中1198人),职业中专在校学生1657人,初中在校学生11305人,小学在校学生19190人,保育院在校幼儿1676人,特校在校学生116人。全县中小学教职工2520人,其中高中职业中专教师358人、初中教师929人、小学教师1026人。

卫生健康事业稳步向前。有公立医疗卫生单位16家(县人民医院、县中医院、县妇幼保健院以及13个乡镇卫生院)、民营医院1家、村卫生室136家,拥有专业技术人员800多名。卫生事业取得一定成绩,主要有:莲花县获评"国家卫生县城",路口镇获评"国家卫生镇",其他乡镇均被命名为"江西省卫生乡镇";县妇幼保健院获"江西省巾帼建功先进集体"和"江西省妇女'两癌'免费检查工作先进单位"称号。

莲花有光荣的革命传统。这里是毛泽东引兵井冈决策地,是胡耀邦革命生涯第一站,也是井冈山革命根据地和湘赣苏区的重要组成部分。毛泽东、朱德、方志敏、彭德怀、陈毅、胡耀邦、宋任穷等老一辈无产阶级革命家曾在这里留下光辉的战斗足迹。革命战争期间牺牲的革命烈士有3486名,在刑场上用脚趾蘸着淌到地上的鲜血,写下"革命成功万岁"的中共莲花第二任县委书记刘仁堪就是其中杰出的代表。有中华人民共和国成立后授衔的将军13位,"莲花一枝枪"、"将军农民"甘祖昌和"全国道德模范"龚全珍夫妇的故事闻名遐迩。

莲花是生态优美的绿色胜地。丘陵起伏,河流、密林众多,呈天然之秀,森林覆盖率达71.35%,是省文明县城、省森林城市、省园林县城、省卫生县城、省首届十佳绿色生态县、省十大最具幸福感城市、省旅游发展十佳县。结合全域旅游打造,秀丽迷人的莲花生态、莲花山水、莲花乡村、莲花"四季花海"已成为一张张亮丽的名片,吸引着众多人士慕名而来。县内有名的红色景点有花塘官厅(列宁学校)、莲花一枝枪纪念馆(宾兴馆)、沿背村红色教育培训基地、高滩秋收起义行军会议旧址、棋盘山三年游击战争旧址(圳上改编旧址)等,主要公园景区有荷花博览园、莲江湿地公园、玉壶山省级风景名胜区、寒山省级森林公园、吉内得国家稻田公园、石门山、罗汉山西汉古墓、仰山文塔、复礼书院等。非物质文化遗产有莲花血鸭、路口打锡、茶灯舞、莲花山歌"哦嗬歌"等。

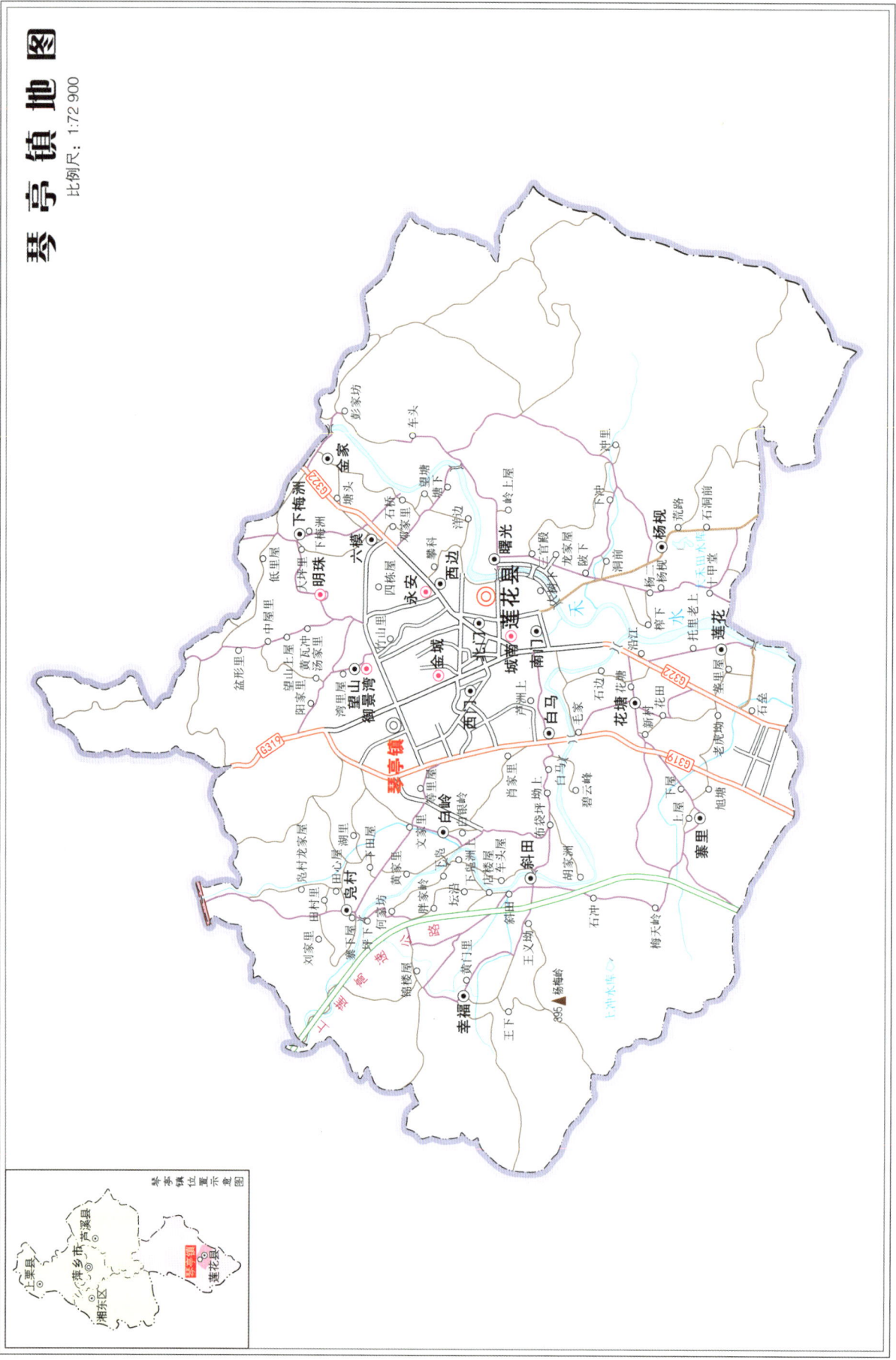

琴亭镇

琴亭镇位于湘赣边界，是莲花县人民政府驻地，是全县政治、经济、文化中心，东与吉安市永新县接壤，南与升坊镇为邻，西连神泉、荷塘二乡，北接南岭乡。琴亭镇"琴亭"二字因唐朝名相姚崇布衣时操琴之处所建的凉亭"琴亭"而得名，于1913年置镇，1968年并入花塘公社，1970年析花塘公社置琴水镇，1983年复置琴亭镇，2001年琴水、花塘两乡并入。琴亭镇辖18个行政村、5个社区，全镇现有常住人口72707人，辖区总面积76.6平方千米，耕地面积14667公顷。先后获第十二届"江西省魅力乡镇"、2017—2018年度全国文明乡镇、全省首批"五型"政府建设示范乡镇、第五批江西省省级生态乡（镇）、江西省十大休闲旅游小镇等国家级、省级荣誉称号。

自然环境与资源 属亚热带湿润季风气候，境内四季分明，雨量充沛，霜期较短，春季温和易变，夏季酷暑较长，秋季天高气爽，冬季寒冷少雪。年均气温17.6℃，年均降水量1720毫米，全年无霜期270天左右。琴亭镇地处琴水河下游河谷平原地带，境内地势平坦，西北高，东南低，海拔高度在150～1100米之间。土质肥沃，盛产稻谷、西瓜、甘蔗、柑橘、葡萄等经济作物。境内资源主要有石灰石、煤炭、铁矿、瓷土、竹木、水力等。属赣江水系，有大小河流3条，总长22.4千米，流域面积10.6平方千米。境内最大河流文汇江，长12.8千米，流域面积9平方千米，年均流量25.2立方米/秒。境内有莲江湿地公园、市民公园、荷花博览园AAAA级景区、玉壶山风景名胜区、花塘官厅遗址、莲花一枝枪纪念馆等自然和人文景观。

经济概况　截至2023年11月,完成财政总收入7326万元,税收7280万元,一般预算收入4133.48万元,规上工业总产值15.3亿元。全镇现有规上工业企业13家,其中产值亿元以上企业有3家(江西大地制药有限责任公司、江西宝海微元再生科技股份有限公司、江西永特合金有限公司)。

基础设施　全镇有1个水电站:凫村胜利水电站;有5个污水处理设施,分别在杨枧小学、花塘小学、斜田小学、凫村小学和莲花村;有1个人工湿地,在莲花村。

有小(2)型水库2座:斜田村上冲水库、杨枧村大禾田水库。上冲水库库容13.3万立方米,大禾田水库库容15.8万立方米。全镇有2个灌区,分别为莲江灌区、寒山灌区;大小水闸5个,分别为白马水闸、新芙蓉水闸、老蓉芙水闸、干鱼水闸、二陂水闸;大小山塘33个。

社会发展　琴亭镇地处莲花县中心,近年来持续加快推进城市更新,有序推进28个城市更新项目建设。琴川路贯通工程、322国道拓宽工程、产业转型工业园二期、县技工学校、滨河南路、污水管网改造等重大项目陆续完成,大大提升了城镇综合承载能力。

人文地情　琴亭文化灿烂,人杰地灵。唐朝名相姚崇布衣时曾操琴于莲花桥上,末代帝师朱益藩诞生于此。毛泽东、彭德怀、胡耀邦、王震、曾山等老一辈无产阶级革命家曾在这里留下了光辉的战斗足迹。胡耀邦同志参加革命的第一站就在花塘官厅。琴亭是引兵井冈的决策地,1927年,毛泽东主席在宾兴馆召开了前委会议,作出了引兵井冈的决策。琴亭历史上有进士7人,举人20余人,如宋代的毛越、龙清、江

国家AAAA级景区莲花县荷花博览园

市民公园鸟瞰

楹、毛适、陈森翁，元代的刘员，明代的李嗣晟、李枝起、龙有珠、龙科宝等。清代花塘村朱家"一门三进士，五科六举人"被传为佳话，此外还有刘钟岳、金储英、李维丙等名人，李夫克、徐国贤2位开国将军。

玉壶山风景区总面积51.24平方千米，由玉壶山中心景区、垂花岩景区、石廊洞景区、龙山口景区、神泉湖景区以及莲花一枝枪纪念馆、花塘官厅、莲花革命烈士纪念堂三个独立景点共同构成。相传有杨仙在此修炼，后羽化登仙。历史上曾有姚崇、牛僧孺、刘沅、周必大、文天祥、刘定之、李东阳等7位宰相到过此地，其中3位在此读书，留有洗墨池、读书台、履迹杏林、诗碑等古迹。

金城社区

社区概况 金城社区东临永安北路，南接广场西路，西连广兴路，北靠勤王路。辖区面积1.2平方千米，共有1523户5183人。辖区划分为9个网格，配备专职网格员9人。

金城社区处于县城中心，是主要的居民区和商业区。辖区人口密度大，商户密集。

经济概况 经济活动区主要集中在金城大道及一枝枪广场周边，有商业零售、餐饮服务等，主要有广场北路以及商城区域2个商贸区。商贸繁荣街区全长900余米，商铺众多。

基础设施 社区党群服务中心设365天不打烊便民代办服务点。推行"365连心"工作法，实现服务群众365天不打烊。组建了"龚全珍式好党员""乐于奉献志愿者""热心公益五老人员"三支队伍。重点开展宣讲理论、学习先进、帮困助弱、规范治理、联系群众、调解矛盾六大服务活动。设立了龚全珍爱心救助基金会，成立龚全珍志愿者协会、红色宣讲团等服务队伍。截至2023年底，共筹集发放救助款150余万元，救助困难群众1000余名，帮助解决上学难、看病难等问题300余件。

社区联合县总工会及各共建单位资源力量，依托龚全珍工作室、新时代文明实践站、职工之家等平台，按照"六有"标准，打造了集"学习、休息、服务、问需、宣传"一体的"琴暖新亭"新就业群体休憩场所，配备饮水机、沙发座椅、充电端口、应急药箱、按摩椅、雨伞等服务设施，让快递小哥、外卖骑手、环卫工人以及所有户外劳动者真真切切感受到家的温暖。

社会发展 社区内有城厢小学和城厢二小，可满足社区及周边小学年龄阶段的就学需求。文化活动场所占地面积约500平方米，社区新时代文明实践站设在党群服务中心内，社区内设有老年人活动室、健身休闲室。文化健身广场面积约800平方米、多功能活动室面积约50平方米。辖区依托网格打造网格驿站，有一枝枪广场网格驿站、306车队网格驿站、100栋网格驿站等，给辖区内的居民提供集休闲娱乐议事为一体的多功能室。同时社区居委会积极开展精神文明建设工作，依托党群服务中心、网格驿站、活动广场，定期开展送戏下乡、电影下乡等文化活动，丰富群众文化休闲生活。

特色地情 莲花一枝枪广场场地广阔，风景优美，广场中心有一支枪雕塑、喷泉、

金城社区党群服务中心

金城社区琴暖新亭阵地

银杏林,深受莲花人民喜爱,是社区居民休息、游乐的重要场所。

20世纪70年代这里有一家国营企业(莲花县长途汽车运输公司)306车队,靠近居民区,位置处在社区中心,出行便利,设有306车队网格驿站,是居民议事、休闲、娱乐的好去处。

永安社区

社区概况　永安社区位于琴亭镇县城以北,与西边村、北门村、六模村接壤。社区办公地点在永安北路永安明珠小区,辖区面积约2平方千米。社区现有2103户6205人,居民小组16个,驻片单位9个,物业小区3个。社区现有办公用房160平方米。设有社区公共服务大厅、调解室、文化活动室、理论宣讲室、科普宣讲室、市民教育室。辖区内主干道为永安北路,小区名字由此而来。西边村组路、康达东路、解放街3条干道也在社区辖区内。

自然环境与资源　永安社区人口密度大,小区居民楼密集。东侧莲江自东向西缓缓流过,莲江湿地生态优美,动植物种类丰富,国家二级保护动物白鹭常在此处显露身影。

经济概况　社区内有金三角街区以及大商汇商贸区。金三角街区是莲花县的大型集中商业街,可以做到衣食住行一站式服务;大商汇商贸区域为特色农副产品聚集区,可实现从田间地头到餐桌一小时快捷服务。

基础设施　辖区内永安北路向北连接322国道,通往良坊、湖上等乡镇。社区内通信设施完备,物流配送便捷。有移动、电信、联通营业厅和邮政物流配送点。辖区内设有便民口袋公园1处,篮球场多处,由绿化和健身功能相结合,设置于居民楼群十五分钟生活圈内。

社会发展　辖区内有莲花县综合人民医院和小宏基幼儿园、童心幼儿园二部。文化活动场所占地面积约260平方米,主要是居委会(党群服务中心)约160平方米、新时代文明实践站约100平方米。居委会可为群众提供代缴医保服务,2023年度医保缴纳率达100%。2022年完成城北安居工程小区提升改造项目,小区全区铺设沥青路面。

特色地情　社区内仍存有始建于清乾隆年间的3条老街:一条叫下街,从关帝寺至城隍庙折向琴亭桥;一条叫横街,入岔路门经五岳庙至荣茂里;一条叫上街,进北门村过文家屋出西边。3条街加起来总长1200米,路宽不过3米,原由清一色的鹅卵石铺成,俗称子甲路。社区内有两条"新街",是新中国成立初期所建。一条东西相向,自莲花宾馆到东门大桥,曰新建街;一条南北相向,从县老物资局至原琴水商店,名解放街。县委、县政府、县人大、县政协等机关单位,商场、饭店、医院、银行、小学、新华书店、文化宫、菜市场等集中在两条仅五六百米长、八九米宽的街道,热闹繁华。改革开放后,3条老街两旁低矮破旧的瓦屋逐渐被砖混结构的多层楼房所取代,凹凸不平的子甲路陆续变成了平整的水泥路,并设有下水道。居民再也不受污水横溢、蚊蝇孳生的困扰了。旧时每条老街都有一个很诗意的名字:下街雅称操琴巷;横街美曰丁香巷;上街名叫杏花巷。

随着城市的发展,"十"字相交的新建街、解放街也从头到尾变了样。新建街被改造

永安社区党群服务中心

加宽成仿古一条街,格子窗棂、琉璃屋瓦装饰得古色古香,连接至东门桥边的滨河路;解放路已扩建延伸至南门桥的外资路,形成一条长800米、宽24米的新街,两边是五至八层错落有致的商住房。与琴亭小学、宾兴馆(即"毛主席旧居",又名"莲花一枝枪纪念馆")相邻,距南门大洲上的革命烈士纪念馆只有一步之遥。

自1992年8月由吉安市划归萍乡市管辖以来,莲花县的城街建设更是走上了快车道。改造扩宽的永安大道两旁,高楼大厦、商贸市场似雨后春笋般拔地而起。诸如供销大厦、农行、农发行、农村信用合作社、金三角商城、商品大世界,现已成为全县人气最旺、生意最火的黄金地段。

城南社区

社区概况　城南社区居委会成立于2007年,位于莲花县城南面,社区名由此而来。辖区总面积约1平方千米,东至河街,南至漫坊桥,西邻金城社区,北邻永安社区。辖区范围内有4条干道,其中主干道为永安南路,另外3条干道为广兴西路、新建街、解放南路。现有1452户5104人,居民小组10个,驻区单位10个,物业小区4个,划分社区网格10个,党支部2个。现有社区工作人员11名,办公用房300平方米,分为党群服务中心、警务室、综治中心、党员活动室、新时代文明实践站、退役军人事务站、居民说事室等七大主功能服务区。

城南社区

莲花一枝枪纪念馆（宾兴馆）

经济概况 社区有巴黎春天、盛世名门、新蓝天、云城华府、安城国际等数个小区，有大型商超和衣帽服饰、电器、家具、移动电信、美容美发、五金、水电安装、汽车修理、建材等数百家店铺。

基础设施 社区为县城新城区，基础设施完备，生活便捷。

辖区内有城厢中学、刘仁堪小学、特殊学校以及教育园区，覆盖了从幼儿园到高中的就学需求。辖区文化活动场所占地面积约500平方米，主要是居委会（党群服务中心）约300平方米、新时代文明实践站约100平方米。

特色地情 莲花一枝枪纪念馆位于江西省莲花县城南门广场右侧，沿解放街南路或外资路可直达，是展示莲花人民革命战争历史的专题纪念馆。

莲花一枝枪纪念馆馆址原为始建于清道光五年（1825）的宾兴馆。20世纪20年代成为中国工农革命军的重要活动场所。抗战时被毁。1968年在原址按原貌重建。馆舍占地面积4200平方米，建筑面积770平方米，为祠堂式建筑，砖木结构，分前后两进，前进四周有回廊，开三扇大门，进门有天井，后进有中堂，两侧有厢房，后厅有小天井。该馆包括古代建筑实体和革命珍贵史料展陈两部分：前者以明清时期江南建筑为展示内容，大革命时期为国民党县党部与农民自卫团驻地，一代革命伟人曾在此从事革命活动；后者系统介绍了土地革命战争时期莲花地方革命武装的斗争经历和"一枝枪"的光荣历史，集中展示在中堂和两边厢房。初时命名为"毛主席领导一枝枪纪念馆"，现名"莲花一枝枪纪念馆"。

御景湾社区

社区概况 御景湾社区成立于2004年,地处莲花县琴亭镇二环东路。辖区面积约1.72平方千米,管辖范围北起垒里冲,南至金城大道金城加油站路段,西起琴亭派出所所在地,东至县城319国道勤王路路段。辖区现有3898户11694人,驻区单位16个,物业小区6个,集中生活小区13个,划分社区网格11个。御景湾社区设有便民服务大厅、警务室、综治中心、党员活动室、新时代文明实践站、廉洁工作平台、退役军人服务站等七大功能服务区。2023年底,在基层党建引领社区网格化治理下,社区先后设立了4个网格驿站并投入使用,成为集居民红色文化宣传、学习、教育、休闲为一体的综合性文化活动区域。同时按照"六有"标准,打造了集学习、休息、服务、问需、宣传一体的"琴暖新亭"新就业群体休憩场所,配备饮水机、沙发座椅、充电端口、应急药箱、按摩椅、雨伞等服务设施,着力服务户外劳动者所想所需,打通服务群众"最后一公里"。

基础设施 社区共有物业小区6个,集中生活小区13个,设11个网格。社区范围内有金城大道、勤王路、琴川路等主要路段,交通便利。

社会发展 社区内有驻区单位16家,同时社区内有4所幼儿园,即金城幼儿园、博乐幼儿园、第二保育院、第三保育院,可以满足辖区内幼儿的就学需求。社区与17家县直单位签订了共建协议,实行"资源共享、相互联动",便民利民。同时御景湾社区新时代文明实践站设有家长学校、理论宣讲室、市民教育室、健身活动室、未成年人

御景湾社区

活动室等七大功能室。为社区群众打造集红色文化宣传、学习、教育、休闲为一体的综合性文化活动区域,将新时代文明实践活动融入社区便民服务中心的各项服务工作当中。社区发挥党建引领作用,以"党员+志愿者"为主要服务资源,发挥党员带头作用,带动身边居民积极参加志愿服务活动。

特色地情 社区内有移民新村小区、金中环移民区,分别为易地扶贫搬迁小区和拆迁安置小区,由政府规划统一安置,安置区内房屋整齐有序,配套设施完备。

明珠社区

社区概况 明珠社区成立于2008年,东邻六模村,西接望山村,北与下梅州村相邻,南与御景湾社区接壤,辖区面积0.541平方千米,有居民小组7个(明珠新村、明星小区、金中环、惠民小区一、惠民小区二、城北、磨塘)。社区居民主要为山区移民人口,共829户2660人。经济活动区主要集中在泸潇路金中环区域,有商业零售、服务业、小型制造业等。

基础设施 泸潇路、明珠路贯穿社区。泸潇路为县城主要道路之一。社区内每个网格生活配套设施完善,均设有垃圾分类处理站、商超、便利店等,其中金中环网格靠近新建智慧农贸市场,市场占地15亩,建筑面积1.8万平方米,为居民日常生活购物提供了方便。

社会发展 明珠社区规划科学,房屋齐整有序,社区内教育、医疗、商业、休闲等配套设施完善,辖有明珠中学、城北幼儿园、城北小学,满足了居民幼儿阶段、九年义务教育以及高中阶段的就学需求。辖区内配有社会福利院,院内环境美观、绿色,注重人文关怀,可以满足周边老人的优质养老需求。另有汉和医院以及新建中县人民医院。汉和医院是一家集医疗、养老、休闲、精神慰藉、临终关怀于一体的非营利性综合医院,能够满足居民的不同就医需求。明珠社区文化活动场所占地面积约850平方米,社区新时代文明实践站设在党群服务中心内,文化健身广场约800平方米,多功能活动室50平方米。明珠社区新时代文明实践站采取"一室多区"形式建设,集中了图书室、未成年活动室、市民宣讲室、退役军人服务站等多个功能区域,为群众提供了一个良好的学习娱乐场所。依托党建引领和居民需求导向,经常联合驻区单位、共建单位、志愿者开展丰富多彩的活动,惠及老年人、儿童、妇女、残疾人、社区困难群众等群体。社区内的惠民小区网格为县第二批廉租房民生项目,建成使用后惠及360多户家庭。

明珠社区党群服务中心

经济概况 明珠社区经济活动区主要集中在泸潇路金中环,有商铺80余户,产业结构多样,蕴含零售业、服务业、小型制造业等,为居民提供了丰富的消费选择。近年来,社区周边兴建了多个高档住宅区,带动了周边商业街区的投资发展,各类商铺生意兴隆,居民消费水平不断提升。

特色地情 明珠社区主要为山区移民安置区。安置区建成后,社区办公楼地处移民安置区中心,安置区内房屋整齐有序,居民民风淳朴、热情好客,居民就业、上学、就医、出行等得到根本性改善。

西门村

村情概况 西门村位于县城中心,属于城中村,地处琴亭镇西南部,东邻北门村,南接南门村,西近白马村,北连望山村。现有住户494户,共2086人。主要姓氏为贺姓,占村人口总数80%以上。

自然环境和资源 西门村属于丘陵山地地形,地势东低西高,村庄地势较为平整,呈东西纵向态势。绿化率70%,林地面积26亩,主要为杉树、毛竹。

经济概况 西门村商贸繁荣,村中心地段永安路全长300余米,商铺众多,以小型

西门村贺氏大宗祠

商户为主。村集体经济主要以商铺出租为主,村集体有商铺25户,年租赁额达52万元以上。带动贫困群众就业18人,贫困群众年人均增收6000多元。2023年村级集体经营性收入达54万元。

基础设施 西门村道路已实现组组通,大部分为沥青路面,路面宽为4米,均安装太阳能路灯。交通十分便利,319国道由北向南穿村而过,通信网络覆盖率100%,家用通电率100%。村民日常做饭,生活能源主要为电能和液化气,村民用水100%为自来水。

社会发展 西门村党群服务中心占地面积约680平方米,新时代文明实践站占地面积约50平方米。党群服务中心内设党员活动室、退役军人服务站、综治室、乡村振兴室、党群服务室、民兵连室等十大功能服务区。村内还有文化健身广场、居家养老服务中心、村卫生室等。

人文地情 红色文化氛围浓厚,有革命烈士33名。村内贺家大宗祠是中共莲花县委第一次(1928年7月)、第五次(1932年9月)代表大会以及莲花县苏维埃第五次(1931年9月)、第六次(1932年6月)代表大会会址,曾为中共莲花县委、县苏维埃政府临时驻地。

南门村

村情概况　南门村位于县城城南地段,毗邻县政府,距镇政府2千米,莲江河、琴亭河2条河流自北向南穿村而过,村辖区面积约3平方千米,全村共有12个自然村,12个村民小组,设9个网格,有643户,村民1892人。居住人口以汉族为主,全村主要姓氏为李姓、贺姓、徐姓。村集体资产有办公楼1栋、商住楼房2栋、厂房1栋、门店12个。全村有林地1200亩,耕地471亩,其中水田471亩。

自然环境与资源　南门村地势平坦,人口密度大。护城墙自东门桥沿南门桥而建,莲江河自北向南沿着村庄东面一路流向赣江。

经济概况　南门村主要种植水稻、蔬菜、油菜,养殖鸡、鸭、鹅、猪、牛等。2023年水稻种植面积约300亩,种植户约210户;油菜种植面积约120亩,种植户100户。生猪存栏180头,全年出栏150头。村民成立的农业企业有华升农业合作社。工业企业有外资路鞋面加工厂、自动化洗碗厂。有商铺60余户,其中超市5家、菜市场1家、小卖部17家、餐饮店4家、夜宵店1家,还有电器、家具、水果、移动电信、诊所、美容美发、五金、水电安装、汽车修理、建材等店铺。2023年村集体经济收入为26万元。

基础设施　外资路和解放南路穿过村庄,村内生活道路约长6.5千米,路宽3~5米,主要为沥青路面。有桥梁3座,分别是东门桥、安置桥、昌莲大桥。建有垃圾集中处理中心1个。通信网络信号覆盖率100%,宽带网络使用率约90%,有线电视使用率

南门村南门街

100%。村内有移动、电信、联通营业厅和邮政物流配送点。家庭通电率达100%。村民主要生活用水来源于集中供水和深井水。

社会发展　南门村辖区有刘仁堪小学、南门幼儿园,可满足本村及周边村庄学龄前和九年义务教育阶段的就学需求,九年义务教育覆盖率100%。刘仁堪小学原名琴亭中心小学,创办于1985年,学校坐落于原中山花园,背靠着流水潺潺的莲江河,校外两侧是莲花一枝枪纪念馆和莲花县革命烈士纪念馆,学校现有24个教学班,学生1200余人,教职工60余人,校园占地面积22560平方米,校舍建筑面积5569平方米。文化活动场所占地面积约2150平方米,其中村委会(党群服务中心)约500平方米、新时代文明实践站约200平方米、文化健身广场约1200平方米。南门村新时代文明实践站采取"一室多区"形式建设,共设立4个集中活动室,包含图书室、党员活动室、市民宣讲室等6个功能区域。村内建有2个卫生所(室),服务范围辐射到西门、杨枧、曙光等周边村庄。

北门村

村情概况　北门村地处莲花县城,历史上曾名上街大队、五四大队、五七大队。辖区面积约2.5平方千米。村下设6个村民小组,村民主要居住地为文丰新村、文丰路、展览馆路、文家屋、胜利街、新建东街及解放北路。东接西边村,南邻南门村,西与西门村交界,北靠望山村。住户290户,人口1050人。北门村李姓和文姓人口较多。地处琴水河下游,地势平坦,西北高,东南低,海拔150~400米,有耕地约15亩,林地350亩,水塘3亩。

经济概括　北门村田少人多,村民多以务工经商为主。村集体经济收入主要来自房租收入。2023年村级集体经营性收入109.4万元,拥有固定资产约5000万元。村民年可支配收入1.08万元。

基础设施　北门村道路已实现组组通,大部分为沥青路面,路面宽为3.5~5米,照明路灯260余盏,其中太阳能路灯75盏。通信网络信号覆盖率100%,宽带使用率96%,家用通电率100%。村民日常生活能源主要为电能和液化气,村民用水100%为自来水。

社会发展　北门村党群服务中心占地面积约600平方米,新时代文明实践站占地面积约120平方米。党群服务中心内设有图书室、党员活动室、市民宣讲室、理论宣讲

北门村居民区一角

室、家长学校、乡村振兴室、党群服务室等十大功能服务区。村内有室外文化健身广场,占地面积约800平方米,室内舞厅占地200平方米,有篮球场、文化书屋、棋牌室,学习娱乐设施较全。村民基本上都享受了失地社保,医疗保险人口全覆盖,每年的医疗保险都由村统一代缴,村民女满55岁、男满60岁每月可享受福利补助。

西边村

村情概况 西边村位于琴亭镇北部,东邻六模村,南接南门村,西与北门村交界,面积1.5平方千米,下辖5个自然村(西边塘、梅陂天、攀科里、陈家屋、书院),6个村小组。共365户、人口1105人。村中李姓、陈姓村民人数较多。西边村耕地面积454亩,以农业为主,外出务工为辅。西边村地理位置优越,辖区内康达东路、永安北路、滨河路、琴川路4条主干道相互贯穿。辖区内有商品大世界、政府机关、学校、公园等,是县城的重要组成部分。西边村崇尚教育,素有"才子之乡"的美誉,民风淳朴。

经济概况 农业以这种植水稻、油菜、蔬菜为主。2022年,水稻种植面积约450亩,种植户125户;油菜种植面积约173亩,种植户约50户。近年来县城经济高速发展,城市规模不断扩大,西边村已成为城中村。2022年村级集体经营性收入达31.9万元。

西边村一角

自然环境与资源 西边村人杰地灵,环境优美,依山傍水,地势平坦,莲江湿地公园是人们休闲的好去处。

基础设施 永安路和康达东路穿村而过,周边店铺林立,人口密集,交通发达。通信网络信号覆盖率100%,宽带网络使用率近100%,有线电视使用率100%。村内有移动、电信、联通营业厅和邮政物流配送点。商品大世界位于辖区内,村民购物十分方便。幼儿园、小学、卫生所(室)、图书馆、篮球场等基础民生设施齐全。

人文地情 西边村历史悠久,早前名为七一大队。后因村中五口大水塘具有标志性地理位置,恰好是县城西边,故而得名。西边村曾是古县城东门、北门城墙入口处,也是南来北往客商入城的必经之地。

李夫克(1915—1988),琴亭镇西边村人。1930年任县模范少先队大队长。1931年加入中国共产主义青年团,同年参加中国工农红军。1933年由团转党。历任陕北红军三十军参谋长,中国人民抗日军政大学第一大队二支队支队长兼军事主任教员,八路军一二〇师三五八旅参谋长,晋西北军区参谋处处长兼第一军分区副司令员,晋绥军第三纵队参谋长,西北野战军第三纵队独立旅旅长,第一野战军副参谋长,西南军区代参谋长,中国人民解放军军事科学院研究部部长、学院副秘书长等职。1955年被授予少将军衔。

莲花村

村情概况　"村居原自爽,地又是莲花。疏落人烟里,天然映彩霞。"这是清代进士、莲花同知李其昌的一首赞美莲花村的诗。莲花县因莲花村而得名,20世纪60年代改名为先锋大队,后恢复莲花村。莲花村地处县城以南,距离县城中心2.5千米,莲江河从东边穿村而过,西边是AAAA级景区荷博园。全村区域面积2.5平方千米,共辖8个村民小组,418户,1901人。耕地面积1314亩,人均0.7亩;林地面积5236亩,人均2.7亩。村民主要姓氏为朱姓,占全村人口90%,其他姓氏有颜、刘、张、郭等。东家岭山场盛产硼砂。有据可考的烈士有42名。

经济概况　村内流转土地1200亩给荷博园种植荷花,荷花种植面积占90%,剩余耕地用于制种和种植水稻。40余亩的水域已全部租赁给莲花岛用于休闲养殖。临近县工业园,累计提供工业用地3450亩。村民自发注册莲产品加工企业2家,另有电子厂、针织厂各1家,解决就业91人。2023年人均纯收入18237元。

莲花村龚全珍议事坪

基础设施　莲花村交通运输发达,君子路、清源路、莲湘路、秀莲路构成"井"字形交通网络,莲江河、322国道像两条彩带由北向南穿村而过,村庄主干道全部铺设了沥青,5条巷子铺设了水洗石,所有入组路、入户路全部实现了水泥硬化,通邮、通电、通自来水率达100%,水利设施完备,所有水圳实现了三面衬砌。村卫生室占地150平方米,配备有资质的乡村医生1名。有污水处理厂1座,接入35户沿江居民。

自然环境与资源　莲花村地势平坦,常年有国家二级保护动物白鹭在这里栖息。

社会发展　村内设有图书馆,建有娱乐广场、生态停车场等。

特色地情　村内一古樟有1200余年树龄,枝繁叶茂,甚是壮观。古树下有座真济阁,又名道济寺,终年香火不断。村里还有一座建于清道光四年(1824)的石拱古桥,六墩五孔为本地一位名叫秀莲的乡绅捐资所建,时人将此桥命名为秀莲桥。该桥长63米、宽6米,砂石建筑,至今尚完整,是县级保护文物。

花塘村

村情概况　花塘村距县城1千米,东临琴水河,南邻莲花村和县工业园,西与寨里村交界,北接县城南门村。辖区内有6个自然村(花塘、花田、毛家、沙洲屋、漫坊、新村),7个村民小组,有716户2927人。主要有6个姓氏,分别是朱、胡、贺、刘、彭、毛,其

花塘官厅

花塘村鸟瞰

中朱姓、毛姓占全村人数过半。总面积4平方千米,其中耕地1967亩,山地面积2000亩。有据可考的烈士44名。

经济概况 2022年水稻种植面积约530亩,种植户282户;油菜种植面积约430亩,种植户120户;莲子种植面积约700亩。村级集体经济收入主要来源于光伏收益、产业投资收益、帮扶车间租赁收益。2022年村集体经济收入为15万元。

基础设施 村内生产道路约3千米,生活道路约4.2千米,路宽2.5~5米,主要为沥青路面和水泥路面。照明路灯230余盏,均为太阳能。通信网络信号覆盖率100%,宽带网络使用率近100%,有线电视使用率100%。

社会发展 辖区有花塘小学、花田幼儿园,九年义务教育覆盖率100%。2018年至今成功申报新农村建设点4个。党群服务中心占地面积约300平方米,新时代文明实践站占地面积约100平方米,党群服务中心内设有党员活动室、市民宣讲室、理论宣讲室、乡村振兴室、党群服务室等十大功能服务区。村内文化健身广场占地面积约1000平方米,有篮球场、居家养老服务中心、村医疗室。花塘村综合文化服务中心始建于2012年,占地面积80平方米。文体广场占地面积500平方米,有简易健身器材1套。

人文地情 村内花塘官厅原是清宣统帝汉文教师、太子少保朱益藩的私邸,占地面积3000多平方米,建筑风格为南方祠堂式,砖木结构,规模宏伟,工艺精湛。1930年底至1931年成为湘东南特委和湘东南苏维埃政府驻地,1931年曾在此开办列宁学校。1931年10月8日至15日,中共湘赣省第一次党代表大会在此召开,正式成立湘赣省委。同年10月17日至25日，第一次湘赣省工农兵代表大会也在此举行，正式成立湘赣省苏维埃政府。1932年9月，中共莲花县第五次代表大会在官厅召开。1984年被列为县级文物保护单位。1986年，胡耀邦为教育基地题写"列宁学校"四个大字。

朱念祖，1907年留学于日本明治大学，并加入孙中山同盟会。1911年回国参加辛亥革命，出任吉安知事。1913年被选为国会议员，倡导国民外交，任外交调查委员会常务委员、广东外交部总务长、中韩协会委员长。

朱亦岳，井冈山革命根据地创建者之一，中共莲花县委第一任书记，湘赣省苏维埃政府秘书长。毛泽东在《井冈山的斗争》中把他写为宋亦岳。

朱绳武，中共莲花党组织创始人之一，曾任中共莲花支部书记兼组织委员。方志敏在《我从事革命斗争的略述》中对其牺牲深为惋惜："在此，我要纪念莲花县的一个同志，他姓朱……他若不死，无疑会成为我们党的得力干部。"

寨里村

村情情况　地处琴亭镇西南部，离县城3千米。东与花塘村、莲花村毗邻，南与升坊镇麻石村相接，西邻升坊镇泰邻村，北接白马村。村域面积约4平方千米，其中耕地1300余亩、林地4500余亩。由老寨里和新寨里两个村合并而成，有曲塘、十里祠、厦屋、上屋、圳塘、卜塘、炸背岭、梅天上8个自然村，主要有5个姓氏，分别是朱、贺、陈、颜、周。全村共有1686人。

经济概况　主要种植水稻、油茶、油菜、蔬菜、红薯，养殖羊、牛、土鸡、鸭子、鸽子、蜜蜂等。2022年水稻种植面积约1100.35亩，种植户约290户；油菜种植面积约600多亩，种植户约210户。村集体经济收入以光伏发电上网收益及蔬菜大棚的租金为主，2022年村级集体经营性收入达13万元。

基础设施　村内生产道路长约5千米，村主干道路长约4.2千米，路宽5～7米，主干道为沥青路面，其他通组路均为水泥路，基本通到农户家门口。有路灯280余盏。有大型山塘1座，可满足60%的农业生产用水，周家河水渠穿村而过，向下流向莲花村。通信网络信号覆盖率达100%。村内建有卫生室1处，图书馆1处、文化广场2处、活动场所5处。

社会发展　寨里村有党群服务中心，占地面积约300平方米，新时代文明实践站，占地面积约50平方米。党群服务中心内设有党员活动室、退役军人服务站、综治室、

寨里村全景

乡村振兴室、党群服务室、民兵连室等十大功能服务区。体育设施有简易健身器材。文化服务中心里有农家书屋面积30平方米、多功能活动室30平方米。

特色地情 有革命烈士18名。颜龙茂,1927年参加革命,同年7月加入中国共产党。1933年9月在莲花县第八次工农兵代表大会上当选县苏维埃政府主席。1934年8月参加红军,任红六军民运科科长。历任八路军一二〇师三五八旅教导处政委、晋绥军区四分区政委、晋西北军区政治部主任等职。

白马村

村情概况 白马村古属白溪,因白溪河旁边有一白石形如骏马而得名。位于莲花县琴亭镇西部,东邻花塘村,南接寨里村,西与斜田交界,北与西门村接壤,面积3.1平方千米,下辖13个自然村组(院下、尹家里、东上、围子、朝厅里、老屋里、拖上、新屋里、盆形里、碧云峰、坳上、布袋平、水科里)。有住户590户,人口2694人。主要有11个姓氏,其中刘姓村民超过1600人。村内有一条莲江支流自西向东穿村而过。绿化率

白马村党群服务中心

70%,林地面积约2100亩。

经济概况 主要种植水稻、油菜,养殖土鸡、羊、鸽子等。有黑山羊养殖户4户。村民自发成立有农业专业合作社及鞋厂、电子厂等。村内有大型商超4家、小卖部20余家、餐饮10家,还有诊所、书店、五金、水电安装、汽车修理、建材等店铺。

基础设施 319国道穿过村庄,均为沥青路面。村内道路长约14.2千米,路宽均为3.5~7.5米,主要为水泥路面。村内有桥梁2座。村内有路灯180盏,均为太阳能路灯。通信网络信号覆盖率100%,宽带网络使用率约90%,有线电视使用率100%。村内有快递物流配送点。有变电器11台,总功率4000千瓦,家庭通电率100%。村内未接入天然气管道,村民日常做饭烧水使用的能源主要为电能和液化气,主要生活用水为自来水。村内有幼儿园、妇幼保健院、红军小学、莲花中学、莲花县职业学校、村级卫生所等文化、医疗设施。

人文地情 白马大仙阁,村内有供奉佛教八部天龙白龙马,阁内还供奉十八罗汉、诸天菩萨等佛教人物。有刘氏宗祠及白马大桥、文光塔及河江菩萨庙等文化遗存。

斜田村

村情概况　斜田村为城乡接合区,地理位置紧挨319国道线,北与凫村、白岭村,西与幸福村,南与寨里村,东与白马村相邻,辖区面积2.5平方千米。有13个自然村,分别为杨家、田心、车头屋、王腰坳、店来屋、下凫、巷里屋、石冲、周家、围子里、湖家洲、潘家岭、团基弦。有628户2554人,主要有10个姓氏,分别为贺、刘、樊、胡、周、朱、肖、李、尹、颜,其中贺、胡两姓占全村人数过半。

经济概况　斜田村主要种植水稻、油菜、红薯、花生,养殖土鸡、鸽子、猪、牛、莲花麻鸭、鱼、蜜蜂,另外还有莲盛老酒等特产。2022年村级集体经营性收入达15.46万元。2023年村级集体经营性收入近15万元。

基础设施　有桥梁4座,其中螺星桥始建于清朝初期。村级道路均有路灯照明。通信网络信号覆盖率达100%。村内有卫生室1处,有小学和幼儿园各1所,图书馆和文化广场各1处,活动场所2处。

自然环境与资源　村内有一条由北向南穿村的河流。林地面积2300亩,主要为油茶林、松树林、杉树林和樟树林。耕地面积1480亩,其中水田1400亩,旱地80亩。

社会发展　斜田村辖区内有斜田小学、斜田附属幼儿园,九年义务教育覆盖率100%。斜田村综合文化服务中心建设于2017年,占地60平方米。文体广场占地面积600平方米,有简易健身器材1套。文化服务中心里农家书屋面积30平方米,多功能活动室30平方米,培训室30平方米。

斜田村

人文地情　村内庙宇多处,较为有名的有永福古寺、西惠寺、东方阁、福神寺等。

贺燚藩,曾用名贺振华。1907年生,1928年参加革命,1931年加入中国共产党,1955年被授予大校军衔,获二级八一勋章、二级独立勋章、二级解放勋章、二级红星勋章。土地革命时期任莲花赤卫队班长,是莲花一枝枪故事中的成员之一。参加过长征、抗日战争、解放战争、抗美援朝等,中华人民共和国成立后历任天津市公安总队总队长、河北省公安总队总队长、上海公安总队政委、上海市公安局局长。1996年4月逝世,享年89岁。

幸福村

村情概况　幸福村位于琴亭镇西部,东邻斜田村,南连神泉周屋冲村,西靠荷塘双岭村,北接凫村,与镇政府相距6千米。全村面积7平方千米,其中耕地1170.56亩,林地7000余亩。全村辖11个村民小组,分别是田心一组、上家坊二组、锦楼屋三组、沙背四组、背屋五组、上太屋六组、局下七组、黄门里八组、王下九组、王下十组、王下十一组。主要有8个姓氏,分别是贺、程、刘、史、吴、罗、黄、王。有346户1568人。

经济概况　幸福村主要种植水稻、油茶、油菜、蔬菜、红薯,养殖羊、牛、土鸡、鸭子、鸽子、蜜蜂等。2023年水稻种植面积1169.35亩,种植户约220户;油菜种植面积

幸福村党群服务中心

400多亩,种植户186户。幸福村村集体经济收入以望光山光伏发电收益和昌盛水泥厂分红为主。2021年村级集体经营性收入15.1万元。2022年村级集体经营性收入20万元。2023年村级集体经营性收入18.1万元。

基础设施 幸福村村庄道路网基本形成,交通较为便利,村内生产道路长约2.3千米,生活道路长约4.2千米,路宽3.5~4.5米,主要为水泥路面。村内有路灯260盏,均为太阳能路灯。通信网络信号覆盖率100%,宽带网络使用率约98%。家庭通电率100%。自来水通全村,保障了村民的生产生活用水。

社会发展 幸福村村委会(党群服务中心)占地面积约300平方米、新时代文明实践站占地面积约100平方米、文化健身广场占地面积约820平方米、庙宇占地面积约420平方米。其中幸福村新时代文明实践站采取"一室多区"形式建设,共设立2个集中活动室,分为青年民兵之家、民兵连办公室;6个功能区域,即未成年人活动室、文化活动室、科普宣传室、理论宣讲室、家长学校、市民教育室。村内建有1个卫生室,服务全村村民。村委会为村民提供代缴医保服务。

白岭村

村情概况 白岭村曾名白银岭,位于西莲江之东,凫村之南,因村委会驻地为白泥岭得名。由7个自然村组成,分别是下村、文家里、左家里、黄家里、等里屋、水科里、湾里。紧邻莲花县城,在城市国土空间规划中位置特殊,在莲花县城市更新和未来发展中承担着一定的功能,目前已经纳入莲花县城国土空间规划范围内,全域列入禁建区和限建区。村内公路全部拓宽修直硬化,交通十分便利。全村主要有10个姓氏,435户1315人。总面积2.3平方千米,其中耕地350亩,林地400亩。

经济概况 主要种植水稻、油菜、红薯,养殖土鸡、羊、鸽子、鸭子等。白岭村集体经济收入主要以光伏发电收益为主,有厂房2栋,目前有小型制衣厂、鞋厂、物流企业各1家,装订器材企业1家。2023年村级集体经营性收入达41万元。

基础设施 兴乡路和兴乡中路穿过村庄,路宽3.5~5.5米,主要为水泥路面。村内有路灯180盏,均为太阳能路灯。通信网络信号覆盖率100%,宽带网络使用率近100%,有线电视使用率80%。有变电器6台,家庭通电率100%。

社会发展 村内建有公办幼儿园1所,建筑面积1500平方米,可容纳200多名学

白岭村全景

生。有村委会办公楼1栋及公共活动室1间,卫生室1处,健身器材4套,活动场地7处。

特色地情 白岭村因村委会驻地为白银岭而得名。白银岭富含高岭土,以前有村民用这种高岭土来制瓦。

凫村村

村情概况 地处天生盆地,毗邻县城。距莲花县城1.5千米,四面环山,中间宅田相间。东邻白岭村,南与斜田村下湖自然村和幸福上家坊自然村交界,西与荷塘乡下益自然村一山之隔,北是南岭乡超村村,垒九公路为界。共18个自然村,现划分为10个村民小组。全村共826户3488人。有革命烈士31名。

凫村主要姓氏有周、罗、贺、樊、龙、杨、彭、刘、颜等,其中周姓人口约占全村人口的75%。全村面积约5.5平方千米,有耕地1950亩,林地(油茶)2700亩。

经济概况 全村水田全部耕作,有种粮大户2户,种植面积180余亩,其他由各农户耕种水稻,各季种油菜,无空闲田。全村有专业养殖户8户,养殖肉牛、生猪、白鹅、鸡鸭等家禽家畜。

凫村村

基础设施 全村各组都通水泥硬化路，路宽2.5～5米，村主要道路宽4.5～8米，为沥青路面。太阳能照明路灯500盏。通信网络覆盖率100%。新农村建设点5个，文化长廊380米，篮球场2个，文体健身广场2个，面积约1300平方米。医疗卫生室2所，小学1所，幼儿园1所。党群服务中心（村办公楼）1栋，总占地面积约9000平方米。

社会发展 辖区有凫村小学、凫村小学附属幼儿园，凫村村综合文化服务中心建设于2010年，占地约70平方米。文体广场分别位于田村里中心（占地面积约500平方米）和罗家里（占地面积约300平方米），体育设施有简易健身器材1套。新时代文化服务中心里农家书屋面积约18平方米，书籍种类繁多，书柜和阅览桌椅齐全。多功能活动室约20平方米。培训室约100平方米。

人文地情 列宁小学（周氏宗祠），始建于1794年，土地革命时期，第一列宁初级小学校在周氏宗祠内成立。

莲花县 琴亭镇

列宁小学（周氏宗祠）

杨枧村

村情概况 杨枧村位于莲花县城东南,距县城1千米,东靠东岗岭,与永新交界;北依玉壶山,与曙光村接壤;南傍骑牯岭,与花园村毗连;西隔莲江,与莲花村、花塘村相望。辖4个自然村、17个村民小组,共709户3490人。有水田2686亩,山林8618亩,总面积约8平方千米。村民以刘姓为主,约占97%。南宋末年,杨枧村南溪屋场刘与信慕姚崇之名,游学元阳,为元阳山清水秀之地所吸引,遂奠基杨枧。

经济概况 杨枧村主要种植水稻、油茶、油菜、蔬菜、瓜果、红薯,养殖鸡、鸭、牛、羊、猪、鱼、蜜蜂等。2022年,水稻种植面积约1300亩,种植户约600户;油菜种植面积约1000亩,种植户约400户。2022年村级集体经营性收入约16万元。杨枧村村民收入主要来自种养、家庭作坊加工、经商、外出务工。

基础设施 外资路穿过村庄,为沥青路面;村内生产道路长约8千米,生活道路长约12千米,路宽3.5~5.5米,主要为水泥路面。村内有路灯360盏,均为太阳能路灯。通信网络覆盖率100%,宽带使用率95%,家用通电率100%。村民日常生活能源主要为电能和液化气。村民用水主要是自来水和山泉水。

自然环境与资源 杨枧村现北有玉壶山森林公园,东有井冈缘·杜鹃红生态园,南有县工业园,西临莲江与莲花荷花博览园相连。杨枧村中心地段建有虎踞岭(后背岭)活动场所,包括山顶舞台、天鹅湖(大和田水库)水上乐园、龙盘古井广场、仔坳上

杨枧村鸟瞰

休闲广场和停车场。村东岗岭上松木、杉木、油茶林郁郁葱葱。老山岭上山泉水资源十分丰富。

社会发展 杨枧村有党群服务中心约600平方米,新时代文明实践站约100平方米。党群服务中心内设有党员活动室、市民宣讲室、理论宣讲室、家长学校、乡村振兴室、党群服务室等十大功能服务区。村内有文化健身广场约1000平方米,还有文化图书室、篮球场、居家养老服务中心、村医疗室、童伴之家。村内建有杨枧村希望小学,面积约3000平方米,教学设备日益完善。现校有篮球场、语音室、电脑室、活动广场、爱心小屋、阳光舞台、图书馆、新媒体中心等。为了发展教育,杨枧村自2003年成立了教育奖学基金,每年都为优秀学子颁发奖金。自基金会成立以来共奖励近400名优秀学子。

特色地情 1930年杨枧刘氏大宗祠办过列宁学校。革命战争年代,杨枧村涌现出20名革命烈士;抗美援朝战争中杨枧村有4名热血青年踊跃参加中国人民志愿军,抗美援朝,保家卫国;1979年的对越自卫反击战中,村民刘铜进英勇作战,荣立三等功。杨枧后起俊秀刘文斌,在缉毒行动中,屡立战功,1998年被中国武警总队授予"缉毒英雄"、全国"十大忠诚卫士"称号;村民周汝茂中华人民共和国成立后荣获第一届"劳动模范"称号。杨枧历史文化及民俗文化源远流长,自古至今,传承101节龙灯,每逢龙年春节都会举办龙灯拜年活动,200多人上路的队伍声势浩大,气氛热烈。

曙光村

村情概况 曙光村是由黄沙洲村和车头村合并而成,现共辖黄沙洲、岭上屋、三官殿、龙家屋、大树下、陂下、洞泉、柿树下、车头9个自然村,8个村小组。陈、贺、尹、段、李等多姓村民和谐相处,有885户2529人。曙光村位于玉壶山下、莲江东岸,北枕金家,南襟杨枧,东依玉壶,西临莲江,与莲城隔河相望。距镇政府约3千米。东门、昌莲、安置区三桥连两地,将曙光村与莲花城融为一体。

自然环境与资源 曙光村属山地丘陵地带,地形呈带状,南北长,东西窄。地势东北偏高、西南较低。东面崇山峻岭,西面高楼林立。全村辖区面积约3平方千米,其中耕地1180亩,人均耕地约0.45亩。山地1800亩,森林覆盖率80%。其中,生态公益林60亩,杉、松、杂用材林580亩,经济林1155亩,毛竹林5亩。

经济概况 "平卧菊三七"种植是重点打造的农业特色产品。2022年,水稻种植面积300余亩,油菜种植面积300余亩。2023年新引进水稻制种项目,种植面积400多亩。土鸡养殖户1户。村民自发成立玉壶山种养专业合作社,种植优质稻350余亩。村内有琴亭水泥厂、酿酒厂。小卖部9家,餐饮5家,还有五金、水电安装、建材等店铺。2022年村级集体经营性收入24.3万元。

基础设施　玉壶路和外资路穿过村庄,全长约6千米,均为沥青路面;村内生产道路长约13千米,主要为水泥路面。村内有休闲广场8个。村内有路灯230盏,均为太阳能路灯。每个村小组都放置了分类垃圾桶,由专业的卫生清洁公司集中处理。村内有移动、电信、联通联系点和邮政物流配送点。家庭通电率100%。有太湖塘、洞泉山塘、芙蓉陂、玉溪等具有水利灌溉功能的河流、山塘4座,主要采用沟渠引水,可灌溉耕地1000余亩。

社会发展　曙光村建有一所幼儿园——东门幼儿园,2024年新增一所九年一贯制义务教育优质学校——琴亭学校。琴亭学校坐落在风景秀丽的玉壶路莲江湿地公园旁边,是由莲花县老职校改造扩建而来。学校的改扩建全部按照义务教育优质均衡发展的标准实施,新建了标准化运动场,改建了标准化教室和学生食堂,并配备了智能化的图书馆、师生阅览室、学术报告厅、录播室、多功能厅等功能室,采购了一批触摸教学一体机、电脑等教学设备,全面实施信息化教学。刘仁堪小学、杨枧小学、城厢小学、城厢中学均在曙光村附近,九年义务教育覆盖率100%。文化活动场所有8个,能够满足村民开展各项文化活动的需求。村委会(党群服务中心)位于老职校办公楼内,功能设置一应俱全,有新时代文明实践站、党员活动室、图书室、会议室等。

特色地情　村内有名的寺庙有3处,即位于黄沙洲的观音古寺、岭上屋的莲花寺、

曙光村

曙光村入村牌坊

大乐坪的法藏寺。村境内有省级风景名胜区玉壶山景区,景观以溶洞、奇峰、异石、秘洞、云海等为主;垂花岩景区景观以仙岩、灵寺、桃源为主;石廊洞景区以溶洞和田园风光为主;砻山口景区以绿色景观为主,有大乐坪林场的人工林片。景区内有甘祖昌龚全珍之墓、烈士陵园、电影《甘祖昌》拍摄地之石廊洞、琴亭水泥厂、龙芙陂等红色景点。山上有元阳观、法藏寺、文峰塔、焕文阁等道、佛、儒文化遗址;有洗墨池、三相台、刘元卿诗碑等文人遗迹;有元阳洞、蕊珠洞、石廊洞、玉壶洞、凌烟洞等自然景观。古往今来,玉壶山吸引了众多骚人墨客探幽揽胜,留下大量诗文辞赋。唐开元宰相姚崇,晚唐宰相牛僧儒,道家名士杨筠松,宋相周必大、刘沆、文天祥,元代高僧、诗人释惟则,明代理学家、文学家刘元卿,明代旅行家徐霞客,清末帝师朱益藩等名人先后游历或隐居于此。

金家村

村情概况 金家村地处东莲江入县城河湾处,距县城1.5千米,东面群山峻岭,南面与车头村隔河相望,西面与六模村相连,西北面与下梅洲村毗邻,北面与汤渡村隔桥相望,东北面与斜天村山水相依。322国道由南向北穿境而过,莲江由西向东抱村而流。全村辖禾通天、彭兴、塘台、新屋里、上边、上巷、下巷7个自然村,6个村小组,有513户1709人。辖区面积3.85平方千米。

自然环境与资源　有耕地1122亩（退耕还林161亩），山场约2900亩。绿化率80%，主要为油茶林、松树林、杉树林和樟树林。为江西省水生态文明村、省级减灾防灾先进示范村。

经济概况　主要种植水稻、油菜、红薯、萝卜等。2022年水稻种植面积约500亩，种植户226户；油菜种植面积约384亩，种植户101户。2022年村级集体流转农户土地进行种植水稻125亩、油菜125亩。村内有商铺20余户，其中大型商超1家、小卖部6家、餐饮1家。村级集体经济收入主要来源于昌盛水泥厂的分红、光伏电站的收益。2022年村集体经济收入为27.64万元。

基础设施　村内生产道路长约3千米，生活道路长约4.2千米，路宽2.5～5米，主要为沥青路面和水泥路面。有桥梁2座，其中小型桥梁1座、涵洞型桥梁1座。村内有路灯120盏，均为太阳能路灯。建有垃圾分类中心3处。通信网络信号覆盖率100%，宽带网络使用率100%，有线电视使用率100%。村内有移动、电信、联通营业厅和邮政物流配送点。有变电器3台，总功率1200千瓦，家庭通电率100%。有石榴塘、野子土排灌站等具有水利灌溉功能的山塘和排灌站2座，主要采用沟渠引水，可灌溉耕地800余亩。

社会发展　注重"一老一小"民生工作，60岁以上老年人214人，其中留守老人21人，采取"包干制"片区管理，对老年人尤其是留守老人及困难高龄老人实施管护，做

金家村古樟树

金家村莲江湿地公园

到"有求必有应"。为了丰富老年人的生活,多次联合琴亭镇社工站为老年人开展形式多样的活动。有0~18岁少年儿童314人。

六模村

村情概况 清康熙年间李姓族人由永新迁徙至此,因地界上有六座古墓,故得名六模。中华人民共和国成立初期六模村分为幸福一社和幸福二社,隶属琴水公社。1958年后幸福一社改为六模大队,幸福二社改为塘下大队。1972年六模大队和塘下大队合并为红旗大队。1983年改为六模村后,沿用至今。六模村地处县城北郊,东临莲江,南至西边村,西连望山村,北与金家村接壤。距县城中心约1千米,总面积约3.5平方千米。下辖9个自然村(四栋屋、黄天垅、六模、石桥、邓家、望塘、塘下、洋边、湾里),10个村小组。共476户1802人。主要有6个姓氏,分别是李、尹、龙、颜、韩、洪,其中李姓人口超过1000人。

自然环境与资源 六模村多丘陵,全村林地面积80亩,主要为杉树、油茶、毛竹等。村内有一条主要河流——莲江,流经邓家里组、磨塘组、塘下组、洋边组。村内有十余棵百年樟树。水上乐园休闲区是村民散步、游玩的好地方。

东周古墓,位于四栋屋小组桐古堆场。墓穴共分三室,分别是祭祀室、墓室和休息室。墓穴土堆高至20余米,占地约2500平方米。

经济概况 六模村主要以种植水稻、蔬菜、油菜为主,有种植大户及村民自己种植水稻。水稻种植面积共300余亩,油菜160亩,蔬菜80亩。因靠近县城,四栋屋小组很多农户种植蔬菜出售，有效地增加了村民的收入。养殖方面，农户以养殖牛、鸡、鸭为主。永安路穿过村中心地带，全长700余米，两边有商铺近40家，以小型商户为主。辖区内有工厂6家、物流点2处、快递点1处。村级集体经济收入主要有光伏发电收益、门店出租、对外投资分红等。2023年村级集体经营性收入15万余元。

基础设施　六模村道路大部分为沥青路面，路面宽为3.5～5米。太阳能照明路灯230余盏。322国道由北向南穿村而过，勤王路自西向东与322国道在村内形成交会。网络覆盖率100%，宽带使用率95%，家用通电率100%。有5个应急广播喇叭。全村实现了自来水全覆盖。有2个排灌站，有效地解决了200余亩稻田的灌溉问题。四栋屋、黄天垅、湾里等村小组均已进行了新农村改造。

社会发展　村内建有中心小学，面积约8000平方米，现有教师20余人、学生约560人；城北幼儿园，占地约13000平方米；乖宝贝幼儿园，目前有师生共100人左右。村内设立了老年协会。本村特别注重教育，每年对考入大学的学子都会进行奖励。村内设有1个卫生服务室，有2名乡村医生。全村有98%的村民购买了医疗保险。60岁以上老人均已享受了退休金。持证残疾人员43人，享受残疾补贴人员26人。村里有公益性岗位12人，负责村里的环境卫生整治工作，辖区内每天的生活垃圾由信诚环保人员及时运走。党群服务中心约800平方米，有警务室、调解室、乡村振兴室、退役

六模村

军人服务站、综治室、民兵连室等;新时代文明实践站约120平方米;文化健身广场约1000平方米。县消防大队、森林公安局、镇敬老院等均在村辖区范围内,县人民医院新院区位于本村。

人文地情 颜志敏(1913—1977),1928年参加革命,中华人民共和国成立后,历任江西省吉安行署专员、西安市委书记等职。

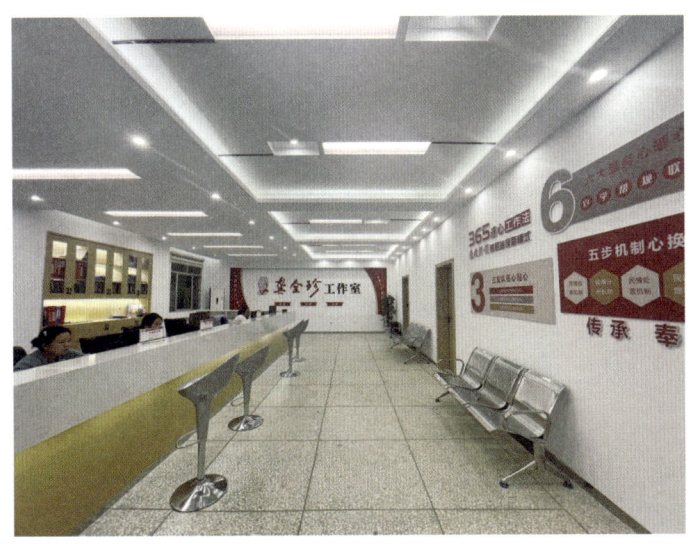

六模村龚全珍工作室

下梅洲村

村情概况 梅洲河是莲江中游梅洲段,古时是水陆驿站所在地,来往客商都说:"早也梅洲,晏也梅洲。"下梅洲村是原梅洲的一部分,后梅洲被分为两部分,本村位于下端故名下梅洲。

下梅洲村位于琴亭镇西北部,东邻良坊镇汤渡村,北与金家村相邻,南与六模村相接,西与望山村毗邻,面积3平方千米,下辖6个自然村组(大平里、店门口、低里窝、芫边、王古坳、老屋里)。共315户1092人,其中颜、贺、王、姓村民人数超过100人。林地面积为858亩,主要树木为松树、白杨树。

经济概况 下梅洲村主要种植水稻、油菜、红薯,养殖土鸡、莲花麻鸭、牛、鱼、蜜蜂等。2023年,水稻种植面积约400亩、种植户约300户,油菜种植面积约300亩、种植户195户。村集体经济收入来源主要有厂房租金、昌盛水泥厂分红、江西恒远公司分红、村光伏电站收益、鱼塘租金。2022年村级集体经营性收入15.85万元。

基础设施 村主干道均为沥青路面。村内生产道路长约8千米,生活道路长约9千米,路宽3.5~5.5米,主要为水泥路面。村内有路灯30盏,均为太阳能路灯。通信

下梅洲村村史馆

网络信号覆盖率100%,宽带网络使用率约90%,有线电视使用率100%。村中有2个小型商店,1个村卫生室。有变电器5台,总功率2000千瓦,家庭通电率100%。村民主要生活用水来源于莲江,有1个集中供水点,位于莲江(农饮工程),铺设大、小自来水管道约12千米。

社会发展 下梅洲村建有文化活动场所,占地面积约2160平方米,主要是村委会(党群服务中心)约360平方米、新时代文明实践站约300平方米、文化健身广场约1500平方米。其中下梅洲村新时代文明实践站采取"一室多区"形式建设,共设立2个集中活动室,包含图书馆、书法室等2个功能区域。村内建有1个卫生所(室)。村委会为村民提供代缴医保服务。

人文地情 下梅洲村有女子腰鼓队一支。

望山村

村情概况 望山村地处莲花县城北端,东邻六模村,南接北门村,西与南岭乡交界,北与下梅洲接壤,距离琴亭镇政府约1.5千米,总面积2.5平方千米。下辖7个自然村,分别为竹山里、万里屋、汤家里、阳家里、雷公山、下屋、盆形里,共有456户1768人,其中文、贺、汤、欧阳、颜、贺姓村民人口超过900人。新中国成立初期,村内条件艰苦,田地较少,村民多从事瓦工。村内有村民自发成立的女子舞蹈队1支。

自然环境与资源 望山村地处丘陵地带,地面高低不平,人口密度小,村庄分散。属亚热带湿润季风气候,四季分明,气候温和,光照充足,霜期短,作物生长期长。石灰石储量较为丰富。全村绿化率达70%,林地面积为182.公顷,主要为油茶林、松树林、杉树林和樟树林。

经济概况 望山村主要种植水稻、油茶、油菜、红薯,养殖土鸡、鸭、牛、猪、蜜蜂等。2023年,水稻种植面积约1096亩、油菜种植面积约325亩,肉牛养殖户1户,生猪养殖户2户。村民自发成立明望专业合作社。2023年村级集体经营性收入15.8万元。

基础设施 村内生产道路长约10.2千米,生活道路长约9.1千米,路宽3.5~5.5

望山村一角

米,主要为水泥路面。村内有路灯210盏,其中用电路灯70盏,其余均为太阳能路灯。通信网络信号覆盖率100%,宽带网络使用率约90%,有线电视使用率100%。有变电器7台,总功率2800千瓦,家庭通电率100%。村民主要生活用水来源于深井水、自来水。有大北冲、禾山冲水库2座,山塘18座,主要采用沟渠引水,可灌溉耕地1100余亩。有图书馆、村级卫生室等各类基础设施。

社会发展 望山村辖区内现有幼儿园1所,2015年创办,占地面积600平方米,有教师4人、学生50人。文化活动场所占地面积约1700平方米,主要是村委会(村党群服务中心)约300平方米、新时代文明实践站约200平方米、文化健身广场约1200平方米。村集体资产有办公楼1栋,医疗卫生室1栋,文化广场2处,篮球场3处,二环路仓储1栋,光伏基地1座。

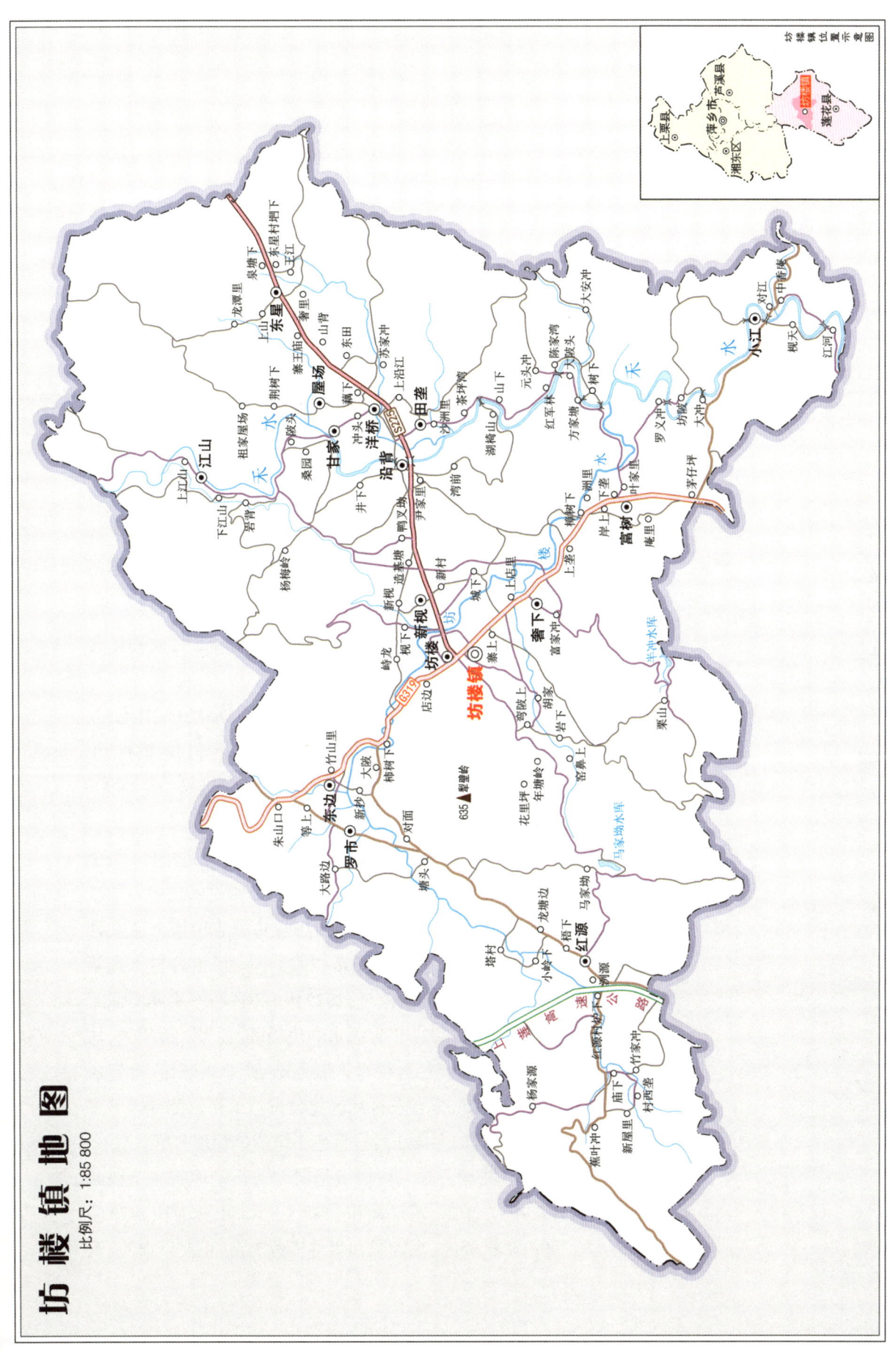

坊楼镇

坊楼镇地处莲花县北部。东与闪石乡、湖上乡、良坊镇接壤,南与南岭乡、荷塘乡毗邻,西靠罗霄上与湖南攸县相连,北与高洲乡、六市乡交界。

1949年之前,属莲花厅上西乡。中华人民共和国成立之初,属吉安地区莲花县上西乡。1955年置坊楼乡,1958年为坊楼公社和罗市公社,1963年坊楼和洋桥合并为坊楼公社,1968年与罗市公社合并为坊楼公社,1984年3月改称坊楼乡,1994年12月撤乡建制,改为坊楼镇。

坊楼镇辖15个行政村:坊楼村、东星村、屋场村、甘家村、洋桥村、江山村、沿背村、田垅村、新规村、奢下村、富树村、小江村、东边村、罗市村、红源村。现有108个村民小组,4900余户26000余人。

2021年2月,坊楼镇获评全国脱贫攻坚先进集体,是全市唯一获此殊荣的单位;2021年12月,沿背村入选中组部红色美丽村庄试点村;2022年2月,田垅巾帼志愿服务队获评全国文明实践巾帼志愿阳光站;2022年6月,沿背村入选第七批江西省民主法治示范村;2022年12月,将军水库灌溉工程水利风景区获"2022年省级水利风景区"称号。近年来,坊楼镇还获评全省红色退役军人服务站、产业兴旺镇、全省乡村振兴示范乡镇、全省农村社区建设试点工作示范社区等多项省级以上荣誉,入选江西省特色小镇清单管理名单。

自然环境与资源 坊楼镇是典型的丘陵地貌。全镇面积119.71平方千米,耕地面积1189.3公顷,山林面积7478公顷。境内矿产资源、水资源和森林资源丰富,主要以煤炭、铁

坊楼镇

矿石、石灰石为主，优质无烟煤储量达5000万吨以上。生态条件优良，森林覆盖率达70%。坊楼镇的畜牧业以饲养生猪、羊为主。农业主产水稻，盛产油茶、竹木，主要经济作物有油菜、蔬菜、莲子等。

经济概况 坊楼镇是全省百强中心镇，镇内红色资源丰富。红色培训小镇立足于该镇沿背村全国党员教育培训基地，当地深入挖掘整合全镇的红色资源，丰富"莲花一枝枪"捍卫者贺国庆、"将军农民"甘祖昌和"全国道德模范"龚全珍精神的内涵和外延，保护和修缮诸多红色遗存，提炼精品红色党课，将红色培训、休闲观光、养生度假和乡村风情体验等融合发展，打造集红色基因传承、乡村民俗体验和生态田园观光于一体的特色小镇。

坊楼镇紧紧围绕"1+2+N"产业体系和6条制造业重点产业链开展招商，充分发动本土企业家和坊楼籍在外成功人士，开展乡情招商、以商引商。2023年，坊楼镇累计接待意向投资企业20余家，上报招商线索13条，成功签约项目5个，项目总投资6.15亿元，其中亿元以上项目1个（2亿元祥瑞新材料生产项目）。

2023年，坊楼镇完成财政总收入7957万元，一般预算收入3588万元，规上工业增加值24979万元，同比增长12.3%，固定资产投资3.3032亿元；限上商贸业销售额5468万元，同比增长4.4%（限上商贸业7家）；规上建筑业2家，建筑业总产值6336.1万元，同比增长319.2%；"五上"企业新增3家，固定资产投资入库项目8个。

基础设施 319国道、路坊省道贯穿全镇，交通便捷。319国道境内长8千米，省道路坊线境内长12千米。坊楼镇有乡级道路6条,总长31.7千米。村级道路总长136.5千米,实现了村村通水泥路。

境内供电设施全覆盖。全镇共有15个水电站,分别是富树村的树下电站,小江村的太冲电站和坊陂电站,红源村的蕉叶冲电站,田垅村的萍联水电站,坊楼村的绪龙电站和石陂电站,甘家村的甘家电站,江山村的江山电站和江北电站,沿背村的沿背电站,东边村的东边电站,罗市村的罗市电站、塘头水电站和清水电站。各村均修建了排水渠道。共有2个污水处理设施和4个人工湿地。

有小(1)型水库1座(将军水库),小(2)型水库1座(马家坳水库),重点山塘1座(屋场村龙潭山塘),小山塘42座。

社会发展 坊楼镇有幼儿园4所,小学3所,中小学联办学1所(南陂中小学)。初中适龄人口入学率、小升初升学率、九年义务教育覆盖率均达100%。

坊楼镇公共服务设施配套齐全,现有镇综合文化站1个,村级文化服务中心15个,依托新时代文明实践所(站)、文体广场、农家书屋等阵地平台,开展内容丰富、形式多样的文化活动。目前,全镇有镇级图书室1个,村级农家书屋15个,共有藏书5万余册。坊楼镇和辖区15个行政村实现了应急广播设备镇村全覆盖,打通了应急信息发布的"最后一公里"。

坊楼镇有镇、村级医疗机构21个,病床86张。专业卫生人员19名,其中执业医师9人,执业助理医师5人,注册护士7人。

人文地情 坊楼镇是明朝理学家刘元卿、中国工程院院士刘恢先的故里,是莲花革命的发源地,是"没有围墙的干部学院"甘祖昌干部学院所在地,是一块洒满烈士鲜血的红土地,留下了毛泽东、方志敏、彭德怀等老一辈无产阶级革命家的光辉足迹,涌现了陈竞进、贺国庆、甘祖昌、龚全珍等一大批优秀儿女。

坊楼村

村情概况 1928年属七区九都乡;1929年属二区九都乡;1948年属坊楼乡。中华人民共和国成立初期,属五区坊楼乡;1956年3月撤区并乡,为坊楼乡高级农业生产合作社,1958年8月为坊楼人民公社坊楼大队坊楼生产小队。1961年整顿人民公社规模,属坊楼人民公社坊楼大队。1984年3月为坊楼乡坊楼村。1994年12月因撤乡改镇变更为坊楼镇坊楼村。2003年坊楼村与寨上村合并,仍为坊楼村,沿用至今。坊楼村是坊楼镇政府所在地，北与东边村交界，南与奢下村接壤，西与红源村相连，东与新枧村毗邻。全村辖11个村小组，现有931户4179人。村域面积17平方千米，其中耕地面积2169亩，林地面积13000亩，退耕还林面积83亩，林果面积102亩，水面面积1200亩。

自然环境与资源　坊楼村属丘陵地带，地势北高南低，全村居住在319国道和路坊线两旁，村内莲江河支流自北向南穿村而过。煤炭资源较为丰富。绿化率70%，主要植被为油茶林、松树林、杉树林和樟树林。受地形和水文条件影响，坊楼村历史上没有发生过重大水灾和旱灾。进入新世纪后，随着水利设施的逐渐完善，全村高标准农田渠道建设覆盖率达到90%。

经济概况　坊楼村主要种植水稻、油茶、油菜、红薯，养殖土鸡、羊、鸭、牛等。2023年，水稻种植面积约1943亩。坊楼村是粮食种植监测点，种植双季稻280亩；油菜种植面积约1600亩。2023年养猪大户陈氏养猪场共养殖肉猪约2800头，全年出栏约1900头。村内有坊楼镇寨上果业农民专业合作社、陈友华粮食种植专业合作社、江西怡生源生态有限公司等企业。三百丘光伏基地为全村所有光伏受益户每年增收2000元左右。村内集镇全长2千米，有商铺300余户，其中大型商超4家，小卖部约200家，餐饮31家；年营业额达100万元以上商家6家，年营业额达300万元以上商家1家；集镇长期从业人员约800人，临时性从业人员400余人。村集体经济收入为转移支付和煤矿出租收入，村内有2座证照齐全的煤矿。2022年村集体收益约97万元。

基础设施　319国道和路坊线公路穿过村庄，均为沥青路面。村内生产道路长约1千米，生活道路长约9千米，路宽3.5～9米，主要为水泥路面。有桥梁2座，其中小型桥梁1座。村内有路灯300盏，均为太阳能路灯。建有垃圾集中处理中心1个。通信网络信号覆盖率100%，宽带网络使用率近100%，有线电视使用率100%。村内有移动、电信、联通营业厅和邮政物流配送点。有变电器30台，总功率1万千瓦，家庭通电

坊楼村集镇

坊楼村油菜花海

率100%。有2个集中供水点,分别位于寨上、太冲里;有自来水蓄水池8座,可蓄水600立方米,铺设自来水管道约16千米,覆盖率100%。有马家坳水库、太塘、小冲圣塘等具有水利灌溉功能的山塘8座,主要采用沟渠引水,可灌溉耕地1900余亩。全村高标准农田渠道建设覆盖率90%。

社会发展 坊楼村有公立幼儿园1所和私立幼儿园3所,小学1所,中学1所,9年义务教育覆盖率100%。建有坊楼镇中心卫生院和3个村级卫生所(室),2023年度农村医保缴纳率达100%。文化活动场所占地面积约2500平方米。其中坊楼村新时代文明实践站采取"一室多区"形式建设,共设立4个集中活动室,包含图书馆、市民宣讲室等6个功能区域。

特色地情 坊楼村有革命烈士120多名。

陈迥,清乾隆十年(1745)进士。敕封"贡科甲第",御赐石匾"进士第"牌坊建于坊楼,如今已有280年历史。

坊楼村"进士第"牌坊

罗市村

村情概况 罗市原名罗汉司,原是莲花、永新、安福与萍乡,湖南攸县、茶陵互通的必经之地,后形成两省六县产品相互交易之地,市场越来越大,罗汉司便更名为罗市。罗市村曾是莲花县二轻企业、工商局分局、人民公社驻地。罗市村地处莲花县西北部,坊楼镇西部,距县城20千米,东与本镇东边村相邻,南与本镇红源村相依,西与六市乡山口村接壤,北邻319国道,317县道贯穿本村,交通便利。因地理位置优越,拥有坊楼镇最早的农贸市场。全村总面积6平方千米,其中耕地面积1357.13亩、林地8600亩,森林覆盖率达95%。辖3个自然村、3个村小组,共364户1209人。

自然环境与资源 罗市村有华东最大的钙华场,面积1.8平方千米,其白水岩景区拥有古钙台地、陡崖、天坑、溶洞等岩洞地貌,且溪、瀑、泉、暗河兼具,乳石、水体丰

罗市甘红初心茶园

富，构成了独特的多层立体空间地质结构景观。白水岩瀑布落差30多米，"一线天"雄伟壮观，"豁开青冥颠，泻出万丈泉，如裁一条素，白日悬秋天"。

经济概况 1975年，甘祖昌带领知青和村民在罗市村进行开发种植，发展茶叶产业，基地于2020年新建，占地面积1052亩。先后引进多家企业在扶贫车间设立加工点，并在车间屋顶为22户贫困户安装光伏发电设备，每年为村集体增收3万元。种植86亩辣椒，增加村集体经济经营性收入2.8万元，创造务工收入8万元，贫困户平均增加收入6000元/年。种植百合70亩，产生经济效益13万余元。罗市村三组塘头自然村150余亩农田种植太空豆，为村集体经济增收7.5万元，带动80余名劳动力参与种植，每名劳动力增加收入1125元。大山农农业产业合作社吸纳了55户贫困户入社，开垦了70亩荒山坡地种植黄花梨。2020年村集体经济经营性收入12万元，2021年上半年村集体经济经营性收入6.5万元。

基础设施 村内主次干道长7200米，修建排水沟1156米。有路灯75盏，均为太阳能路灯。通信网络信号覆盖率100%，宽带网络使用率约90%，有线电视使用率100%。有3个集中供水点，分别位于上棚、官路上、薯窖前；有自来水蓄水池3座，可蓄水240立方米。建有1个卫生所(室)，设有邮政物流配送点。

社会发展 2019年综合文化活动中心建成使用，内设多功能活动室、教育培训室、电子阅览室、棋牌室、特殊群体服务区域等文化活动场所；村级图书室配置了桌椅、电脑和科技、农业、保健和少儿文学等各类图书2800余册。室外文化广场占地1100平方米，活动设施完善。

特色地情 白水岩风景区。位于莲花县坊楼镇罗市村，景区内有仙人洞、白水岩庵、空心洞、白水岩瀑布等景观。白水岩风景区北面靠高山，东、西、南三面环崖，瀑布飞流直下，溶洞怪石林立，暗河曲折幽深。江西省地矿局901地质大队曾在罗市村勘查时发现白水岩外延钙华地质构造面积有1.8平方千米，区域内拥有古钙华台地、陡崖(陡坎)、天坑等岩溶地貌，且溪、瀑、泉、暗河兼具。白水岩是华东地区较为罕见的大规模古钙华台地与古钙华溶洞地质遗迹，不仅具有较强的多层立体空间地质观赏性，且对分析还原古气候及地质环境变化具有重要的科研价值。

仙人洞。仙人洞内阴凉清爽，泉水叮咚，奇石异峰，怪石嶙峋，自然景观独特，是典型的喀斯特地貌。经洞内泉水的浸润和冲击，富含钙质的石灰岩慢慢沉淀为造型别致的钟乳石和石笋。有的倒挂在空中，有的则一直往上生长。

甘红初心茶产业园。位于坊楼镇罗市村。1975年由甘祖昌带领乡亲们建成，是甘将军艰苦创业、初心不改精神的历史见证。有将军湖、将军桥、碉楼工事、战壕、栈道、茶艺会馆、星空营地、茶园餐厅等十余个景点，是露营烧烤、团建活动、家庭出游的好去处。

东边村

村情概况 明朝年间乌溪陈氏家族最先居住于乌溪河旁,与罗汉司(现罗市村)以乌溪河为界。因位于乌溪河的东面,故取名东边村。

东边村位于坊楼镇西北部,距镇政府3千米,西靠六市乡,南与罗市相连,北与高州乡相邻,东靠摇篮寨山,319国道贯穿全村,另有3条县道横贯南北,离六市高速出口5分钟车程,距莲花县城区25千米。全村面积4.5平方千米,其中耕地面积808亩,林地面积4263亩。全村共有5个村民小组(毛厂里、上东边、垅里、上庙里、柿树下),327户1005人。居住人口中以汉族为主。全村主要姓氏为陈姓。为"十四五"乡村振兴重点规划村。村东北部有数亩人工枫树林,秋季叶红景美。

自然环境与资源 东边村地处丘陵地带,村庄分散,人口居住密度小。属亚热带季风湿润气候,四季分明,气候温和,光照充足,霜期短,作物生长期长。石江河穿村而过流向莲江。本村自然资源丰富,尤以石灰石、煤炭资源为主,并蕴藏着丰富的水力资源和森林资源。有潮水洞、居仙洞等旅游景点。

经济概况 全村以农业为主,果业种植为辅。农产品主要种植水稻、油茶、油菜、大豆等,养殖土鸡、鸭。2023年,水稻种植面积588亩、种植户217户,油菜种植面积447亩、种植户137户。东边花卉苗木基地占地面积1000亩,位于东边村十三丘,主要种植银杏、广玉兰、红玉兰、樱花、红枫、青枫、无患子、鸡爪槭、大叶樟等13个树种。有

东边村枫树林

各类中小型商店6个、汽修店1个、加油站1处、饭店12家,经营槟榔厂1家。采取"党支部+合作社+基地+农户"模式,发展一产,黄桃、布朗李、太秋柿等特色农业产业800亩。引进了二产槟榔初加工企业江西莲鑫隆科技生态发展有限公司,带动182名群众实现家门口就业;结合地理位置优势,国道沿线发展餐饮店12家,做到了一、二、三产业融合发展。2021年村级集体经济收入10万元;2022年村级集体经济收入15万元;2023年村级集体经济收入17万元。

基础设施　村主干道3条、主要村组路5条,路面硬化已全覆盖,沥青改造约60%。有1个邮政代办点,宽带安装已全覆盖。自2016年起全村实现了自来水网全覆盖。高标农田改造220亩,建有水渠3个,河堤基本完善。全村河流3条,水域面积30亩,分布在上东边组、垅里组、上庙里组,灌溉农田600亩左右。新建桥梁2处,安装太阳能路灯200余盏;有占地600平方米的休闲文化广场1个,村级卫生计生服务室1所。全村通信网络信号覆盖率、改厕率、水电覆盖率均达100%。

社会发展　村内有国家粮库1处、林场1处、公路养护队2处。2017年新建文化活动广场,有篮球场,组建军鼓队、篮球队,举办广场舞比赛,设立了巾帼志愿者协会服务站济困救难。

特色地情　潮水洞。位于峙垅与东边村交界,属典型的喀斯特地貌,洞内阴凉清爽,泉水叮咚悦耳,奇石异峰,怪石嶙峋,自然景观独特。明嘉靖年间,陈闻礼隐居于此,号潮洞居士。

居仙洞。位于与高州乡交界处,明代始,一些道士居住和修行于此,现保留了早年间的一些道观内用品。

富树村

村情概况　2003年富冲村与树下村合并,得名富树村。富树村位于坊楼镇南部,离镇中心约3千米。东邻南岭乡四桂村,东连湖上乡,南靠本镇奢下村,北邻本镇田垅村,下辖10个村小组16个自然村,现有人口1830人。319国道穿村而过。

自然环境与资源　富树村总面积约9平方千米,其中耕地面积1130亩,山林面积近8000亩,森林覆盖率85%。属于半丘陵半山地地形。境内有两条溪流,一是固源溪,纳乌水于怀,流经上垅、下垅至树下双江口;二是江山溪,合江山之水,流经陈家湾、太陂头,至树下双江口,汇固源溪之水于潇江为莲花县东莲江之主要源头。

经济概况 富树村产业以农业为主,主要种植水稻、油茶、油菜、大豆、红薯和玉米、葡萄、草莓等经济作物,有上规模的杨梅基地150亩。养殖土鸡、麻鸭、牛、猪、蜜蜂等。2023年,水稻种植面积1200余亩,油菜种植近1000亩。引进欧兰德农业科技有限公司在村里种植大豆60亩,水稻制种300余亩。

基础设施 富树村交通非常便利。村内主要通道皆为水泥道路,通组路、入户路皆已经完成。村道旁边基本都安装了太阳能路灯,道路两边有垃圾桶,环境优美整洁。通信网络信号覆盖率100%,宽带网络使用率约90%,有线电视使用率100%,通电率100%。村内有信用社服务代理点,物流配送点。村民主要生活用水来源于深井水,每个自然村都有集中供水点,有自来水蓄水池7座,可蓄水500吨,铺设自来水管道约22千米,基本满足了全村村民日常生活用水需求。

社会发展 富树村设有海尔希望小学一所,可以容纳300多名学生。文化活动场所占地约3000平方米,主要是村委会(含党群服务中心)约700平方米、新时代文明实践站约1000平方米、文化健身广场约1000平方米。富树村新时代文明实践站采取"一室多区"形式建设,共设立4个集中活动室,包含图书馆、理论宣讲课堂、市民宣讲室等近10个功能区。村内建有2个卫生所(室)。村委会为村民提供医保、社保等全方位政务服务。

人文地情 贞孝祠。位于树下自然村,贞孝祠前原有一座贞孝坊,现仅存一石碑。

富树村村史馆

吴锡林旧居。位于富树村坳下,是"九一八"攻城上西农军集结地。1927年9月,为了策应湘赣边界的秋收暴动,莲花县党组织决定组织上西革命群众攻打盘踞在县城的反动白匪李成荫,以打压其反革命嚣张气焰。9月18日晚,农军在富树的茅仔坪集结。针对当时许多老人、妇女、小孩也跟着上阵的混乱情况,攻城总指挥陈竞进召开紧急会议,动员队伍中的妇女和老幼病残者回家,并对攻城战术作了进一步的调整。这次集结和紧急会议避免了攻城失败带来的更大伤亡。

小江村

村情概况 小江村依山傍水,莲江流经小江村河段九曲十八弯,河里鱼虾成群,两岸古树参天,莲江在小江村段全长约7.2千米,如一条飘逸的丝带贯穿整个村庄,小江村的先辈们把它唤作"潇溪",因"潇"通"小","溪"即为"江",小江也因此而得名。有"人道天宫瑶池美,那是不知小江水"的美誉。小江村地处莲花县西北部,坊楼镇东南部,北邻319国道,境内有县道X143和乡道Y386穿过,交通较为便利,距离坊楼镇人民政府8千米。下辖6个自然村组(坊陂、太冲、小江三组、小江四组、小江五组、江河组)。全村464户1628人。有两条莲江河支流自西向东穿村而过。绿化率95%。小江村耕地面积1229.51亩,森林面积约9980亩,森林树种主要有杉树、樟树、油茶树等。探明煤炭储量5000万吨以上。

经济概况 小江村农业以种植水稻、油茶、油菜、红薯,养殖土鸡、蜜蜂等为主。"小江茶油"在县内有一定名气,全村种植油茶林3800余亩,年收油茶籽20余万斤,产茶油4万余斤。2023年,全村水稻种植面积约500亩、种植户350户,油菜种植面积约460亩、种植户约300户。2021年,村集体投入产业资金80万元建设新仔冲生态种养基地。2022年投入穗莲农业科技资金100万元,每年收益6万元。2023年村级集体经济收入21.6万元。

基础设施 良田X143公路穿过村庄,为水泥路面。村内生产道路约4.2千米,路宽3.5~5.5米,主要为水泥路面,村内道路硬化率92%以上。有小型桥梁5座。村内有路灯210盏,均为太阳能路灯。通信网络信号覆盖率100%,宽带网络使用率约90%。村民主要生活用水来源于山泉水,有自来水蓄水池5座,可蓄水200立方米,铺设自来水管道约1.2千米。

社会发展 小江村文化活动场所占地面积约2600平方米,主要是村委会(村党群

诗意小江

服务中心)约300平方米、新时代文明实践站约100平方米、文化健身广场2处约2200平方米。其中小江村新时代文明实践站采取"一室多区"形式建设,共设立4个集中活动室。村内建有1个卫生所(室)。村委会为村民提供代缴医保服务,2022年度农村医保缴纳率100%。

人文地情 青狮岩庵。始建于明朝永乐庚午年间,时有道人朱姓者麻姑到此,见有白云青狮绕,以为祥瑞,遂在此驻锡建庵,取名青狮岩庵道院。现为佛教场所。青狮岩因山顶巨石似腾跃之雄狮,山上常年翠绿,遂被称为青狮岩。

宋家宗祠。在小江村的江河组,祠内留存有明宣宗朱瞻基颁给宋氏先祖宋琮的圣旨。江河组宋氏先祖宋万钟,字琮,敕封为国子监博士。宋琮一生淡泊名利,不趋炎附势,知进退,为明宣宗所重,乃颁旨褒奖。圣旨云:"奉天承运皇帝,敕曰:国家置博士于国子监,所以资讲论而司其课试者也,非经术明正之士,莫能任之。尔修职佐郎国子监博士宋琮,发身贤科,历职中外,迨迁斯秩,亦既有年,文学老成,实宜其任。兹特锡之敕命,以示褒荣。夫以天下之才,而于尔受益,尔之所以举其职者,可不加勉乎,往益祗慎,尚观尔成,钦哉。宣德五年八月二十四日。"

奢下村

村情概况 奢下村位于坊楼镇南部,东与新枧村、富树村交界,西与南岭贯山毗邻,北接坊楼村,距莲花县城19千米,距坊楼镇0.5千米。村落总面积11.5平方千米,其中耕地面积927.86亩,林地面积5764亩。全村共有10个村民小组,5个自然村(俚山、富家冲、奢下、桥边、上店里),362户1263人,以陈、谢、刘三姓为主。村中有3名红军长征干部(谢锡玉、陈大德、刘佐兴),有名可查的烈士34位。

自然环境与资源 奢下村地处丘陵地带,三面环山,村中有年陂圳、高陂圳、南岸圳、王家陂圳等渠道灌溉农田,其陂圳发源自清水注入乌溪河。村内林地覆盖面积较广,动植物资源丰富,主要矿产有煤炭、高岭土。

经济概况 奢下村以农业种植为主,主要种植水稻和油菜。村内有小型经营店3家、卫生室1家,建有1个光伏发电站。

基础设施 319国道贯穿全村,村内主要干道都是沥青路面,户户已通水泥路,宽带覆盖全村。全村供电362户,家家户户用上了干净的自来水。

社会发展 奢下村通过精准扶贫工作,让村民的生活得到了改善,村内环境卫生焕然一新。村内建有图书室和医疗室,365天对村民开放。村内有军鼓队、腰鼓队。

人文地情 谢锡玉。奢下村富家冲人,1994年逝世,享年78岁。1932年参加革命,参加过长征、抗日战争、解放战争,历任八路军第五纵队三支队八团政治委员,新

奢下村党群服务中心

四军第四师九旅二十六团政治委员，华东野战军第二纵队六师政治委员，第三野战军二十一军六十三师政治委员，中国人民志愿军空军某师政治委员，中国人民解放军空军部主任、副政治委员、政治委员，福州军区空军政治委员。1955年被授予少将军衔。获二级八一勋章、二级独立自由勋章、一级解放勋章。1988年获中国人民解放军一级红旗功勋。

陈大德。1911年9月生于奢下村，1999年逝世，享年88岁。1932年2月在本县独立营参加革命，1933年6月加入中国共产党。参加过长征、抗日战争、解放战争，在南泥湾大生产时被评为甲等劳动英雄。解放前历任三五九旅七一八团二营副营长、山西三军八师二十四团营营长等职，解放后历任西北军区第二兵团招待所所长、华北后勤运输部三团副团长、北京军区后勤部丰台仓库管理处处长、总后勤部丰台仓库管理处副处长等职。1966年离职休养。1955年被授予大校军衔，获三级八一勋章、三级独立自由勋章，二级解放勋章和中国人民解放军二级红星功勋荣誉章。

刘佐兴。1910年10月出生于奢下村塘背上，1996年逝世，享年86岁。1933年5月参加中国工农红军。1934年10月加入中国共产党，参加过长征、抗日战争、解放战争，在红军中历任班长、指导员等职，抗战中历任八路军一二〇师三五九旅纺织厂厂长、营教导员等职。解放战争时期，历任西北军区五师组织科长、供给部政委和党委书记等职。中华人民共和国成立后，任新疆军区生产建设兵团驻石河子指挥部生产管理处副处长、检察分院检察长和党委书记、指挥部副主任。1972年5月离休。

新枧村

村情概况 新枧村位于坊楼镇中北部，由原枧下村与新城村合并而成。新枧村东接沿背，南连富树，西靠坊楼，北邻高州。317省道由西向东穿村而过，与319国道互通。距镇中心1千米，距县城20千米，距萍乡市区50千米。村内有环村公路，交通便利、区位优越，青山绿水、环境优美，人文荟萃、乡风文明。主要姓氏为陈氏。现有825户2252人，辖7个村民小组，是坊楼镇第二大行政村。

自然环境与资源 新枧村属丘陵地形，亚热带季风湿润气候，四季分明，气候温和，光照充足。面积9.6平方千米，其中耕地面积1322亩，林地面积12000亩。

经济概况 新枧村农业以种植稻谷、油菜、莲子为主。其中油菜种植面积1300亩，莲子种植面积100亩。村内成立了新冬油菜种植专业合作社和友华莲子种植专业

新枧村红色十里长廊

合作社,莲花县首届油菜节在新枧村举办。村集体投资兴建养殖基地,发展了肉牛养殖、牧草种植基地、莲花白鹅养殖等产业,养殖肉牛108头,并出租一部分固定栏舍给企业养殖。2022年村集体经济收入15万余元。

基础设施 新枧村交通便利,12个自然村全部实现了入户道路水泥硬化,并实现城乡供水一体化,饮用水卫生合格率100%,供水保证率100%。截至2023年底,完成5个新农村点建设,农村生活垃圾分类设施覆盖率90%,农村户厕改厕率100%,污水收集处理率90%,高标准农田建设使水渠灌溉率95%。

社会发展 村里有老年协会、广场舞队、鼓号队、义警巡逻队等民间组织,不定时开展体育比赛、安全巡逻等系列活动。村内有诊所1间,医疗保障设施齐全。建设居家养老服务中心1个、广场4个。村内广场设有篮球场,周边有各种健身器材。

人文地情 新枧村是莲花第一个党小组诞生地,是莲花第一个革命团体所在地,也是莲花共产党人创办的第一所革命学校"新城小学"所在地。

红色十里长廊。长廊内主要介绍陈竞进、陈介福、陈大仁等66位从新枧走出的革命烈士,莲花县第一个党小组在新枧的诞生过程,湘赣赤色邮政总局红色地下交通线在新枧的开创过程,方志敏在新枧召开二五减租农民运动大会的情况。

陈竞进。莲花县坊楼镇新城村人,革命烈士。1926年加入中国共产党,曾任红六军第五大队政委、中共攸县县委书记。1925年,组织青年学会并创办新城小学。领导工农武装赤色队和红色独立团,多次配合红军作战,为革命事业立下了赫赫战功。参与策动了国民党军张威部的起义,为壮大红军力量作出了贡献。

沿背村

村情概况　《莲花甘氏族谱》记载,某年洪水泛滥,将中陂和甘洲桥冲垮,汹涌的洪水从村庄后背疾流而过,村庄故名沿背。中华人民共和国成立之初,设沿背、桥头两个农会。1953年改制为沿背乡和桥头乡,归洋桥六区委管辖。1954年撤乡建制,成立农业合作低级社。1955年改为农业合作高级社。1958年实行人民公社化,成立沿背大队。1968年沿背大队成立革命委员会,田垅大队合并到沿背大队,下设15个生产小队。1984年撤销人民公社建制,沿背大队划分为沿背行政村和田垅行政村,归属坊楼乡人民政府管辖。

沿背村位于莲花县坊楼镇中东部、萍乡市区东南60千米,辖区面积约10平方千米,耕地面积1135亩,其中水田面积1045亩、旱地面积90亩、山林面积4500亩。317省道穿村而过,南溪河由北向南流经本村。下设10个自然村,辖6个村民小组,共612户2032人,主要有18个姓氏,甘、刘、谢、陈、苏、李、贺姓人数均超过100人。沿背村是中组部红色美丽村庄试点村、江西省先进基层党组织、江西省民主法治示范村、全省优秀人民调解组织、江西省社会主义学院现场教学点、第六届江西省文明村镇、江西

沿背村初心广场

省旅游风情小镇、江西省第二批特色小镇、江西省水生态文明村。

自然环境与资源 沿背村属丘陵山区,地势北高南低,落差不大。南溪河自北向南穿村而过,四季长流,上半年雨水充沛,河水流量大,下半年河水流量相对要小。庵门江自东北向东南方位经沿背而过,与南溪河接通,水流量较少。还有两股溪水即龙山溪水和湾前后背溪水,多在下半年断流。全村地下水蕴藏较为丰富。在苏坛冲、凤形山等山场有部分无烟煤矿,耙牛坳山有少量铁矿,后背山有少量胶泥土矿,石灰石矿储量较为丰富。

经济概况 沿背村主要种植水稻、油茶、油菜、红薯、柚子、生姜等,养殖土鸡、鸭、猪、牛等。2023年,水稻种植面积约1100亩,种植户约600户;油菜种植面积约1100亩,种植户约600户。2023年,引进水稻制种项目,种植面积110亩;引进大豆种植项目,种植面积300亩。鸡、鸭养殖户6户。以江西甘祖昌干部学院为依托,村民开办民宿55家,村集体成立农民演出队专门演出红色采茶剧《并蒂莲花》,组建客运车队,为参观学员服务。2023年村级集体经济收入超过150万元。

基础设施 317省道穿村而过,均为沥青路面。村内生产道路约10千米,生活道路约5千米,路宽3.5~5.5米,主要为沥青路面。有桥梁5座,其中小型桥梁2座、涵洞型桥梁3座。村内有路灯320盏,均为太阳能路灯。建有污水处理中心1个。通信网络信号覆盖率100%,宽带网络使用率100%,有线电视使用率100%。村内有变电站1座,家庭通电率100%。有3个集中供水点,分别位于洋古山后背、湾前后背、苏家后背;有自来水蓄水池3座,可蓄水150立方米,铺设自来水管道约12千米。有梅水塘、快省陂具有水利灌溉功能的山塘2座,主要采用沟渠引水,可灌溉耕地1100余亩。

社会发展 沿背村建有沿背村幼儿园,九年义务教育覆盖率100%。文化活动场所占地面积约5600平方米,文化健身广场约1000平方米,生态停车场2000平方米。村内建有1个卫生室,村委会为村民提供代缴医保、社保服务,2023年度农村医保缴纳率100%。

人文地情 莲花一枝枪。贺国庆用鲜血和生命保护莲花一枝枪,保护革命的火种,留下了"舍命护下莲花一支枪,种下燎原一把火"的革命精神。

甘祖昌。出生于1905年3月,开国少将,被称为"将军农民"。1920年参加农民协会,1927年加入中国共产党,翌年参加中国工农红军。在革命生涯中,担任过湘赣军区红军兵工厂副科长、晋绥军区三五九旅供给部部长等职。参加了土地革命战争、抗日战争、解放战争,为了党和人民的事业出生入死、数次负伤。甘祖昌将军从新疆辞去公职回到沿背村当农民,带领群众建设了快省陂、反修桥、电站、引水渠等众多工程,有些至今仍在发挥重要作用,为村民生产生活带来便利。

江西甘祖昌干部学院。2018年,学院被列为江西省委重点支持建设的有特色的

沿背村甘祖昌故居

全国党性教育示范基地;2022年,学院被纳入中组部备案管理的全国72所党性教育干部学院之一。

甘祖昌故居。位于沿背村桥头,建于1968年,占地约210平方米,是一栋两层普通砖木结构楼房,上下共24间房。

田垅村

村情概况 田垅村距莲花县城20千米,距坊楼镇3千米,与沿背村、洋桥村接壤,面积7平方千米。现有人口815人,主要姓氏有刘、陈、尹、李、欧阳、伍、邓、钟、孟等,皆属汉族。全村共7个自然村,包括田垅、下沿江、沙洲里、茶坪湾、山下、湖椅山、铜锣丘,4个村小组。

自然环境与资源 田垅村属山地丘陵地区,四周山岭环绕,南陂像盆地,田垅处盆地边缘。夏季高温多雨,冬季寒冷干燥,四季分明,属南方气候特征。田垅村有耕地面积722亩,林地面积4000亩。有少量的煤矿资源。南溪河有4千米在村中流过。

经济概况 田垅村主要种植水稻、油菜、油茶、红薯、蔬菜、瓜果等,养殖鸡、鸭、鹅。有养牛、养猪专业户3户,大棚专业户1名。有4家小型商店。村集体经济有肉牛养殖场。2022年村集体经济收入15万元。

基础设施　全村共修建2200米沥青路通往各组。每家每户都有入户路,每家每户都装有通信网络。家家通电。装有太阳能路灯168盏。全村有小水池6座、大水池4座,有供水点2个,分别位于茶坪湾和田垅。有山塘1座,每年整修水渠1000余米。

社会发展　田垅村设有村级卫生所。村居家养老院1所,能为70岁以上老人送餐上门。红领巾营地为3~12岁儿童提供学习便利。60岁以上老人有养老金。"两不愁""三保障"执行到位。村与环保公司开展常态化环境整治,除环保公司保洁员分区段每天清扫外,村里还经常组织卫生大扫除、卫生评比,做到垃圾不落地,环境整洁干净。

人文地情　陈春林。15岁参加革命,曾任南陂乡童子团团长。1932年参加中国工农红军,1934年加入中国共产党。1955年被授予大校军衔。任新疆南疆军区副政委(享受正军职)。参加过长征、抗日战争、解放战争。曾获三级八一勋章、二级独立自由勋章和二级解放勋章、二级红星功勋荣誉章。1976年,放弃城市生活回到家乡带领乡亲们脱贫致富,并拿出自己的积蓄建成了1座库容40万立方米的水库,开垦700余亩荒山。

刘恢先。下沿江村人,结构工程与地震工程专家,中国地震工程学奠基人之一,

红色独立团修械所旧址

田垅村

被誉为"世界地震工程之父"。1952年创建中国科学院工程力学研究所。1980年当选中国科学院院士。创建并领导了中国第一个地震工程研究中心。曾当选第四届至第六届全国人民代表大会代表,为全国政协第二、三届全国委员会委员。

牛鼻山战斗遗址。牛鼻山位于田垅村东北。1928年7月,莲花红色独立团为防止国民党反动派搜捕"围剿",保护周围的红色机构,在牛鼻山半山腰修建了一座地堡和两条战壕。1928年11月,何长工率领的北路行动委员会在牛鼻山歼灭莲花靖卫队100多人,为彭德怀率领的红五军上井冈山扫除了障碍。

红色独立团修械所。1928年2月11日,莲花赤卫队联合醴陵赤卫团深夜放火焚烧长发祥饭店,夺得靖卫队一支半枪。何谓"半支枪"?是靖卫队卸了一支枪的枪机,结果赤卫队只夺来一支枪筒。甘祖昌端着这半支枪仔细琢磨,经过一番努力,终于把这半支枪修复了。修械所成立后,在甘祖昌带动下,不仅修枪、修鸟铳,还打造大刀和梭镖、匕首等,为前线提供、维修武器。

侍父祠。为纪念刘氏琅公之女尾姑(名文凤)而建。九位兄弟为感念尾姑的孝心和功德,合力建祠,起名"侍父祠"。侍父祠始建于清嘉庆庚辰年(1820),至道光丁亥年(1827)竣工,前后历经7年,总建筑面积1250平方米。祠门楼顶为歇山顶,饰以箕斗方,三山门后堂有两门框,座基和其他石雕品均由武功山青石打造而成,故又名青石祠。总堂五开三进两天井,砖木结构,整堂屋柱90根,祠内和正门主柱为千年柏木,至今保存完好。

洋桥村

村情概况 洋桥村位于坊楼镇东部,距离县城25千米,距离镇政府5千米,西靠沿背村、甘家村,东接湖上乡,北邻东星村、屋场村,南连田垄村。全村总面积约4平方千米,其中耕地930.65亩、山林2790亩。全村共有6个村民小组,现有农户334户1460人,共有53个姓氏,其中刘姓616人,陈、甘、邓姓村民人数均超过100人。

自然环境与资源 洋桥村属半丘陵半山地地形,地势南低东高,村庄地势坡度变化不大,呈纵向狭长态势。绿化率70%,植被主要为油茶林、松树林、杉树林和樟树林。

经济概况 洋桥村主要种植水稻、油茶、油菜、红薯、毛豆,养殖土鸡、生猪、麻鸭、白鹅等。2023年,水稻种植面积约930亩、种植户300多户;油菜种植面积800余亩、种植户约300户。2021年引进七彩稻田画项目,种植面积100余亩。生猪养殖户3户,年末存栏220头,全年出栏180头。土鸡、麻鸭等皆为家庭散养,未形成规模。工业以劳动密集型的轻工业为主,如莲花县震祥鞋面加工厂、晶津鞋面加工厂、韵华鞋面加工厂。洋桥村商贸繁荣,每月有9次大型赶集活动。村内集镇全长600余米,有商铺80余户,集镇长期从业人员约100人,临时性从业人员60余人。

基础设施 洋桥村庄道路网基本形成,交通较为便利。S225公路和X144公路穿过村庄,均为沥青路面。集镇段长约0.6千米,为沥青路面。村内有路灯200余盏,均

洋桥红军医院旧址(新时代文明实践站)

洋桥村七彩稻田

为太阳能路灯。建有应急公厕2座,生活污水处理池1座,应急水源1处。通信网络信号覆盖率100%,宽带网络使用率超90%,有线电视使用率100%。村内各有2个移动营业厅和邮政物流配送点,家庭通电率100%。村内未接入天然气管道,村民日常做饭烧水使用的能源主要为电能和液化气,少数家庭使用蜂窝煤。村民主要生活用水为集中供水,村内设有2个集中供水点,有自来水蓄水池2座,可蓄水100立方米,基本满足全村日常生活用水需求。2023年已开始推动城乡一体化供水,2024年上半年已实行全村通水。有贺家冲山塘、谭家陂、阴陂里水陂等具有水利灌溉功能的陂坝,主要采用沟渠引水,可灌溉耕地800余亩。2023年,成功申报1个新农村建设点,获批30万元项目资金用于白马塘自然村新农村建设改造。

社会发展 洋桥村建有九年一贯制学校——南陂中小学,可满足洋桥村及周边村庄九年义务教育阶段的就学需求。文化活动场所主要有村委会(村党群服务中心)、新时代文明实践站、文化健身广场。洋桥村新时代文明实践站采取"一室多区"形式建设,共设有4个集中活动室,包含农家书屋、童心港湾、村民宣讲室等7个功能区域。村内建有1个卫生所(室),服务范围辐射到甘家、田垄等周边村庄。2024年度农村医保参保率100%。

人文地情 刘元卿故居。位于村第三小组。洋桥村是"泸潇理学"创始人刘元卿的家乡,现留有故居房屋,屋内有简介展示。

红军医院。1929年井冈山医院被敌人烧毁后迁入洋桥村,洋桥村红军医院存在近一年,最多的时候接纳有300余名伤员在此疗伤。红军医院旧址目前是甘祖昌干部学院的现场教学点。

甘家村

村情概况　甘家村是明朝嘉靖年间从莲花县高洲瑶塘迁徙而来,已有约500年历史。甘家村东和洋桥村相邻,南接沿背村,西和新枧村搭界,北和屋场村接壤。全村总面积约7.5平方千米。村委下辖6个自然村12个村小组,共计561户1750人。

自然环境与资源　甘家村属于半丘陵半山地地形,依山傍水,风景秀丽。耕地面积1200亩,山林面积约8600亩,森林覆盖率85%。南溪河穿村而过,源远流长。甘家村龙山有象鼻山、狮子岩、梅虎等自然景观,风景优美。同时龙山还是"莲花一枝枪"的枪壳保存地。

经济概况　主要种植水稻、油茶、油菜、大豆、红薯、玉米、莲子、黄桃等经济作物,养殖土鸡、麻鸭、牛、猪、蜜蜂等。2023年水稻种植面积1020余亩,油菜种植近860亩,莲子种植100余亩,种饲料草35亩,水稻制种250余亩。村内有甘祖昌所建陂头水电站,每年有3.3万元村集体收入。村集体和12户村民成立的欣欣农业专业合作社与江西甘祖昌干部学院合作提供民宿,每年为合作农户增收1.2万元,为村集体增收2

甘家村毛泽东旧居

甘家村南溪甘氏祠（红军宿营旧址）

万元。

基础设施 甘家村进村主干道为沥青路，村内主要通道皆为水泥道路，通组路、入户路皆已经完成。村道旁边基本都安装了太阳能路灯，道路两边有垃圾桶。通信网络信号覆盖率100%，宽带网络使用率约90%，有线电视使用率100%，家庭通电率100%。村内有通信服务点、信用社服务代理点、物流配送点。每个自然村都有集中供水点，有自来水蓄水池4座，可蓄水300立方米，铺设自来水管道约18千米。村内建有一个卫生所（室），服务范围辐射整个村庄。甘家村辖区内建有易地搬迁集中安置点。成立了甘家飞扬健身舞蹈队。甘家村设置综合文化服务中心，有青少年活动室、老年人活动室，建设室外文化广场2处，包括篮球场、健身休闲广场。

特色地情 南溪甘氏祠。始建于明嘉靖年间，以青砖、青瓦、古楠木雕刻为主要构造，祠前有牌坊。1927年9月24日，毛泽东率领秋收起义部队夜宿甘家村，红军战士住宿在南溪甘氏祠、三房祠、四房祠。

米缸的故事。1927年9月24日，毛泽东率秋收起义部队进驻甘家村时，村里有一位妇女陈冬姬临产，她产下一个男孩走不动，正巧工农军革命战士向老百姓筹粮路过她家，听到婴儿的啼哭声，战士们主动前去嘘寒问暖，叫来卫生员，护理产妇，照顾婴儿。陈冬姬十分感激，将丈夫甘桥信给她预备的一缸米捐给战士们做晚饭，战士给她米钱，她坚决不收。后来战士们临行前将一床棉絮放在米缸里抵作米钱，一时传为佳话。米缸的故事一直被村民传颂至今。中华人民共和国成立后，陈冬姬后人将米缸上交井冈山革命博物馆，成为军民鱼水情的见证。

毛泽东旧居。1927年9月24日当晚，毛主席住在甘寿基、甘夏基、甘松基三兄弟家中。

红源村

村情概况 红源村位于坊楼镇的西南部,东起坊楼镇初心茶园,西邻湖南省攸县,南接莲花县荷塘乡,北与六市乡交界,距离坊楼镇人民政府5.2千米。2005年,由原红光村和浏源村合并而成。全村面积18.32平方千米,其中林地面积17438亩、耕地面积2053.24亩。下辖8个村民小组,分别为浏源、马家坳、龙塘边、塔村、蕉叶冲、竹家冲、庙下、杨家源,村委会设在浏源。共有410户1420人。有60多个姓氏,其中陈、彭、谢、颜、杨姓人口较多。

自然环境与资源 红源村地处山川河溪两侧的中高山洼地,坡度变化大,平地少。发源于罗霄山主峰的一泓清泉流经红源村进入坊楼镇峙垅,为赣江支流禾水的上游。村内有丰富的林业资源(杉、松、樟、油菜、竹等)、矿物资源(铁矿石、煤炭等)和水资源。

经济概况 主要以种养业为主,种殖水稻、油茶、油菜、玉米等,养殖白鹅、麻鸭、土鸡、牛、蜜蜂等。村集体2022年投资新建白鹅栏舍1000平方米,年出栏10万羽;2023年投资20万元新建麻鸭栏舍1000平方米,与乐兰湖合作社合作麻鸭养殖,年出栏15万羽。

红源村蕉叶冲鸟瞰

红源村村委会

基础设施 红源村交通便利,与荷塘乡佳山村通水泥路。距萍莲高速六市出口10.6千米。村内有路灯150盏,均为太阳能路灯。通信网络信号覆盖率100%,宽带网络使用率约90%,有线电视使用率100%,家庭通电率100%。有3个集中供水点,分别位于蕉叶冲、竹家冲、杨家源;有自来水蓄水池6座,可蓄水200立方米,铺设自来水管道约12千米。有蛤蟆湖、油榨塘等具有水利灌溉功能的山塘4座,主要采用沟渠引水,可灌溉耕地800余亩。塔村水库目前尚在建设中,设计容量168万立方米,灌溉农田5800亩。

社会发展 2017年以来,红源村积极争取上级资金,建设了蕉叶冲等6个新农村点,修建通组路长约5千米。

特色地情 红源是"莲花一枝枪"的藏枪之地,是莲花赤色队、赤卫大队、红色独立团的诞生地。全村有57名革命烈士。

江西共大莲花分校。坐落于江西省萍乡市莲花县西北部,由红源村无偿划拨水田365亩、旱地15亩筹建而成。1958年底,在莲花县农民技术学校的基础上创办了江西共产主义劳动大学海潭分校,当时隶属莲花县海潭垦殖场管理,1962年撤销。1965年创办江西共产主义劳动大学莲花分校,地址设在原坊楼公社红光大队洌源自然村龙背上,即海潭垦殖场洌源分场所在地,故莲花人又习惯称之为"洌源共大"。

东星村

村情概况 东星村位于坊楼镇东部,是原东田村与小王庙村合并而成。距坊楼镇政府约5千米,东与闪石乡相邻,南与湖上乡接壤,西与本镇洋桥、屋场村相交,北与高洲乡交界。辖区面积约10平方千米,全村耕地面积1528亩、林地面积8000余亩。共有9个村小组,612户1836人,均为汉族,主要姓氏为刘、朱、杨等。东星村在"十三五"期间得到了全方位的建设,村容村貌焕然一新,各种基础设施建设完善,产业等发展让村民脱贫致富,多次获评县、镇先进单位称号。

自然环境与资源 东星村属丘陵地形,三面环山。村内林地覆盖面积较广,动植物资源丰富,主要矿藏有煤炭、高岭土。

经济概况 东星村以农业种植为主,主要种植水稻和油菜。村内有村民创办的青钱柳种植和加工企业,带动了村民和脱贫户就业,为村集体经济也创造了稳定的收入。村集体与社会资本合伙投资兴建的"武功一叶"茶叶种植基地,2024年开始为村

东星村奢里自然村新农村广场

集体带来收益。2023年村级集体经济收入超20万元。

基础设施　东星村全部自然村实现公路畅通,省道路坊线贯通,公交车到达村委会。电力、自来水、网络、邮政快递业务全覆盖。"十三五"期间村内小王庙、奢里、毛屋里、老屋里、苏家冲、老山、坳下和王江等自然村进行了新农村建设,投入资金约200万元。

社会发展　村内建设有图书室和医疗室,365天对村民开放。村内建设有小王庙广场、奢里广场和东田广场,并在东田广场建有篮球场。村民成立了志愿者协会、广场舞队、舞龙队等组织,不定期开展志愿服务,组织广场舞、下象棋活动和舞龙活动等。

特色地情　泣马坳。又名血马坳,坳名的来历,源于南宋末年,丞相文天祥号召各地义军勤王,湖南招讨使吴希奭派儿子吴官和吴节率兵驰援,在江西陷入埋伏,突围后得知家乡被元兵包围,回师至此地得知全家三十余口全部殉难,兄弟俩拔剑自刎,壮烈殉国。所骑战马见主人身死,悲鸣数声跃入山渊。乡民在此地建忠烈祠祀之,并将这山坳取名泣马坳,故事流传至今。

飞琼洞。为明代理学家刘元卿研学处。飞琼洞依山傍水,环境优美,洞内有护栏、床和神龛,还留有刘元卿手书的对联,现已被列为县文物保护单位。据《石城洞志》记载:"飞琼洞,在周公岭老山中,聘君刘泸潇云:予与兄止山,游老山之上,有瀑布泉,飞琼握溅雪;其下洞可坐,于遂以飞琼名之。乃平其地,三面为凳,一面为栏杆,以俯泉栏以外为玉井、为丹灶云。联曰:野鹤叫残岩下月,飞泉滴破洞中天。"

旋枫崖庵。旋枫崖庵位于龙背冲的金顶山下。庵内供奉有颜老爷、八仙、观音、十八罗汉等,颜老爷是主要供奉对象。传说古时候本村有位姓颜的老人,终年在旋枫崖深山里烧炭。一天,他砍了一棵檀香树烧炭,檀香冲开了天门,玉帝非常吃惊,于是打发童子去视察。童子回报玉帝说,有一老人在那烤疮。玉帝误以为老人要受香,于是渡老人静坐石洞内成仙。

屋场村

村情概况　屋场村位于坊楼镇东北部,距离莲花县城17千米,东与东星村接壤,南与洋桥村相连,西与甘家村为邻,北靠五里山与高洲乡交界。全村辖2个自然村,9个村民小组,现有541户1556人。

自然环境与资源 屋场村依山傍水,自然风光秀丽,全域面积6平方千米,其中耕地面积1554亩、森林面积8000余亩。主要树种有松树、杉树、栎树、柯树、樟树等,主要农作物有水稻、莲子、油茶、油菜、蔬菜等。屋场村地势东高西低,南北丘陵起伏,宛如二龙腾飞,自西向东呈合抱之势。村东有片樟树林,四季常青,每到夏季成群白鹭在此栖息繁衍,犹如鸟国。

经济概况 2018年,村集体投入20万元建设胡头冲光伏发电站。2020年,村集体与部分村民共同成立泸潇情农业专业合作社,有民宿12家,45间客房。2022年村集体投资建设肉牛养殖基地。2022年村集体经济收入20余万元。

基础设施 村内有村组路4.5千米,桥梁5座,入户路2.2千米,每家每户都有入户路。每家每户都装有通信网络,看电视、使用手机都很方便。甘祖昌所建龙潭水库是村内主要水源地,能灌溉1500亩稻田。通过农村饮水安全工程建设,改水541户,改水率100%,饮用水卫生合格率100%,供水保证率100%。

社会发展 东星村有移民搬迁集中安置点1个,卫生、计生服务室1所。村内有3个新农村建设点、3个文化广场,沥青坪800平方米,沥青路700米。

特色地情 九祖祠。原名社仓济贫祠。明朝刘元卿当时联合兄弟九人的力量,置义田,建社仓,以赈恤养民。为继承发扬刘氏善举和纪念九祖功绩,后世遂将该祠堂改名九祖祠。

凤栖岭。又名印峰岭。凤栖岭西边山脚下,江水如练,此条溪流在明弘治年间由处士岳常公捐资招匠浚凿疏导,可以通舟,当时的郡守赐名"义川"。

刘氏初祖祠。堂匾上是"崇本堂"三字,原祠建于明万历己亥年(1599)。直进三栋,一百零一根屋柱,规模宏大,门前一对高约2.5米、重达10吨的大理石石狮雄踞,蔚

屋场村九祖祠

鸟瞰屋场村

为壮观。

　　古陂坝。又叫坦家陂,位于南溪河上游。南溪河两岸的田地,因为地势较高,取水较难,长期受到干旱的困扰。万历甲辰(1604),刘元卿带领乡人集资倡修坦家陂,主要是为了解决屋场村农田灌溉缺水、村民争水问题。刘元卿在修坦家陂时,一日归而有作:"曾闻入夜争余沥,遂欲乘秋障百川。"坦家陂修好后,它在上游把发源于江山溪的南溪河拦腰截断,河水水位自然抬高,河水流进了屋场村那片常年干涸的田垄中。于是,刘元卿又写下:"千顷澄陂分细水,八家凶岁歌丰年。"田地得到灌溉,旱涝保收,争水风波自然消失,乡民喜获丰收,个个笑逐颜开。

江山村

　　村情概况　　江山村原名浆山村。江山村位于莲花县坊楼镇最北端,沥青公路直通319国道。赣江水系莲江支流贯穿全村,将军水库从江山贯穿至高洲。辖区总面积5.5平方千米,下辖3个村民小组,共165户727人。耕地面积308.6亩,林地面积7668亩,河流水域面积187亩,森林覆盖率90%。村内有村民自发成立的五老理事会、军旗红志愿者服务队。

江山村先后获评全国精神文明村镇、国家森林乡村、江西省第三届文明村镇、江西省省级生态村、江西省新农村建设最优美村庄、江西省精品农村社区、江西省乡村旅游示范点等荣誉。

自然环境与资源 江山村属四面环山、两翼环水地形。将军水库位于江山河上游，1965年在甘祖昌将军的带领下，江山陂正式开工，经过近一年的日夜奋战，大坝终于建成。同时还在江山河两边峭壁山坡上修筑了南北2条各长2.5千米、宽2.5米的水渠，分别通往南陂及坊楼方向。

经济概况 江山村主要种植水稻、油茶、油菜，养殖土鸡、鸭、蜜蜂等。蜜蜂养殖是江山村的主要支柱产业，全村有蜜蜂450余箱，每年蜂蜜产量1.13万斤左右，年收入45.2万元。2023年水稻种植面积约308亩、种植户141户，油菜种植面积约280亩、种植户125户。村集体与部分村民合作成立江兴农业专业合作社，有民宿15户66个床位，种植果木林300余亩。2023年村集体经济收入29万元。

基础设施 江山村交通便利，2016年新建1条红军路，有2条进村主干道。有路灯75盏，均为太阳能路灯。通信网络信号覆盖率100%，宽带网络使用率约90%，有线电视使用率100%，家庭通电率100%。有小型水电站。有2个集中供水点，分别位于乌鸦冲、山里。有自来水蓄水池2座，可蓄水100立方米。

社会发展 村内建有1个卫生所（室），服务范围辐射到洋桥、甘家等周边村庄。

江山村将军水库

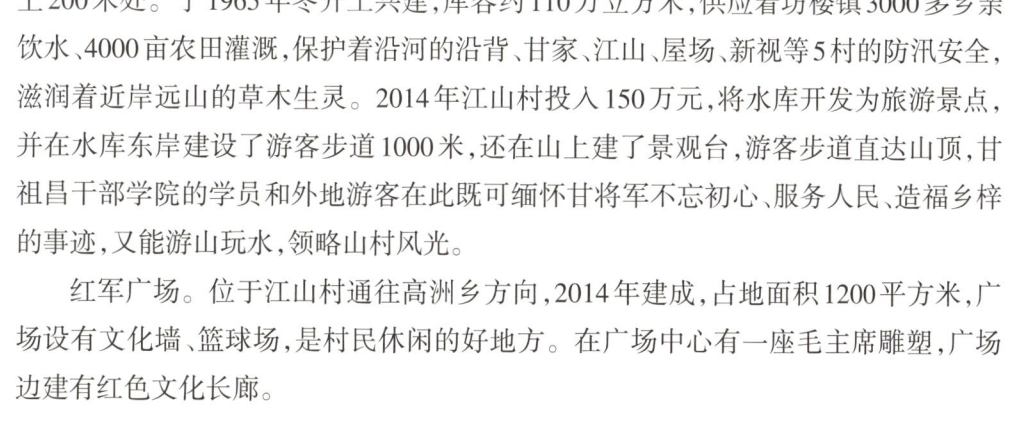

江山村村口

村内有邮政物流配送点,路灯20余盏,休闲健身场所3处。2017年综合文化活动中心建成使用,内设多功能活动室、教育培训室、电子阅览室、棋牌室、特殊群体服务区域等文化娱乐活动场所;村级图书室配置了桌椅、电脑,还有科技、农业、保健和少儿文学等各类图书3000余册;村民文体健身活动丰富,室内戏剧观看厅约300平方米,江山村农民演出队在戏台上为村民们带来了一场场精彩演出。室外文化广场占地1200平方米,活动设施完善,配有篮球场、健身器材等。村委会为村民提供代缴医保服务,2023年度农村医保缴纳率100%。

人文地情 将军水库。原名江山陂,坐落在莲江源头,位于莲花县坊楼镇江山村上200米处。于1965年冬开工兴建,库容约110万立方米,供应着坊楼镇3000多乡亲饮水、4000亩农田灌溉,保护着沿河的沿背、甘家、江山、屋场、新视等5村的防汛安全,滋润着近岸远山的草木生灵。2014年江山村投入150万元,将水库开发为旅游景点,并在水库东岸建设了游客步道1000米,还在山上建了景观台,游客步道直达山顶,甘祖昌干部学院的学员和外地游客在此既可缅怀甘将军不忘初心、服务人民、造福乡梓的事迹,又能游山玩水,领略山村风光。

红军广场。位于江山村通往高洲乡方向,2014年建成,占地面积1200平方米,广场设有文化墙、篮球场,是村民休闲的好地方。在广场中心有一座毛主席雕塑,广场边建有红色文化长廊。

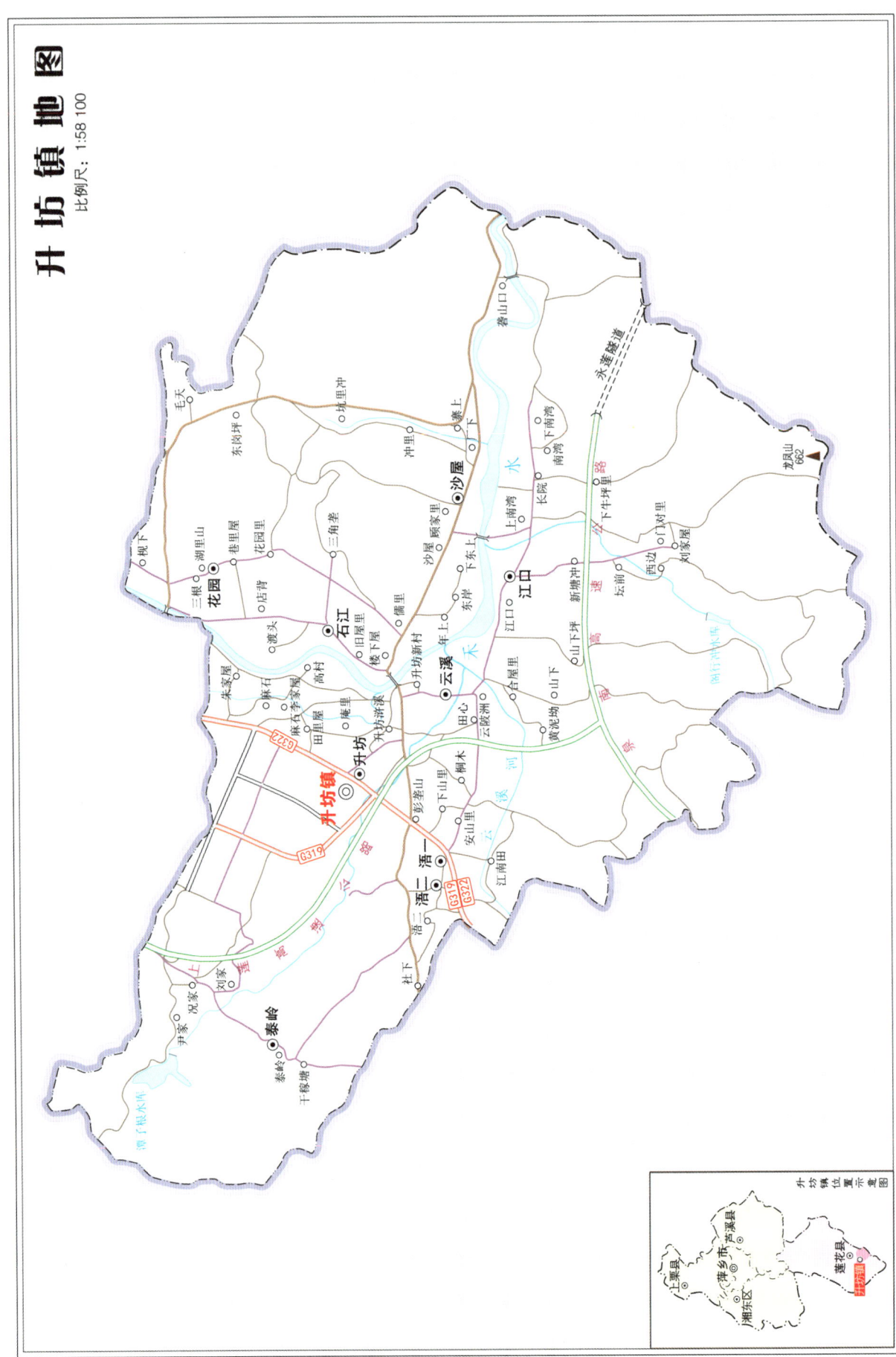

升坊镇

升坊镇位于莲花县城南郊,东接永新县龙田乡,南邻西靠神泉乡,北连琴亭镇,距县城6千米,是莲花县工业园所在地。镇东边的东岗岭、竹箕坳等山峦将升坊镇与永新县龙田乡隔开;南边的龙凤山及其余脉是升坊镇与永新县文竹镇的分界山;西与神泉乡的五洲村、桃岭村毗邻;西北的层云山、长岭坳与神泉乡的湖田、江背两村接壤;北接琴亭镇的寨里、莲花、杨枧三村。境内交通便利,319国道、322国道自北向南贯穿全镇,吉莲高速(泉南高速)、上莲高速穿境而过。全镇总面积50.7平方千米,耕地面积15040亩,山林面积49500亩。下辖9个行政村、69个村民小组、54个自然村,总人口16412人。

升坊镇属丘陵地貌,东、南、西北边境全是山地,山高坡陡。全境的地势由东、南、西北三面向中间倾斜,地势逐渐平坦,形成许多坡地。其中东部的坡地坡度较大,而南部、西北部的坡度较小,镇中间的地势平坦,莲江及其支流云溪河流经其间,是较典型的冲积平原。境内平地约占全境面积的五分之一,山地和坡地约各占五分之二。东岗岭的最高峰海拔812米,莲江的出境处砻山口河床海拔仅146米,是全县最低处。

升坊镇东边的东岗岭、竹箕坳,南边的龙凤山,海拔均在500米以上,山高坡陡。西北的层云山,海拔虽只有400多米,但山势峻峭,沟深坡陡,有的地方坡度达五六十度。这些山地全被红壤、黄壤覆盖,土质松散、肥沃,植被茂盛。主要植被主要为松树、杉树等,也间有油茶林和灌木丛。

低山地向中部延伸,形成许多小山岗及坡地,海拔都在200米以上。主要分布在花园村、石江村、沙屋村的东面,江口村的村北、泰岭村的北面,坡度较小。全被红壤覆盖,植被较好,主要有松树、杉树等树种,也是重要的油茶林基地。低丘陵地:海拔在200米以下,介于高丘地与平地之间。较为典型的有浯一村南边的太坪里,浯二升坊、泰岭的羊鹿坪,面积近万亩,全被红、黄壤覆盖,过去是升坊地区的油茶基地之一,现已开发为工业园区和花果种植区。河谷平原处升坊镇的中部,分布在莲江及其支流的两岸,多为沙质地,土地肥沃,灌溉方便,是升坊镇粮食、油菜、蔬菜及其他经济作物的主产区。

经济概况 2023年,全镇财政总收入4445万元,其中财政收入55万元,税收入库完成4390万元,税收完成比例81.07%;一般预算收入完成2253万元,完成比例100.07%。坚持招大引强,全年引进了跃鑫光电、勤诚建材、昊化新材料、恒越箱包、湘赣红云仓、嘉裕服饰、嘉艺兴科技等7个项目落户。新增固定资产投资项目11个,新增"五上"企业9家,其中规上工业4家,规上建筑业1家,规上商贸业4家,发展活力不断释放。

跃鑫光电、索克热流道、湘赣红云仓(莲小花区域公共品牌运营中心)等项目加速推进,均实现当年投产当年升规,"工业强市"现场交流项目个数占全县的五分之三。云溪河水环境综合治理项目、莲江流域水质改善与水生态修复工程、升坊桥至砻山口防洪工程、红色基因传承示范基地等项目正有序推进。2023年全镇22个乡村振兴整合资金项目全部完工,资金拨付率达100%。

立足镇域资源,培育了石江萝卜、花园水稻制种、太岭"红美人"、江口葡萄柚等特色农产品项目,打造了浯一"红土地"直播间,有效带动村级集体经济发展。2023年,石江村萝卜扩种到650亩,新增烘干生产线1条,为村集体经济增收30万元以上,并获江西省乡村振兴公益"100+"三年行动项目大赛精品项目奖(萍乡市唯一获奖项目);花园村和云溪村3000余亩水稻制种项目,带动300余名村民就业增收。浯一"红土

升坊镇秀美风光

地"直播间创新"直播+电商"助农新模式,发展线上直播带货,重点推广全镇特色农产品。全镇9个村实现了村村有产业,村集体收入均达15万元以上,其中花园村、升坊村突破30万元,石江村突破50万元,新增就业3000余人。

坚持"红绿结合、融合发展"的理念,重点把升坊镇打造成远近闻名的乡村研学旅行目的地。柚见儒里项目已完成一期研学、野趣拓展、亲子体验等项目建设,年接待研学对象达3万人次,被评为江西省科普教育基地和萍乡市中小学研学旅行教育实践基地。深化红色名村建设,以梧二村列入中组部红色美丽村庄试点村为契机,深挖镇域红色资源,完善了刘仁堪故居、陈列室等教学点,推进红色讲堂、列宁小学等改造提升,打造红色基因传承示范基地,做强了红色名村品牌效应,进一步擦亮了红色名片。

基础设施 升坊镇境内的道路有泉南高速(泉州—南宁),编号为G72。莲花段于2012年12月31日通车,莲花出入口处在云溪村山下。上莲高速途经梧一、梧二、泰岭三村。

319国道途经升坊、梧一、梧二三村,向北通往县城,向南可通往永新、茶陵两县。在升坊镇内有沥青路长约3千米。有两条县道:一条是外资路,途经花园村、沙屋村,北通县城,南下永新,在本境内长约8千米,原为泥沙路,后改为水泥路,现铺成柏油路;另一条是梧神公路,途经梧一、梧二村,从梧一村的319国道向西通往神泉乡的神泉、永坊等地,在升坊镇内长约1.5千米,现为沥青路。有泰升(4千米)、江升(4千米)、砻升(4.7千米)、花升(3.5千米)、麻升(1.5千米)5条乡道。

社会发展 2023年全镇9个行政村主干道全部实现双车道沥青路面。严格落实各项惠民政策,城乡居民养老保险参保人数5679人,城乡居民医疗保险参保人数11813人。

2023年开展安全生产工作督导、检查100余次,查处非法销售烟花爆竹案件3起,收缴并销毁非法生产烟花爆竹400余箱,整改问题20余处。

2023年圆满完成3500亩早稻生产任务和超额完成860亩冬杂粮种植任务;全力推进补充耕地整改和恢复耕地工作,全年完成补充耕地1074亩,恢复耕地335亩。落实国家惠农强农政策,发放耕地保护补贴145.71万元、一次性种粮补贴42.48万元。

2023年以来排查调处矛盾纠纷180余起,确保"小事不出组,大事不出村,疑难问题不出镇"。

人文地情 建房习俗。升坊人把建造房屋看成人生中的一件大事,旧时有请风水先生看地基、择吉日的民俗。放石:放石的当日早晨或先一日由木匠师傅打桩定基脚线。在选定的吉辰时验灰(按木匠师傅的定线扬石灰)并放鞭炮。在房屋前后的正中分别插一块小牌并贴上"长发其祥""万代兴隆"的红纸条,再按基脚线挖基脚。当基脚挖好后,在四角基脚上分别放一本老历书、铜钱、五色花线、茶叶、钱纸、早稻谷。然后

升坊镇机关大楼

泥工师傅砌好四角基石。吉辰杀公鸡,将鸡血洒在四角基石上,再放鞭炮,泥工师傅为屋主祝福:"天开鸿道大吉昌,今日今时造新房。建左建右地久长,前有双狮把大门,后有来龙闹花堂。"屋主要封红包给泥木工师傅。竖大门架:按选定的吉日时辰把大门架安放好。在大门架上贴"长发其祥,大启尔宇"之类的红纸对联,木工师傅杀公鸡滴血涂在大门架上,以镇鬼神驱煞气,并为屋主祝福:"万代兴隆,长发其祥。"屋主给木工发红包。上梁封栋:房屋上梁封栋,在栋梁上插红旗,是房屋建造中最后一道工序。泥工师傅,手持雄鸡,站在栋上为屋主祝福:"手拿金鸡叫,奉请鲁班先师到。今日今辰来上梁,上起左,左边狮,上起右,右边象。鸿福满堂,间间房屋生贵子,代代都出状元郎。我公弟子祝福起,荣华富贵发得长。"并滴鸡血于栋上。屋主给泥工师傅发红包。

三朝。结婚生子是人生中最为重要的事。当孩子生下三天便请亲戚朋友、叔侄兄弟聚会饮宴,以示庆贺,称作"三朝"。但不是生下三天一定就做"三朝",也可在一个月内另择吉日举行"三朝",外婆家要送厚礼,如小孩的四季衣服、睡椅、睡床等。

周岁。当孩子满一周岁,选吉日,发请帖,请亲戚朋友在选定吉日的晨刻聚会饮宴,称为"试周",试周仪式宜在寅卯时辰举行,用盘托出物件让孩子抓取。旧时男用弓、矢、纸笔等,女用刀、尺、针线等。当今无论男女均用书、笔、算盘、计算器等,这就叫"盘"。试周开始,礼生就位后奏乐,孩童就位行谒祖礼(由家长抱幼儿向祖神位行三揖礼)。后至礼生前就位。礼生将盘托出物件,让幼儿观视取拿,以验其廉贪、智愚,这就是"试周"(又称盘)。礼生视其抓取之物,向家长拱手祝福:令孙(孙女)或令郎(女),千秋鹤算,自今伊始,万里鹏程由周而来。祝女辞为:蕙质絮才自今伊始,巾帼闺秀由周而来。接着亲友祝福,家长答谢。

花园村

村情概况　中华人民共和国成立之初，花园村属升坊乡；1950年属三区升坊乡，之后先后成立互助组、前进初级社和前进高级社；1958年成立升坊人民公社，命名为前进大队；1968年扩社并队属花塘公社；1972年复属升坊公社；1984年3月改称花园村至今。

相传宋宁宗嘉泰年间，刘姓男子刘朴，为颜家长工，作田种花，为人忠厚老实，聪明能干，得娶颜氏女为妻，颜家田地作陪嫁，并赠送花园边房子居住，后刘姓男子在花园里生息繁衍。

花园村面积8.2平方千米，位于升坊镇东北部，东依东岗岭山麓，南接石江村，西邻莲江，与琴亭镇莲花村隔河相望，北面与琴亭镇杨枧村接壤。花园村距升坊镇政府6千米，距莲花县城6千米，距离萍乡市区70千米，交通相对便利。有小学1所、幼儿园1所、文化室2间、球场4个、老年人活动中心1处；有农家书屋1间，藏书2000余册。截至2023年11月，共有541户1745人。居住人口皆为汉族。有9个自然村（枧下、湖里山、泉水塘、巷里屋、三根、花园里、啼鸡山、毛天、东岗坪），主要由颜、刘、江、焦、黄、李、冯、王姓村民组成，其中颜姓、刘姓人口较多。设6个村民小组。

经济概况　花园村主要种植水稻、油茶、油菜，养殖土鸡、蜜蜂、生猪等。2022年，水稻种植面积1500多亩、种植户约320户，油菜种植面积1300多亩、种植户约300户。20世纪80年代县农业部门开始在花园村试点水稻制种项目，水稻制种产业不断发展，2021年村"两委"和乡村振兴驻村工作队牵头成立莲花县升坊镇花园村农业发展有限公司，从农户流转了260亩农田着手进行水稻制种，带动本地劳动力40余人做工，为百姓增收近18万元。采取季节性农作物轮种，夏秋进行水稻制种，冬春种油菜，使村集体经济增收12万元。目前全村有个人合作社4个，分别发展种养和种植产业。全村制种行业流转周边乡镇区县农田，种植面积达8000余亩。生猪养殖户3户，年末存栏120多头，全年出栏200多头；鸽子、蜜蜂等皆为家庭散养，未形成规模。本村村民以私营小手工业经济为主，主要是在纸品印刷、木器加工、五金制品等行业。2020年县工业园2区征收6组土地并正式设区招商，2022年引进江西赛纳威制造有限公司入驻。村内商贸流通有限，仅有5家小型批发零售商铺，餐饮3家，有6户作坊式门窗铝材及不锈钢五金加工、2户水电安装，整体规模较小。花园村集体经济薄弱，2017年以前村集体经济收入主要来自土地租赁，2017年之后利用扶贫资金建起了光

花园村新农村建设

伏电站,2021年村级发展水稻制种产业。2022年村集体经济收入18.2万元。

基础设施 全村境内有两条主干道,长4.9千米,宽4.5米。一条从枧下起至石江村三角垄,南北走向,全长2.5千米;另一条从莲花桥至东家坪,东西走向,全长2.4千米。两条主干道都已提升为沥青路面,从莲花桥到五拉坳(升坊工业园2区)已扩建为10米宽,从五拉坳至东家坪是莲永公路跨线,宽8米,全程沥青硬化。实施新农村建设以来修通并硬化了3.5米宽的入村路、通组路、入户路,总里程达18.2千米。生产道路4条,里程2.8千米。全村已完成农网改造,现通电率达100%。村里未接通天然气,生活用火主要依靠煤气、煤炭、电磁炉。在网络通信方面,花园村已接通4G网络,全村电信光纤线缆全覆盖,通信网络覆盖率为100%,有线电视使用率为100%。全村依托升坊镇菜鸟驿站和工业园菜鸟驿站快递集散点接收和发送快递。全村436户家庭均实现安全通电,通电率达100%。2020年集中供水自来水网管遍布全村,100%能用上符合生活饮用水卫生标准的来自寒山水库的自来水。

社会发展 花园村有小学1所,名为前进小学,始办于1968年。2000年危房改造,在深圳迅展人力资源代理有限公司董事长梁尊先生的倡导下,该单位全体职工捐资25万元,县政府增添配套资金,另址(泉水塘与巷里屋间)建校,2001年8月18日进深圳迅展希望小学落成启用。学校占地面积8500平方米,教职工13人,6个教学班,学生230人。目前全村可供村民休闲娱乐的场所共有5处,配备了健身器材,文化广场2处,广场配套篮球架、羽毛球场地,可供附近村民运动健身。花园村有1所村级卫生室,设立在村委会旁,村医每周坐诊6天,村民问医拿药实行直报。医疗保障方面,花园村居民医疗保险参保人数为1856人,参保率为99.8%。

特色地情　村民保留正月初一拜年"出行"习俗,正月初一各家早起焚香,早餐后,大人小孩都汇集到祠堂里,燃放鞭炮、祭拜祖宗、互相拜年后,小孩把族姓旗开道,妇女打腰鼓在前,男人敲锣打鼓、吹拉弹唱,组队出行,先到神庙和家族祠堂祭祀,然后上门到各户拜年,各户长辈或户主等候在大门口燃放鞭炮,作揖迎接,递烟倒茶,迎来送往,气氛热闹非凡。出行仪式完成后,嫡亲的、要好的,再单独上门拜年,互相祝福,主家会摆上果品、递上好烟、泡一杯茶,这时大家可以安静地叙旧聊天,这时女主人会端上刚煎好的荷包蛋。

三根颜氏宗祠。鲁公颜真卿第十八代孙颜侃如登宋光宗绍熙间甲第,任大理评事,由永新捣石双乳峰下沙田迁居砻西蓉湖三根。宗祠始建于清朝中期,1939年重建,面积500多平方米;三门三进,三栋连宇,砖木青瓦柱架结构。前栋留有大回廊,正门上方悬挂木质祠名牌匾。前栋祠内部分中央是戏台。中栋两边是厢房,中央是大厅。

江口村

村情概况　江口村位于升坊镇东部,由江口、南湾、阁塘三村合并而成,于莲江一带相依,泉南高速穿过本村。北与沙屋隔水相望,西与云溪村接壤,南面隔山与永新县交界,龙山口古云山寺坐落在江口村东部。辖区面积20.08平方千米,其中耕地面积2271.59亩、山地面积27100亩、水域面积93亩。共1003户3102人。全村地势平坦,交通便利,土地肥沃,生态环境优美,资源丰富。先后获全县脱贫攻坚先进村、目标绩效考核先进单位等荣誉。江口千亩黄桃种植项目始建于2017年,由莲花县新果润绿色农业专业合作社投资兴建,项目投资800余万元,种植面积1200余亩。2018年完成种植黄桃、蟠桃、白桃、脐橙、葡萄柚等果树5万余株。2022年成立冬瓜基地,基地种植面积300多亩,产量400多万斤,年产值可达400多万元。冬瓜基地采用分批种植模式,每批墨铁龙冬瓜预计100天左右成熟,20天左右采摘完成,主要销往广东、上海、武汉等城市。自来水覆盖率90%。硬化道路约11.7千米,其中沥青路面约5千米。安装太阳能路灯117盏,覆盖全村。全村共14个自然村(山下坪、王家里、林家里、中堂、下屋、竹山里、门上屋、长远、下南湾、新塘冲、坛前、门对里、西边、刘家屋),14个村民小组。主要有刘、林、陈、江、黄、邹、周、尹、赵、肖、田、旷、王13个姓氏。

自然环境和资源 江口村位于一片连绵的山脉脚下,石灰石和河沙资源丰富。这里的石灰石质地坚硬,颜色灰白,经过亿万年的地质变化,形成了厚厚的石灰石层。河沙是江口村另一重要的资源。江口村地处河流交汇处,河流侵蚀作用强烈,河床宽阔。在河水的冲刷下,河床上的砂石被不断搬运和沉积,形成了丰富的河砂资源。境内杉树、油茶树等林木居多,森林覆盖率85%。

经济概况 江口村是乡村振兴"十四五"重点村,2021年以来,在村"两委"和驻村工作队的引导下推进农田流转,与种粮大户合作,将近80%的农田集中起来,统一规划和管理。同时,推动乡村产业多元化发展,建成黄桃、葡萄、新余蜜桔、冬瓜等一批新产业基地。江口村内有一个扶贫车间,偶有小型手工加工企业租用,暂未有固定企业长租。村内无商贸流通企业,仅有几家家庭型经营的小卖部,规模小,商品种类单一。

基础设施 泉南高速穿过本村。柏油路串起各村小组,乡村公路西到云溪村和集镇,由北通过龙山口桥一直通沙屋村接县城外资路。全村已完成农网改造,通电率

江口村冬瓜基地

新塘冲大樟树

100%。村里未接通天然气，生活用火主要依靠煤气、煤炭、木柴、电。在网络通信方面，江口村已接通4G网络，全村电信光纤线缆全覆盖，通信网络覆盖率为100%，有线电视使用率为95%，自来水管道覆盖全村。农田主要依靠山塘引水灌溉，2019年投入200多万元修建水渠，有山塘水库并新建蓄水池4座，并安排管理员定期消毒。2015年以来，共投入资金300余万元，对8个自然村做了村庄改造提升，建有休闲广场2处、村卫生室1个。

社会发展　村内设有江口小学，全校师生最多的时候有400多人（老师20人左右），2020年底师生人数不足100人。2020年，筹资10万元在江口林家祠堂建设居家养老服务中心，占地面积140平方米，中心配备电视机等设施，为老人提供居家养老服务。

特色地情　江氏祠堂。原名江氏家庙，坐落于江口村下南湾自然村，清光绪丙子年（1876）建成，1994年重建。坐南面北，占地面积470平方米。砖木结构，青砖灰瓦，三层垛装饰古朴。两栋连宇，中一天井。三大门、柱式大回廊，大门之上悬"御史第"廊匾。内分下厅、上厅、耳房、后厅，呈"亚"字形格局。

刘氏祠堂。位于江口村九组，由永新八都迁入的刘氏家族所建，已有380多年。

沙屋村

村情概况 相传沙屋村拓基者垒石为屋,定居成村落,更名"石屋",因"石""沙"音近遂称"沙屋"。沙屋村区域面积约7.8平方千米,位于升坊镇东部,东界永新,南濒莲江,西北与石江儒里村相邻,北面是本村连绵不断的东岗岭山岗。沙屋村距升坊镇政府3千米,距莲花县城约6.7千米,距离萍乡市区70千米,交通相对便利。截至2022年12月,全村共有593户1755人。居住人口皆为汉族。全村共9个自然村组(东上、下东上、沙屋、壕里冲、顾家里、白石、寨上、肯里冲、龙山口),由刘、王、陈、谭、顾、段、郭、尹、朱、韩、汤、钟、李、贺姓村民组成。

自然环境和资源 沙屋村属丘陵山地地形,地势北高南低,坡度变化大,最低海拔146米。莲江沿村自东向南而流。属亚热带湿润季风气候,雨季雨量较大,易发生洪涝灾害。有山塘2口,面积较小,蓄水量有限,灌溉能力低下,干旱季节主要依靠电力抽水抗旱。

沙屋村秀美风光

古云山寺

经济概况 沙屋村主要种植水稻、油菜、蔬菜、油茶等。2022年,水稻种植面积约1000亩、种植户约280户,油菜种植面积约1190亩、种植户约300户。土牛养殖户8户,年末存栏100多头,全年出栏50多头;土鸡36000多羽、鸭子28000羽;鱼、蜜蜂等皆为家庭散养,未形成规模。2017年在村"两委"和驻村工作队的引导下,东上自然村村民段平平成立莲花县金岸农民专业合作社,合作社流转承包农田1000多亩,开发水稻制种产业,年种子产量300吨,销售达380余万元,带动脱贫户15户32人。2018年在龙山口自然村成立木材加工厂。有5家小型批发零售商铺,规模小,未产生明显社会效益。2018年以前村集体经济收入主要源自"合作社+农户"形式的生猪养殖,后因环保问题生猪养殖停产,将养殖地改为仓库,2018年之后村集体经济收入主要源自仓库租赁及光伏电站分红。2022年村集体经济收入15.07万元。

基础设施 全村境内有1条主干道,长2.5千米,宽6米,从东上起至龙山口,全程沥青硬化。实施新农村建设以来修通并硬化了4米宽的入村路、通组路、入户路,总里程16千米。生产道路6条,里程8千米。全村已完成农网改造,通电率100%。村里未接通天然气,生活用火主要依靠煤气、煤炭、电。在网络通信方面,已接通4G网络,全村电信光纤线缆全覆盖,通信网络覆盖率100%。沙屋村农田主要依靠水渠引水和山塘引水灌溉。已建成新农村点6处,村民健身广场1个。

社会发展 沙屋村有小学1所,附属幼儿园1所。沙屋小学附属幼儿园始办于2019年,建筑面积约1000平方米,占地面积约2600平方米,绿化面积约1000平方米,户外活动面积约1100平方米,可容纳幼儿120名左右,开设幼小衔接、大、中、小四个班。全村可供村民休闲娱乐的场所有4处,配备健身器材、篮球架、羽毛球场地。有村级卫生室1所,设立在东上自然村,村医全天坐诊,村民问医拿药实行直报。村民医疗保障方面,沙屋村居民医疗保险参保率为100%。

2010年10月1日开始缴纳新型农村社会养老保险,截至2023年5月,全村低保人员54户88人;7人分散特困,残疾人42人。村内卫生打扫和垃圾处理主要采取"村内聘请+公司承包"的模式,全村在各村民聚居点均配备有垃圾收集设施,村内垃圾采取户收集、村拖运、镇处理的模式,村内环境较为整洁。全村555户,无空心户和空挂户,基本是一户一宅。在农户家中实施了户厕改造。

特色地情 古云山寺位于莲花、永新两县交界处砻山,又称龙山。古云山寺临莲江而立,莲江水在此夺峡而出,两岸悬崖峭壁,江中乱石堆雪,长滩更短滩,形胜殊美,有"小三峡"之称。北宋刘弇游历莲花时盛赞莲花为"宗教清虚之地",他称这里的山为莲华山,莲江为莲华水:"莲华峰下莲华水,万古来从天北阳。"明代永新龙田贺贻孙以家乡龙山水发自莲花山林,水激乱石,一泻千里,而名其传世之作为《激书》。

升坊村

村情概况 中华人民共和国成立后,升坊村属升坊乡并成立前进农会;1950年属三区升坊乡,由原麻石村和升坊村合并而成;1958年成立升坊人民公社,命名为麻石大队、升坊大队;1968年扩社并队属升坊公社;1999年3月合并为升坊村至今。升坊村辖区面积6.2平方千米,为升坊镇人民政府所在地,在莲花县城西南方向,东临莲江,南接浯塘村,西面工业园区,北面与琴亭镇莲花村接壤。距莲花县城6千米,距离萍乡市区70千米,交通相对便利。有小学1所、幼儿园2所、文化室2间、球场4个、老年人活动中心1处;有农家书屋1间,藏书2000余册。截至2023年11月,有641户2230人,皆为汉族。有7个自然村(朱家屋、郭家屋、李家屋、刘家屋、浒溪、老街、新街),6个村民小组,主要由朱、郭、李、刘、龙、夏、黄姓村民组成。

自然环境和资源 升坊村属丘陵山地地形,地势东高西低,坡度变化大,东部海拔150米,西部海拔280米,山地与平坦土地面积比约为2∶1。莲江沿村自北向南而流,但山溪水较少。有山塘5口,大多面积较小,蓄水量有限,灌溉能力低下,干旱季节主要依靠电力抽水抗旱。

经济概况 升坊村主要种植水稻、油菜,养殖土鸡、蜜蜂、生猪等。2022年,水稻种植面积约1200亩、种植户约400户,油菜种植面积1000多亩、种植户约300户。土鸡养殖36000多羽,鸭子3000多羽,皆为家庭散养,未形成规模。2021年村"两委"、乡村振兴驻村工作队引导成立莲花县升坊镇升坊村农业发展有限公司,从农户流转450亩农田进行牧草种植,并采取季节性农作物轮种,夏秋进行水稻制种,冬春种油菜,实现村集体经济收入15万元。蔬菜一度占据县城菜市批发的半壁江山,蔬菜销往县内墟市,及周边永新、湖南茶陵镇集。莲花县工业园区所在地主要集中在升坊村,园区有100多家规模企业,涵盖制造业、服务业,门类齐全。村内有商贸中心及多家小型批发零售商铺等。2022年,村集体经济收入20.5万元。

基础设施 全村境内有2条主干道,长5.9千米,宽4.5米。一条从朱家屋起至升坊集镇,南北走向,全长2千米;另一条从升坊桥至集镇,东西走向,全长2千米。两条路均为沥青硬化路面。2020年以来修通并硬化了3.5米宽的入村路、通组路、入户路,总里程17千米。生产道路5条,里程3.2千米。升坊村农田主要依靠水渠引水和山塘引水灌溉,主要水源陂均在隔壁乡镇琴亭镇。

社会发展 升坊村有小学1所,升坊小学,始办于1967年。学校占地面积8500平方米,现学校仅剩一、二年级。全村休闲场所有5处,配备健身器材;文化广场2处,配套篮球架、羽毛球场地。有卫生院1所,设立在老街,群众可24小时就诊,村民问医拿

升坊村党群服务中心

升坊村西汉安成侯墓遗址

药实行直报。村民医疗保险参保率约99.8%。村内卫生打扫和垃圾处理主要采取"村内聘请+公司承包"的模式。全村在各村民聚居点均配备有垃圾收集设施,村内垃圾采取户收集、村拖运、镇处理的模式,村内环境较为整洁。全村640户,无空心户和空挂户,基本是一户一宅。

特色地情　西汉安成侯墓。位于升坊村麻石罗汉山,坐南朝北,占地面积约200平方米。陵墓四面群山环绕,山清水秀。陵墓遗址于2002年新建保护亭。

石江村

村情概况　据清同治四年《莲花厅志》载:村临大江,有石状狮。名曰"石狮望江",后称"石江"。因村委会设石江自然村,故名"石江村"。解放前夕属升坊乡,1950年儒里、楼下屋、旧屋里、三角垅四村属沙屋乡,石江、店背、渡头三村属花园乡。1958年属升坊公社高潮大队,后改为升坊公社石江大队,1961年改为石江公社,1963年又并入升坊公社。1968年扩社并队属花塘公社管辖,1972年划归升坊公社。1984年改称"石江村"至今。石江村地处莲江河畔,距镇政府约2千米,东靠东岗岭与永新接界,西濒莲江与升坊村隔河相望,南邻沙屋村,北与花园村毗邻。村总面积约5平方千米,有水田1378亩,山林1600亩,森林覆盖率85%。截至2022年7月,全村共有592户1717人,村民以汉族为主。全村共6个村民小组(渡头、店背、石江、旧屋里、楼下屋、儒里),人口以王、张、陈、李、朱、刘、贺、林姓为主。

自然环境和资源 石江村主要由山地、丘陵、河谷平原构成。地势渐向砻山口倾斜,一带状向南伸展。解放前交通不便,只有两条1米宽的泥路,上通莲花村至县城,下通沙屋村至永新,去升坊逢圩还要过渡。升坊大桥修建后,两条主村道扩宽为3.5米。改革开放后,交通方便,各自然村都修筑了水泥路,村村相连,户户相通。2015年又把村两条主要道路改成沥青路。

石江村地处莲江之畔,二陂圳穿村而过,已建成完善的自来水管道和蓄水池,饮用水符合《生活饮用水卫生标准》标准限值。1976年升坊公社利用二陂水在莲江河畔的石江楼下屋建水电站一座,建成后供周边村庄村民用电,现已与县供电网联网。2022年,石江村对二陂圳进行修缮加固、改造提升。

主要矿产有黏土(石胶泥)和铁矿。黏土是制瓦、陶罐的原料,20世纪90年代以前,村民挖泥制瓦作为盖房之用。石江边上的东岗岭蕴藏着较丰富的铁矿石,因矿石中含硫量高,开采价值不大。

经济概况 2021年,石江村被确定为省定"十四五"乡村振兴重点帮扶村,由江西省红十字会定点帮扶。2021年以来,在镇党委领导,村"两委"和驻村工作队的带领下,全村聚焦建设"莲江明珠·五美石江"目标,按照"强党建、兴产业、优治理、促振兴"工作路径,充分发挥党建引领作用,持续深挖本地资源禀赋,扎实做好土特产文章,探索形成"石江萝卜、石江蔬菜、石江文旅"多样化、融合式发展新局面,实现一、二、三产业融合发展,深入实现乡村华美蝶变。2022年,村集体经营性收入23.2万元。

基础设施 全村境内有2条主干道,其中一条从莲花桥起至儒里三角坳,长约2.8千米,为沥青路面,于2022年竣工,道路沿线途经象渡头、店背、石江等3个自然村;另一条为县道浯坑公路,从升坊大桥到儒里村小组,长约1.2千米,途经旧屋里、楼下屋、儒里。截至2022年11月,石江村境内沥青路共6条,共计7.6千米。村里其余道路均

石江村全貌

石江萝卜产业基地

为水泥路。全村已完成农网改造,现通电率达100%。村里未接通天然气,生活用火主要依靠液化气、煤炭、木柴、电。在网络通信方面,石江村已接通5G网络,全村电信光纤线缆全覆盖,通信网络覆盖率为100%,有线电视使用率为100%。农田主要依靠莲江和二陂圳引水灌溉。2021年以来,石江村"两委"和驻村工作队高效使用乡村振兴衔接资金和广泛募集资金,对二陂圳进行疏通治理、改造提升,农田灌溉率达90%以上。目前已实现城乡一体化供水。2022年,充分发挥帮扶单位作用,整合资金110余万元,在原有基础上改造,打造了集龚全珍工作室、乡村振兴工作室、新时代文明实践站于一体的党群服务"综合体",并在石江村小组设立新农村建设点。

社会发展 原在石江村小组有石江小学,后被撤并。村文化体育设施较为完善,安装健身器材6套,有篮球场3个,乒乓球桌2张,凉亭2座。村内还设置红十字博爱家园1座,红十字应急救护培训基地1个。2021年以来,先后组织各类文化活动30余场,进一步丰富了群众精神文化生活。石江村境内有1个卫生室,设立在原村小学旁,由1名医生坐诊,提供医疗服务。在医疗保障方面,石江村居民医疗保险参保率97%以上。石江村是省定"十四五"乡村振兴的重点村,目前有脱贫户56户225人。在石江村旧屋里村小组、儒里村小组,筹资20万元建设了居家养老服务中心,为老人提供居家养老服务。石江村自然环境优美,森林覆盖率达85%,富含氧离子。2021年以来,石江村聚焦"专题部署、宣传发动、群众参与、全面整治"工作路径,扎实推进村庄环境提档升级,深入开展美丽庭院示范创建,不定期开展环境整治志愿服务,大力实施"景村建设",对农户菜园、房前空地、道路两侧场地进行了规整,制作墙绘,采用竹篱笆制作围栏,实施绿化工程,不断美化亮化村容村貌,全村人居环境焕然一新,村民获得感、幸福感、安全感大幅提升。

特色地情　石江村属赣西革命老区，具有光荣的革命传统，是长征干部张书生、王景文、朱福、何修成的故里。

太岭村

村情概况　太岭村因在腾云山下泰坪岭建村，故曾名泰岭村，后定名为太岭村。太岭村位于莲花县升坊镇西端，东邻浯二村，南接桃岭村，西与神泉乡交界，北与花塘乡接壤，面积3.25平方千米。村庄距升坊镇政府3.5千米，距莲花县城7千米，距离萍乡市区73千米。截至2023年12月，共有321户1267人。居住人口均为汉族。有7个自然村（茶子山、甘塘、上新屋、下新屋、刘家屋、尹家屋、况家屋），主要由贺、刘、况、尹姓村民组成。下设3个村民小组，分布较集中。

自然环境和资源　太岭村属半丘陵半山地地形，地势东低西高，坡度变化大，平地少，呈纵向狭长态势。太岭村绿化面积4880亩，森林覆盖率为68%。

经济概况　太岭村主要种植水稻、油茶、油菜、红薯，养殖土鸡、牛、鹅、鸭等。村中物产茶油、莲花血鸭、糯米酒合称"莲花三宝"。2023年，水稻种植面积约1200亩，油菜种植面积约700亩。2023年新引进水稻制种项目，种植面积200亩。肉牛养殖户5户，年末存栏20头，全年出栏10头。土鸡、鸭、鹅等皆为家庭散养，未形成规模。为促进农业生产，村"两委"鼓励村民采取资金、资产、土地、劳动力等灵活多样的入社或入股方式成立农业发展专业合作社，规模较大的合作社有莲花县明大生态农业专业合作社、莲花县梦莲农业专业合作社、莲花县泰众农林专业合作社。

村内有4家小型批发零售商铺，1个休闲观光的梦莲农场。

2016年以前村集体经济收入主要来自土地租赁，之后利用扶贫资金投资，2021年成立村级股份经济合作社。2023年村集体经济收入15.3万元。

基础设施　太岭村道路网基本形成，交通较为便利。浯泰公路穿过村庄，为沥青路面。村内主干道、入户路16.5千米，路宽3.5~5.5米，主要为水泥路面。移动、电信、联通的通信网络信号覆盖率100%，宽带网络使用率约90%，有线电视使用率100%。村内未接入天然气管道，村民日常做饭、烧水使用的能源主要为电能和液化气，少数家庭使用蜂窝煤、木柴。经农村电网改造，太岭村全村321户家庭均实现安全通电，通电率100%。2018年建有储蓄山泉水的蓄水池2座，蓄水300吨，铺设自来水管道约15千米,有1个集中供水点,完全满足全村村民日常生活用水需求。太岭村农田主要依靠水渠引水和山塘引水灌溉,有湖塘、太塘、甘塘、青塘、合塘等具有水利灌溉功能的山塘15座以及小(1)型水库1座,主要采用沟渠引水,可灌溉耕地1300余亩。

社会发展 太岭村原有泰岭小学和泰岭幼儿园,2023年9月因学生较少已停止办学,师生全部迁往浯塘小学。目前全村可供村民休闲娱乐的场所共有5处,配备了健身器材;有文化广场3处,广场配套篮球架、羽毛球场地,可供附近村民运动健身;有村级卫生室1个,村医每天坐诊,村民问医拿药实行直报。医疗保障方面,太岭村居民医疗保险参保人数为1241,参保率为98%。村内卫生打扫和垃圾处理主要采取"村内聘请+公司承包"的模式,全村在各村民聚居点均配备有垃圾收集设施,村内垃圾采取户收集、村拖运、镇处理的模式,村内环境较为整洁。全村323户,无空心户和空挂户,基本是一户一宅,也存在少量一宅多户现象。

特色地情 太岭村有革命烈士25人(况四传、贺继昌、贺丙开、况口田、林秋荣、贺顺初、贺汝生、贺南山、况法田、贺福先、贺造芝、贺珍风、刘元娥、贺冬莲、刘清贤、况桥田、刘先恩、况龙田、尹葵万、刘明保、况水发、况春田、贺凰风、贺梅生、贺赖吾),村内有开国少将况开田将军廉洁事迹展示馆。

太岭村古属垄西十六都,具有浓厚的祠堂文化。村里有大小祠堂6座,最古老的贺氏大祠建于清乾隆二十七年(1762),已有260多年历史。宗祠坐落于太岭村下新

况开田将军廉洁事迹展示馆

太岭村贺氏大祠

屋,坐南朝北,建筑面积600多平方米,三门三进,三栋连宇,砖木青瓦柱架结构。

太岭村是武术之乡,以拳棍出名,古时出过很多知名拳师,现在仍有习武的传统。

浯二村

村情概况 浯二村位于升坊镇西部,全境东起下禾岭、野鸡坡与浯一村毗连,南始石鼓岭、龙水桥与神泉乡(前坪里镇)的竹湖村、五洲村、桃岭村相接,西至神架岭、狮子形过长岭、泰岭与神泉乡的周屋冲村、湖田村交界,北迄豆抹冲、茅子塘与寨里村、县工业园接壤,东西长约3.5千米,南北宽约3千米,面积为9平方千米,有水田1746亩、旱土208亩、林地1838亩、荒地136亩,森林覆盖率60%。村委会驻上屋大屋里。截至2023年12月,共有577户2700人。有5个自然村(大屋里、筑塘、窑坪岭、麻里山、垅里新屋里),下设8个村民小组,村民以刘姓为主。

自然环境和资源 浯二村属丘陵山地地形,地势东高西低,坡度变化大,东部海拔500米,西部海拔180米,气候温和,四季分明。村内居民住宅较为分散。山地与平坦土地面积比为2∶1。

浯二村依山傍水,云溪河沿村自西向东而流,但山溪水较少,主要是用楼梯磴水库的水进行农业灌溉,水渠跨距较远,枯水季节时常出现旱情。村民生活主要用水是集中自来水供水,已建成完善的自来水管道和蓄水池。有山塘6口,大多面积较小,蓄水量有限，灌溉能力低下，干旱季节主要依靠电力抽水抗旱。

村西层云山中的人形里、狮子形、炉下荷岭坳、石板冲等山地里，蕴藏着丰富的无烟煤矿，有100多年的开采历史。后村里曾依托此矿山办过采石场、石灰精粉厂等。

经济概况　浯二村主要种植水稻、油茶、油菜，养殖土鸡、白鹅、鸭子、生猪等。2022年，水稻种植面积1550多亩、种植户392户；油菜种植面积1100多亩、种植户约300户。20世纪80年代县农业部门开始在浯二村试点水稻制种项目，成立了杂交制种队，水稻制种及水稻生产产业不断发展，如今村民成立了3家农业专业合作社，流转邻村农田，种植面积2000多亩，本村内种植面积有800多亩。生猪养殖户3户，年末存栏80多头，全年出栏120多头；土鸡8000多羽，白鹅300多羽，鸭子4000多羽。

从2001年开始，县工业园区开发至升坊镇浯二村，征用浯二村油茶林及农田2000余亩。工业园已开发5平方千米，入园企业158家，浯二村全村就业人员200余人。工业园区的建立和发展带动了浯二村的迅速发展。

浯二村离县城7千米，离集镇商贸处1.5千米，购物方便。村内商贸流通有限，仅有4家小型批发零售商铺，2户水电安装，整体规模小。

2017年以前村集体经济收入主要来自土地、房屋租赁。2017年之后利用扶贫资金建起了光伏电站，2020年投资百花园田园综合体，2021年投资白鹅鹅舍建设出租。2022年，村集体经济收入19.5万元。

基础设施　全村境内横向有2条主干道319国道、浯神公路由东至西穿村而过，竖向有2条主干道五隆大道、湖里路穿村而过，村民出行便利。村中道路从开展新农村建设、脱贫攻坚、乡村振兴以来，修通并硬化了3.5米宽的入村路、通组路、入户路，总里

百花园休闲广场

刘仁堪烈士故居

程15.2千米。有生产道路2条,里程2.8千米。

在网络通信方面,浯二村已接通4G网络,全村电信光纤线缆全覆盖,通信网络覆盖率100%,网络有线电视使用率100%。

经农村电网改造,安装变压器8组,全村577户家庭均实现安全通电,通电率100%。村内已接入天然气管道,村民日常做饭、烧水使用的能源主要为电能和液化气,极少数家庭使用蜂窝煤、木柴;后隆山上建有蓄留山泉水的蓄水池,全村村民用上了自来水。

浯二村农田主要依靠水库、水渠引水和山塘引水灌溉,有楼梯磴水库、潭子根水库。

社会发展 浯二村没有中小学及幼儿园,孩童上学要到浯塘小学及升坊中学。

休闲场所有3处,配备健身器材。文化广场有2处,广场配套有篮球架、羽毛球场地。有村级卫生室1个,村医每周6天坐诊,村民问医拿药实行直报。村民医疗保险参保率为99.8%。

新型农村社会养老保险是从2010年10月1日开始实施,经历了村民对缴费从排斥到自觉缴纳的转变。

特色地情 浯二村红色底蕴深厚。这里是莲花县第一届工农兵政府主席、第二任莲花县委书记刘仁堪的故里。刘仁堪1929年被残忍杀害,临刑前,他被敌人割下了舌头,却依然用脚趾蘸血奋力写下"革命成功万岁"六个字。这里,是一片被革命鲜血浸红的土地,是莲花近代革命史上著名的"浯塘惨案"发生地。1933年5月,浯二村

108名进步群众不畏生死、只为信仰,被国民党集中残忍杀害。境内现有刘仁堪烈士故居、刘仁堪烈士纪念广场、列宁小学、刘仁堪烈士墓等红色建筑或遗迹。

浯一村

村情概况　浯一村村委会位于升坊镇政府以南0.5千米处,东与升坊、云溪两村毗邻,南接神泉乡竹湖村,西隔一条小圳与浯二村相连,北面是东鹏大道。辖下屋村(大屋里)、江南田、桐木、安山里、下山里、松山里6个自然村。过去,全村有水塘30多个,加之浯江从村前流过,故名"浯塘"。解放前,浯一村属崇正乡。1952年属三区浯塘乡。1958年属升坊人民公社浯一大队。1969—1971年扩社并队,浯一、浯二并为浯塘大队属坪里公社。1971年重划为升坊公社浯一大队。1984年改为浯一村,一直沿用至今,属升坊镇管辖。

浯一村村口

全村面积约5平方千米，319国道、322国道穿村而过，交通非常便利。全村有448户1284人，共8个村民小组，包含6个自然村。村民以彭姓为主，彭姓始祖彭九万于元末从永新武济桥迁来，已繁衍25世。

经济概况 农业企业主要有两家，澳丰农业发展公司和"红土地"直播公司。澳丰农业发展公司有面积300余亩的果业种植基地，将果业建设成了培育新型职业农民和本土专业果树种植能手的"练场子"、原产供销新鲜的"水果超市"。基地四季种植杨梅、柚子、美人橘、脐橙、矮子李等绿色水果，年产量30余万斤，有效带动全村60余名村民在家门口就业、致富增收。

2023年开通浯一村"红土地"直播窗口，依托浯一村周边特色农产品优势，采取"党支部+农场+农户+直播窗口"的管理模式，实现农产品产销一体化发展，探索新的发展之路，推动乡村数字经济发展。

过去，浯一村盛产石灰石和石灰。上世纪七八十年代，全村石灰生产盛极一时，产品除销本县外，还远销永新和湖南等地。如今，露在山上的石灰岩已开采殆尽，埋在地下深层的石灰岩无法开采。全村除留两家精粉厂外，石灰窑早已停产。

如今，浯一村大力发展无污染的手工业，采取"村集体+农户+市场"模式，依托本地毛竹资源，挖掘本村竹篾制作能工巧匠，2023年新建村集体绿色竹制环保扫帚生产场地，与莲花县环卫公司达成长期供货协议，年产量达6万余件，年产值突破60万元，带动本村10余名劳动力长期就业。2023年村集体经济效益突破15万元。

基础设施 全村境内有2条国道，村主干道是0.6千米长、12米宽的沥青路面。每个自然村道路全部硬化。

村内艺术景墙、浯江书院、"浯塘惨案"浮雕、红色书屋、道路拓宽项目建设均已完工，平整场地7500平方米，道路拓宽300平方米。村内有艺术景墙320米，仿生造景1200平方米，凉亭、连廊彩绘60平方米，公园5个，篮球场2个，文化墙1600多米。

社会发展 浯一村建有中、小学各1所，全村儿童入学率、义务教育普及率均为100%。有卫生室1个，有1名医生坐诊。居民医疗保险参保率在97%以上。

特色地情 1933年5月7日，国民党陈光中部在九渡冲被红军击败，沿莲茶公路向莲花县城逃窜。途经浯塘时，被赤卫队侵扰。后派兵报复，对浯塘不分老幼进行血洗屠杀，108名村民惨遭杀害，史称"浯塘惨案"。

云溪村

村情概况 云溪村位于升坊镇南部。距镇政府2千米,村委会驻颜家园,因村中云龙溪而得名。解放前属升坊乡。1950年属三区升坊乡。1958年属升坊公社云溪大队。1966年山下村从江口大队划归云溪大队。1968年扩社并队属花圹公社。1972年又属升坊公社云溪大队。1984年改称云溪村至今。

云溪村辖5个村小组(云陂洲、山下、田心、颜家屋、上车下),4个自然村。全村地势南高北低,南为群山,蕴藏石灰岩。最高峰为千公窝,海拔500米。与永新县文竹镇交界,东与升坊镇沙屋村隔江相望,西与浯一村接壤,北面与升坊村相邻。全村区域面积约3.6平方千米,其中耕地1189亩、林地2644亩。有农户428户1412人,主要有11个姓氏,以刘、陈、汤、彭、贺、谢等姓人口为多。

自然环境和资源 云溪河,是莲江在升坊镇内一条重要支流,发源于棋盘山的柴路江等处,全长19.3千米。云溪河(在浯塘又称浯水)经浯塘、云溪流入莲江。云溪河由大沙洲水、坪里水、桃岭水、松江水四条支流汇集而成。

村内植被丰富,森林覆盖率90%。

经济概况 主要农作物有水稻、油菜、蔬菜、瓜果等,养殖产业主要品种为鸡、鸭、鹅、牛。云溪村大力推进农田流转工作,与种粮大户合作,将近80%的农田集中起来,统一规划和管理。2023年在塘鸭坪新建黄牛养殖基地,引进了一批新果树品种,在山下小组建立果园20余亩。村内仅有几家家庭型经营的小卖部,规模小,商品种类单一。

基础设施 云溪村道路网基本形成,交通较为便利。村庄主干道均为沥青路面。有桥梁1座。路灯78盏,均为太阳能路灯。通信网络信号覆盖率100%,宽带网络使用率约90%,有线电视使用率100%。

供电率100%,有稳定的电力供应。村民主要生活用水来源于深井水,有1个集中供水点,基本满足全村村民日常生活用水需求。

农田主要依靠大陂圳、谢陂圳、族陂圳、云陂圳、夏谷江引水灌溉。2021年以来,云溪村"两委"和驻村工作队募集资金对谢陂圳、夏谷江进行疏通治理、改造提升,农田灌溉率达90%以上。

社会发展 原在云溪村颜家屋有小学,后因学生越来越少被撤并,现辖区内无中小学。村里安装有健身器材3套,设置篮球场3个,有文化大礼堂2座、乒乓球桌2张、

云溪村鸟瞰

凉亭2座。

有卫生室1个,村居民医疗保险参保率达97%以上。

特色地情 云溪潮音阁。原名观音阁,始建于元朝初期,位于云溪河下游,坐南向北,宽10米,长40米。阁内供奉观世音菩萨。2001年民间集资在台洲屋投工投劳新建一幢"潮音阁"。因抗元英雄文天祥曾在观音阁住宿一晚,题诗"潮渡众生登岸早,音听流水世泽长"而得名。新阁坐西向东,长25.7米,宽9米,面积230.5平方米。每逢农历初一、十五,善男信女纷至沓来,朝拜虔诚。

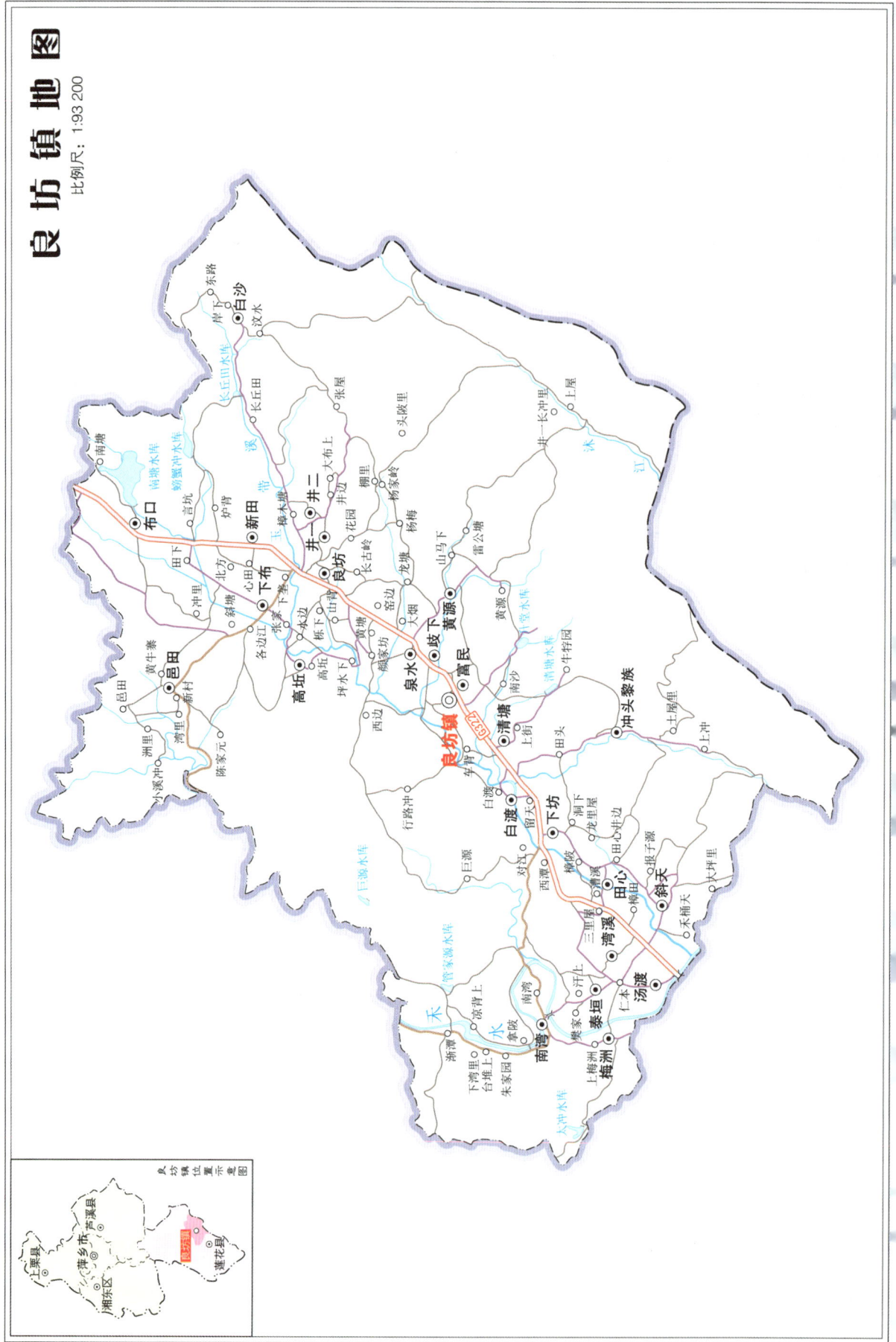

良坊镇

良坊镇地处莲花县东北部,东邻永新县,南依琴亭镇,西连南岭乡、坊楼镇,北接湖上乡,322国道贯穿全境。镇政府驻良坊村,距县城13千米。截至2022年,常住人口为24990人。1999年撤乡建镇,2003年与原下坊乡合并。现有人口4.08万,下辖良坊村、布口村、新田村、白沙村、下布村、邑田村、歧下村、井一村、井二村、高丘村、泉水村、黄源村、冲头黎族村、白渡村、下坊村、湾溪村、斜天村、汤渡村、清塘村、泰垣村、南湾村、梅洲村、田心村、富民村24个行政村,83个村民小组。有2所中学、6所小学、1个教学点,2所敬老院。为全县最大的农业乡镇。辖区面积118.5平方千米,以山地为主,其中山林面积14万余亩,耕地面积29595亩,平地和丘陵约占总面积的1/3。辖区地势东高西低,东部为禾山余脉,主要植被为杉林,中西部地势比较平坦,主要为农业耕作区。

良坊镇因原驻地良坊村而得名。良坊又称"梁上",取山梁之上之意,概括了全境的地貌特征。1958年置庙前公社,1961年置良坊、下布公社,1963年合为良坊公社,1968年改乡。1997年,辖良三、布口、邑田、白沙、心田、下布、良二、良一、高丘、井二、井一、泉水、歧下、黄源、垄上、言坑16个行政村。1999年撤乡设镇。2003年下坊乡并入。下坊乡位于莲花县东北部,东西部为山地丘陵,中部为河谷盆地和低丘。1958年置下坊公社,1984年改乡。1997年,辖洞丰、升堂、渐潭、白渡、清塘、南湾、下坊、汉上、梅洲、田心、泰恒、湾溪、冲头、汤渡、斜天、仁本、西谭、刘家18个行政村。2003年9月4日,撤销下坊乡,成建制划归良坊镇管辖。

自然环境　良坊镇属亚热带季风湿润气候,四季分明,终年温和湿润,雨量充沛,有利农业生产。年平均气温16℃~18℃,平均降雨量1500毫米,平均日照1600小时,无霜期275天左右。位于东经113°46′、北纬26°57′之间。良坊镇以山地为主,占总面积的2/3,平地和丘陵约占总面积的1/3,地势东高西低,东部为禾山余脉,主要植被为杉林,中西部地势比较平坦,主要为农业耕作区。矿产品种繁多,主要有无烟煤、石灰石、硫矿、硫铁矿等。有水力发电站5座。有下坊石廊、冲头溶洞、义冈岭、七十二峰、白沙梯田、田心玉溪民俗园、玉带溪等自然景观多处,其中省级文保景观2处。

基础设施　322国道贯穿全境,X203邑田至坊楼、X211下坊至南岭等公路,长赣高铁规划途经良坊境内,并在良坊镇白渡村设站,G322富民至寨里绕城线连接高铁新城,初步形成了"两纵三横"的交通路网。良坊镇24个村实现村村通、组组通水泥路,部分村提升改造沥青路。近年来,先后完成莲江、沐江、下坊水等中小河流修缮治理11千米,治理病险山塘10口。2011年至2021年在良坊镇实施小农水、高标准农田建设,共计可灌溉面积28211亩。新建千吨万人饮水工程2座(富民、布口),百吨千人饮水工程29座,机井4口,铺设主管道6500千米,解决饮水困难人员6000余人。有驻镇单位农商银行、邮政所、供电所、卫生院、派出所、移动公司、电信所、市场监督管理局分局等机构。

经济概况　良坊镇是农业大镇,主要以种植业和养殖业为主,主要种植产品有水稻、油菜、莲子、雷竹、蚕豆、沃柑、桃、西瓜等;主要养殖产品有肉牛、麻鸭、生猪、鱼、土鸡等;还有茯苓、铁皮石斛等中药材及蓝莓、草莓、美人橘等特色产品。辖区内种植基地有良心农业、象云果业、萍沃农业等,为果树、蔬菜、中药材基地;养殖基地有胜龙牛业有限公司、下布肉牛养殖场、佳牧农业发展有限公司、井二兴邦养殖场等。全镇有农民种植养殖专业合作社76家、家庭农场57家。初具规模的有:胜龙牛业有限公司、佳牧农业发展有限公司、象云舜王水果专业合作社、鸿运家庭农场等。其中胜龙牛业有限公司被农业农村部、国家发展和改革委员会、商务部等部门联合认定为农业产业化国家重点龙头企业,佳牧农业发展有限公司被列为市级畜禽养殖标准化示范场。

社会发展　近年来,良坊镇的教育、卫生、科学、体育、精神文明建设等事业稳健发展。2023年,全镇有中学2所、小学6所、教学点1个,有中小学生2722人、中小学教师123人(含代课教师17人),良坊镇红源中心小学获全县关心下一代工作先进集体、莲花县文明校园等荣誉。良坊镇有卫生院1所,下设1个分所,中心门诊部1个,从业人员75人,中级技术人员12人;村卫生所22个,从业人员23人。拥有病床90张。有镇综合文化站1个,村级综合文化服务中心24个,95%以上的村成立了腰鼓队、军鼓队、舞龙舞狮队、锣鼓队、广场舞队等文化团体。有敬老院2所,床位80张。

特色地情　良坊镇附近有隐居寺、玉虚宫等不少古迹。明朝河南光山县教谕贺守约把风景较好的地方概括为良坊八景,并亲题七律八首。镇政府驻地东面有石廊洞,南面有达本寺,寺旁有一株古罗汉松,相传为元释惟则手植,曾干枯数年,1983年开始转青复活,苍翠挺拔。

良坊民俗陈列馆。馆内设6个展厅,各种展品860余件,其中有560年前的刻板石碑、400年前的石水缸、200年前的雕花床等历史文物。

良坊镇历史人物有唐洪州镇南军副使贺泰;宋进士、凤翔推官何昼,四川提刑副使颜廷梧,进士、福建崇安府知府颜仕宏;明进士陈兴、袁州教谕颜国泰;清进士、陕西甘泉县知县颜云耸、州同部人知县郭志瑾、云南通海县知县郭铎等。

荣誉　国家农业产业强镇、江西省老年体育示范乡镇(街道)、巩固拓展脱贫攻坚成果优秀乡镇、农产品供给保障优秀乡镇、省级综合减灾示范单位、江西省基层审批服务执法示范点、江西省卫生乡镇、江西省乡村振兴模范党组织、江西省老年体育示范乡镇(街道)。

白渡村

村情概况　白渡村位于良坊镇南端,紧靠322国道,距离莲花县城约7千米,与下坊村、清塘村、富民村相邻,辖区面积3.2平方千米。全村辖白渡、后背、下屋、上天里和洲上5个自然村,现有244户966人。村民均为汉族,以王姓为主,其他还有刘姓和谢姓等。

自然环境与资源　白渡村属亚热带季风湿润气候,光照充足,雨量充沛。白渡村地处山地,地形前低后高,背靠仙峰顶,面向罗霄山山脉,莲江穿村而过。

经济概况　全村共有农田1017亩、山地3300亩,主要种植水稻、油菜等农作物,村民经济来源集中在外出务工。

白渡村"两委"采取"党支部+合作社+基地+农户"的模式,发展茶树菇、灵芝茶、太子参等产业,建有3个特色农业产业基地合计280亩,带动35名村民在家门口就业。2023年,村集体经济收入52万元。

白渡村

基础设施 白渡村交通便利,主干道柏油路穿村而过,环村水泥路户户通。近年来,搭建连栋高品质大棚2000平方米,投入18万余元硬化沟渠1千米,投入45万余元加固河堤、修建道路临河防护栏0.6千多米。村主干道铺设沥青0.6千米,建造2个"劝诫亭"。全村有4眼机井、5座高位蓄水池,自来水管线接入全村240户。2023年,在华润江中的支持下,安装3台净水机。

社会发展 脱贫户参保率100%。村卫生室家庭医生签约率达到100%,定期开展随访、送医送药上门等活动。

文化活动场所占地面积约1500平方米,主要是村委会(党群服务中心)约300平方米、新时代文明实践站约100平方米、文化健身广场约400平方米、篮球场600平方米。

特色地情 王氏宗祠三槐第。源自宋朝监察御史王祐家族。王祐认为槐树象征着渊博的学问和崇高的地位,槐树上的荆棘则代表着正直的品格,要求其子孙以亲手植种的三棵槐树为家族标志。宋真宗年间,后其子王旦任宰相达十余年,被誉为"平世之良相"。自此之后,"三槐堂"不仅成了王祐一支的堂号,也成了整个王氏家族中很重要的一个分支——三槐王氏。

白沙村

村情概况 白沙村位于良坊镇政府驻地东北部,东与永新龙门镇特坪村接壤,南邻井二村,西与井二村交界,北接湖上乡曾家村,距县城19千米,下辖5个村民小组,共有117户578人。总面积5平方千米。白沙村自然风光优美,村东北部毗邻挂榜山、石门山,村内有岩前山、自然溶洞、神庙等自然和人文景观。最高海拔815米,森林覆盖率85%以上,水资源丰富。

白沙原名"白石",因建村时该地有一巨大躺卧白石,闪闪发光,晶莹剔透,故名,后写作"白沙"。据记载,基祖早在公元800年迁来居住,生活繁衍,距今有1200余年历史。

自然环境与资源 白沙村属半丘陵全山地地形,地势较高,村庄地势坡度变化大。林地面积为5600亩,含油茶林、杉树林、生态林等。灌溉全靠天然地表水。全村作物以水稻、油菜、蔬菜为主。村内道路硬化率达到90%以上。

经济概况 村民收入主要来自外出务工,有外出务工人员225人,农业主要产业有水稻、油茶、油菜、蔬菜种植,黄牛、土鸡、土鸭、土狗养殖等。

基础设施 2019—2023年共投入资金226.13万余元,村内基础设施、公共服务

白沙村桃园基地

和村庄环境得到全面改善。完成硬化村组路2.91千米,入户路1.9千米;改造山泉自来水设施;庙下、岸下、汶水新农村建设点顺利建设,兴建桃树果业基地1个、养殖场1个。2019年10月开通白沙至县城干线公路,方便了白沙群众的出行。

通信网络信号覆盖率100%,宽带网络使用率约90%,有线电视使用率100%。有变电器4台,总功率4000千瓦,家庭通电率100%。村内未接入天然气管道,村民日常做饭烧水使用的能源主要为电能和液化气,少数家庭使用蜂窝煤。村民主要生活用水来源于山泉水到户。有自来水储池3座,可蓄水20吨,铺设自来水管道约12千米,自来水设施全面改善,确保了100%农户饮水安全,水质达标、水量充足。

社会发展　2016年投入10.6万元,兴建110平方米标准化村卫生室,确保有场所,有设备,有坐诊医生。投入27万元,兴建"五个一"公共服务平台,有1间文化室、1个文体广场、1套健身器材、1套音响、1套应急广播。

2016年,建成出村大路,打通了白沙的交通瓶颈,并兴建了教学点、医疗室,安装了一条村组路灯。

2017年,兴修了4条村组公路,完成了入户路改造,整治了过村河道,改造了全村自来水管道,兴建了"五个一"文化活动中心,安装了5个自然村亮化路灯,绘制了文化墙,办起了综合养猪场,兴建了光伏发电站,开展了以环境整治为主要内容的新农村建设。

2019年至2023年已实施高标准农田改造,所有垅田机耕道路全部贯通,兴修水渠全长3200米,另外修复了一座倒塌41年的山塘水库,彻底解决了农田灌溉需求,粮食产量逐年提升。整治撂荒土地20余亩,2024年铺设全村辖区沥青路2600米长。

特色地情　白沙村东部岩前山有个溶洞,建有龙王庙,旧时村民求雨祈福之所。

布口村

村情概况　布口村位于莲花县良坊镇东北方向,东与湖上乡南村村相邻,南与心田言坑村毗邻,北与湖上乡湖上村相邻,西与下布村毗邻,距县城15千米,322国道贯穿全村。村辖区有下屋山、梦义台、蹋园里、作述堂、南塘下料、凤凰山等6个村小组。全村224户1022人。共有10个姓氏,其中王姓村民人数最多。2022年村

布口村万亩果园

集体经济收入为49万元。

布口村曾名赋口村。位于言坑村之北,吉莲公路贯穿全村。古时村民开挖小圳、连通水渠、筑陂引水、挡水灌田,称为"布水"。南塘溪在此村处为第一个引水口,故称布口,也有族谱称之为赋口,赋也有分布之意。贺、王二姓居,今约180户。位于布口村之东北,村旁有一大水塘,该塘位于下寮村之西南,称圳南塘,村以塘名取,后来变为水库,为南塘水库。

自然环境与资源　布口村属山地地形,地势东高西低,四面环山。村内有一条布口河支流自东向西穿村而过。矿产资源较为丰富。林地主要为油茶林、松树林、杉树林和樟树林。村内地形和水文条件极好。属亚热带季风湿润气候,四季分明,终年温和湿润,雨量充沛,有利农业生产。年平均气温16℃~18℃,平均降雨量1500毫米,平均日照1600小时,无霜期275天左右。

经济概况　布口村主要种植水稻、油菜,养殖麻鸭、土鸡、牛等。2022年,水稻种植面积约1019亩,种植户约184户;油菜种植面积约854亩,种植户约102户。肉牛养殖户基地有江西胜龙牛业集团有限公司,占地面积1100余亩。农户肉牛养殖有5户。土鸡皆为家庭散养,麻鸭规模户6户。果园种植基地有莲花县象云舜王水果专业合作社,占地面积1400余亩。

基础设施　布口村道路网基本形成,交通便利。大路有322国道,为沥青路面。村内生产道路小组均是宽3.5~5.5米的沥青或水泥路面。村内有路灯170盏,均为太阳能路灯。

通信网络信号覆盖率100%,宽带网络使用率约90%,有线电视使用率100%。村内有移动、电信、联通营业厅和邮政物流配送点。有变电器5台,总功率2000千瓦,家庭通电率100%。村内未接入天然气管道,村民日常做饭烧水使用的能源主要为蜂窝煤和液化气,少数家庭使用木柴。村民主要生活用水来源于山泉水,有自来水储池2座,可蓄水100吨,铺设自来水管道约8千米,基本满足了全村村民日常生活用水需求。具有水利灌溉功能的水资源1个,南塘水库,可灌溉耕地4000余亩。

社会发展 布口村文化活动场所占地面积约3000平方米,主要是村委会(党群服务中心)约600平方米、新时代文明实践站约300平方米、文化健身广场约2000平方米。其中新时代文明实践站采取"一室多区"形式建设,共设立1栋集中活动楼,包含图书馆、市民宣讲室等功能区域。

村内有1个卫生院,设施齐全,服务范围辐射心田、下布等周边村庄。村委会为村民提供代缴医保服务,2022年度农村医保缴纳率100%。

投入5万元对布口村文化服务中心进行提升改造,添置了腰鼓、二胡、唢呐、电子琴等乐器,农家书屋焕然一新,添置了电脑2台、电视机1台,有效满足了村民精神文化需求。全村有军鼓队、腰鼓队等业余队伍,文化氛围浓厚,经常自编自导演出节目,每年各种节日都有活动。

冲头民族村

村情概况 冲头民族村位于良坊镇东南面,区域面积5500余亩,其中耕地面积403亩,森林面积4800余亩,森林覆盖率超过87%,森林绿化率达92%,森林蓄积量2.4万立方米,辖3个自然村、4个村小组。全村125户495人,其中汉族339人、黎族154人、布依族1人、壮族1人,是莲花县2个民族村之一。古代的冲头村辖区内山多林密,毒虫野兽极多,山中有水源河道,每到丰水期极易暴发山洪,形成碗形临时性冲积平原,农作物不易生长。清朝末年社会动荡又连年自然灾害,陆续有周边失地农民、破产小手工业者迁入其中(黎族先祖亦是此时期迁入),将居住地称为利父源。民国时期现冲头村辖区内人口渐多,遂在此地建立基层单位"里"(负责人称为"里长"),因无显赫大姓,人口又少,取冲积平原多的地貌特征,将此地称为冲里。

1949年冲里人口主要聚居在上冲、下冲两个地方,8月莲花县城解放,冲里正式设村,被称为冲里村,辖上冲、下冲两个村民小组。1968年行政区域调整,撤销冲里村行政建制划入洞峰村,冲里村改为冲里自然村(同时期现田头自然村从清塘村被改划到下坊村管辖)。1972年行政区域再次调整,冲里自然村从洞峰村划出,田头自然村从下坊村划出,合并成立新冲里行政村,辖上冲、下冲、田头三个自然村,管辖范围与目前大致相同。1982年经莲花县民政局同意,冲里村改称冲头村(取冲里、田头合并之意)。冲头民族村属省定的少数民族村,居住着汉族、黎族、布依族和壮族4个民族的村民,全村辖上冲、下冲和田头三个自然村,共有125户496人,全村以水稻、油茶、果树、蔬菜为主要作物。

自然环境与资源 冲头民族村属半丘陵半山地地形,地势东高西低,村庄地势坡度变化大,平地少,呈现纵向狭长态势,村内无大型河流,农田灌溉依靠天然地表水。

经济概况 2010年冲头村在王子山种植水蜜桃,后逐年扩大至300亩左右。2022年由承包商承包,种植有杨梅、蜂糖李、柚子、梨树、砂糖橘、西瓜等,是冲头村主要产业。2018年投入资金31万元,发展菊花种植和建设桂花基地。种植菊花20

冲头民族村森林公园

冲头黎族村寨村口

余亩,种植桂花30余亩。2020年投入资金20万元,种植梨树100余亩。2021年投资15万元,在桃园基地建设果蔬大棚2400平方米。此外,投资37万元入股胜龙牛业,投资40万元入股江西宏科特种合金有限公司,投资80万元在桃园基地建设果蔬大棚6500平方米及种植生姜30亩。

基础设施 村内主干路于2003年建成通车,是较早铺上水泥路的村落之一。2020年以来村主干道有多次拓宽、完善。2022年获批建制村通双车道项目,将村主干道改造提升为6米双车道沥青路面。建有桥梁3座,均为小型桥梁。村内有路灯165盏,均为太阳能路灯和通电路灯。通信网络信号覆盖率100%,宽带网络使用率约90%,有线电视使用率100%。村内有移动、电信、联通营业厅和邮政物流配送点。有变电器3台,总功率130千瓦,家庭通电率100%。村内未接入天然气管道,村民日常做饭烧水使用的能源主要为电能和液化气,少数家庭使用蜂窝煤、木柴。村民主要生活用水来源于地表水,有自来水蓄水池2座,可蓄水75吨,铺设自来水管道约7千米。有池塘4个、山塘2个、水渠6千米、河坝4座(其中一座较大,在下冲与田头的交界处,于2021年投资28.5万元修建,其他三座较小)。2023年争取到农旅项目、水库移民项目及中央以工代赈项目合计资金320万元,还争取到市财政的水域治理项目20万元及市财政的基础设施项目10万元,开展了水源治理,完善了村委会周边的基础设施。

社会发展 建有文化活动场所,占地面积约2760平方米,主要是村委会(党群服务中心)约200平方米、田头篮球场约1200平方米、庙上篮球场约800平方米、上冲篮球场约500平方米、竹山里健身场约60平方米。建有1个卫生室,村委会农家书屋有藏书6000余册,村委会为村民提供代缴医保服务,2024年度农村医保缴纳率100%。制定完善村规民约,帮助群众自我教育、自我管理,深入开展"文明家庭""美丽庭院"等群众性精神文明创建活动。

2010年冲头民族村被省政府授予"全省民族团结进步集体",2014年被评为市级"一村一品"示范村,2016年被评为省级"一村一品"示范村,获国家旅游局"中国乡村旅游金牌农家乐"奖章,2019年被评为省级生态文明村,2020年获"江西省森林乡村"及"江西省水生态文明村"称号,2021年获评萍乡市A类优秀村级服务平台。

特色地情 黎族文化浓郁。建有多个黎族文化景点,如瞭望塔、怪黎崖、黎族木屋、海南风情游步道、民族森林公园等。

富民村

村情概况 富民村曾用名升堂村,由升堂村和刘家村合并而成。富民村地处莲花县城北,距县城11千米,东与永新县交界,南与清塘村相连,西与白渡村毗邻,北和黄源村接壤。1948年隶属逢源乡。1950年属二区清塘乡。1958年为升堂公社富民大队。1959年至1967年为下坊公社升堂大队。1971年良坊公社又分为下坊、良坊两个公社,升堂属下坊公社。1984年改公社为乡,2003年并乡为良坊镇,富民村属之。面积约6平方千米,下辖9个自然村13个村民小组,全村469户1942人。2022年村级集体经济收入14.6万元。

自然环境与资源 富民村属半丘陵半山地地形,地势东高西低,村庄地势坡度变化大,平地少,呈现纵向狭长态势,村内无大型河流,农田灌溉依靠天然地表水,有少量石灰石矿产。村庄绿化率70%,林地面积约5600亩。

经济概况 富民村主要种植水稻、油茶、油菜、红薯,养殖牛、猪、鸡鸭等。2022年水稻种植面积约1200亩,种植户约400户;油菜种植面积约780亩,种植户约380户。养牛年存栏量40头,出栏15头;猪出栏220头,存栏200头;鸡鸭等皆为家庭散养,未形成规模。村里规模较大的合作社有富民村小祥专业合作社、莲花县松源农业合作社、富民种植专业合作社、莲花县梧岗种养专业合作社。工业以劳动密集型的轻工业为主,如良坊瑞华鞋面厂、宏运鞋面厂、莲花县良坊伞骨厂。富民村商贸繁荣,每月有9次逢三赶集。村内集市约1800平方米,集镇全长700余米,有商铺30余户,其中大型商超3家、小卖部10家、餐饮2家及各种服务店铺。集镇长期从业人员60余人,临时性从业人员200余人。

基础设施 富民村村庄道路网基本形成,交通较为便利。322国道吉莲公路穿

富民村街景

过村庄,均为沥青路面。村内生产道路约8.2千米,生活道路约9.1千米,路宽3.5~5.5米,主要为水泥路面。兼具生产生活功能的集镇段约1千米,为沥青路面。有桥梁2座,涵洞型桥梁2座。村内有路灯150盏,均为太阳能路灯。建有垃圾集中处理中心1个。通信网络信号覆盖率100%,宽带网络使用率约90%,有线电视使用率100%。村内有移动、电信、联通营业厅和邮政物流配送点。有变电器9台,总功率4000千瓦,家庭通电率100%。村内未接入天然气管道,村民日常做饭烧水使用的能源主要为电能和液化气,少数家庭使用蜂窝煤、木柴。村民主要生活用水来源于地表水,有1个集中供水点,位于富民村龙发源;有自来水蓄水池2座,可蓄水200余吨,铺设自来水管道约12千米,基本满足了全村村民日常生活用水需求。有龙发源水库大型水库1座及夜塘水库、鸭窝塘水库、神塘湾水库、三三塘水库等具有水利灌溉功能的山塘4座,主要采用沟渠引水,可灌溉耕地1800余亩。

社会发展　富民村建有良坊镇实验幼儿园和红源中心小学,可满足富民村及周边村庄学龄前和九年义务教育小学阶段的就学需求,九年义务教育覆盖率100%。文化活动场所占地面积约2100平方米,主要是村委会(党群服务中心)约500平方米、李家大祠前约500平方米、南沙祠堂边约400平方米、周家约500平方米、梧岗约200平方米。

村内建有一个卫生所(室),服务范围辐射到岐下等周边村庄。村委会为村民提供代缴医保服务,2021年度农村医保参保率100%。

特色地情　富民村有紫檀庙,为2002年重建。有周龙开和刘鉴清2位革命烈士,周龙开烈士1929年于作战中英勇牺牲,刘鉴清烈士1934年于永新县的战斗中英勇牺牲。

富民村素来民风淳朴,村民爱好文娱活动,乐于助人。富民村有女子舞龙队1支,军鼓队2支。

高圻村

村情概况　高圻村位于良坊镇西北部,东与良坊村交界,南与泉水村毗邻,西与坊楼镇小江村交界,北与下布村接壤,人口居住相对集中,全村共有339户1489人。高圻村古时曾名高溪,20世纪50年代改名高明村。后改高圻村。全村区域面积5平方千米,下辖8个村民小组,4个自然村,贺、汤、王等姓氏人口较多。

自然环境与资源　高圻村依山傍水、西高东低,前面是一片开阔的平坦耕地,渭水河与玉带溪两支流域在村头柳山里相汇后蜿蜒向西流去,江边有两棵百年樟树和柳树,村后是葱翠的松树林、杉树林和生态油茶林。矿产资源有石灰石、煤、铁资源。

经济概况　高圻村主要种植水稻、油茶、油菜、红薯,养殖业有土鸡、麻鸭、猪、牛。农忙闲时采捡山菇,每逢农历五至八月,村民纷纷在清晨成群结队翻山越岭去捡蘑菇,干山菇在市场上供不应求,村民们每年都因此获得不少的经济收入。为了拓宽就业渠道、增进村民收益,村里采取灵活多样的产业路子,鼓励村民以入社或

高圻村一角

入股方式开展种养合作社,当前,村里建起了5000平方米的牛场并注册了莲花县渝丰种养合作社,并成立了莲花县红凤家庭农场、莲花县益甜蜜蜂养殖合作社、莲花高溪种植专业合作社。

基础设施　高垅村庄道路网基本形成,交通较为便利。有3条村道连接322国道,均为混凝土路面。村内道路约9.5千米,路宽3~6米,沥青路面约0.9千米。有桥梁6座。村内有路灯160盏,其中太阳能路灯75盏。建有垃圾分类中心1个。通信网络信号覆盖率100%,宽带网络使用率约90%,有线电视使用率100%。有变电器4台,总功率4000千瓦,家庭通电率100%。村内未接入天然气管道,村民日常做饭烧水使用的能源主要为电能和液化气,少数家庭使用蜂窝煤、木柴。村民主要生活用水来源于山泉水和深井水,有自来水蓄水池2座,可蓄水100吨,有净化池2个,铺设自来水管道约18千米,基本满足了全村村民日常生活用水需求。2018—2022年,成功申报9个新农村建设点和革命老区建设项目,获批470万元项目资金用于村庄整治建设,有效提升了高垅村的村容村貌。

社会发展　高垅村原有小学一所,后因学生资源少而关闭,村里学生统一在下布小学学习。村内有1个面积为280平方米的礼堂,为老年文化活动场所。村委会办公楼建筑面积282平方米,包含党群服务中心18平方米、新时代文明实践站18平方米、图书室20平方米、会议厅42平方米。全村文化健身广场4个共约3200平方米,祠堂9栋约2600平方米,庙宇约60平方米。有1个卫生所。

特色地情　义冈岭坐落在高垅村后约1千米,是良坊境内的最高峰。南宋景炎元年(1276),元兵大举南侵,当时的永新县城已被元军占领。文天祥的次妹夫彭震龙偕陇西乡本里的何洁,为策应文天祥丞相集师抗元勤王,而在此山中举义旗,聚义兵,立山寨,寨名叫牛角寨(因两山似两只牛角突兀而出而得名)。后人为了纪念这场义举而改山名为"义冈岭"。

黄源村

村情概况　黄源村因一股黄色山泉水流经当地,灌溉农田,滋养的农作物少有病虫灾害,故名黄源。中华人民共和国成立之初,属二区升堂乡。1956年3月撤区并乡,谓下坊乡团民农业高级合作社。1958年8月为良坊人民公社团民大队。1961年属良坊人民公社团民大队。1984年3月为良坊乡黄源村。2003年为黄

黄源村村委会

源村。

  黄源村位于良坊镇东北部,距镇政府2千米,东与永新县相连,南与富民村相接,西与泉水、岐下村接壤,北与井一村毗邻,属亚热带季风湿润气候,四季明显,终年温和湿润,区域面积约4平方千米,距县城15千米。全村有4个自然村、5个村民小组,183户778人,耕地面积726亩,山林面积2160亩。以种植水稻、油菜为主,主要经济来源为外出务工。村民自发成立了一支军乐队。

  自然环境与资源 黄源村属半丘陵半山地地形,东面地势较高,村庄地势坡度变化大。绿化率约70%,有松杉林、油茶林、毛竹林和生态林,灌溉全靠天然地表水。村内有两条山泉贯通全境。

  经济概况 2023年村级集体经济收入15.6万元。

  基础设施 黄源村道路硬化率达到90%以上,交通较为便利。生活道路约10千米,路宽3.5~6米,主要为水泥路面。村内有路灯110盏,均为太阳能路灯。

  通信网络信号覆盖率100%,宽带网络使用率约90%,有线电视使用率100%。家庭通电率100%。村内未接入天然气管道,村民日常做饭烧水使用的能源主要为电能和液化气,少数家庭使用蜂窝煤、木柴。村民主要生活用水来源于山上的自来水,可以满足全村村民日常生活用水需求。

  社会发展 黄源村于2017年建有新农村点,文化广场、露天舞台、篮球场位于黄源村四组。黄源村2016年打造了一个红心柚子基地近百亩。2021年打造了云里山油茶林基地,约270亩。全村修建村主、次干道6.3千米,全村入户路3.6千米,2017年兴建了2座容积为50立方米蓄水池。2019年建有1所居民养老中心,全村享受居民养老保险人员162人。制定完善村规民约,帮助群众自我教育、自我管理,深入开展"文明家庭""美丽庭院"等群众性精神文明创建活动。村内建有1所卫生室,2023年度农村医保参保率100%。

特色地情　黄源村三门下土独岭有抗战遗址多处。

井二村

村情概况　井二村位于良坊镇东北端,距良坊镇政府3千米。辖区面积3.5平方千米,其中耕地面积1048亩、林地面积4500亩。有大成、樟木塘、莲塘里、樟屋、大布上5个自然村,11个村民小组,341户1401人。

经济概况　村民收入主要靠外出打工。农业主要产业有水稻、油茶、油菜、蔬菜种植,黄牛、土鸡养殖等。

基础设施　井二村道路硬化率达90%以上,交通较为便利。全村路宽3.5~5.5米,主要为水泥路面。村内路灯全覆盖,均为太阳能路灯。通信网络信号覆盖率100%,宽带网络使用率约100%,有线电视使用率100%。村内有邮政物流配送点。村民家庭通电率100%。村内未接入天然气管道,村民日常做饭烧水使用的能

井二村容鸟瞰图

源主要为电能和液化气。村民主要生活用水来源于山泉自来水，有2个集中供水点，分别位于寨上、高估佬，有自来水储池2座，可蓄水达200吨，铺设自来水管道约8千米，基本满足了全村村民日常生活用水需求。

社会发展 2016年投入10万元，兴建110平方米标准化村卫生室，确保有场所，有设备，有坐诊医生，服务全村村民。村委会为村民提供代缴医保服务。2022年度农村医保缴纳率达98%。投入27万元，兴建"五个一"公共服务平台，有1间文化室、1个文体广场、1套健身器材、1套音响、1套应急广播。

井一村

村情概况 良坊镇井一村位于良坊镇东北部，东南与永新县交界，西南靠黄源村，西连泉水村，西北邻良坊村，东北接井二村，面积21平方千米，下辖13个自然村：山脚下、上梅水塘、下梅水塘、禾土里、坪里、南背渊、田里屋、湾里、花园、杨梅、杨家岭、虎形里、垅上，有505户1903人。主要有王、贺、成等姓氏。2022年集体经济收入为14.23万元。有村民自发成立的女子舞龙队、军鼓队、腰鼓队、舞蹈队。

自然环境与资源 井一村属半丘陵半山地地形，东面地势较高，村庄地势坡度变化大。绿化率约65%，林地面积为3000亩，含松杉林、油茶林、毛竹林和生态林。灌溉全靠天然地表水。

经济概况 井一村主要种植水稻、油茶、油菜、红薯，养殖羊、牛、猪、鸡、鸭等。2022年，水稻种植面积约1250亩，油菜种植面积约880亩，养羊年存栏量120头，养牛年存栏量55头，养猪年存栏量80头，鸡、鸭等皆为家庭散养，未形成规模。村级产业主要是产业资金投入胜龙牛业分红项目。

基础设施 井一村庄道路硬化率90%以上，交通较为便利。生活道路约8千米，路宽3.5～5.5米，主要为水泥路面。村内有路灯120盏，其中75盏为太阳能路灯。通信网络信号覆盖率100%，宽带网络使用率约90%，有线电视使用率100%。有变电器7台，总功率4000千瓦，家庭通电率100%。村内未接入天然气管道，村民日常做饭烧水使用的能源主要为电能和液化气，少数家庭使用蜂窝煤、木柴。村民主要生活用水来源于自来水，有1个集中供水点，位于杨家岭；有自来水储水池1座，可蓄水150吨，铺设自来水管道约12千米，基本满足了全村村民日常生活用水需求。

有杨家岭、山塘冲、深塘、官塘、太背冲、大吾塘等具有水利灌溉功能的山塘6

井一村良坊烈士陵园

座,主要采用沟渠引水,可灌溉耕地1800余亩。2022年,成功申报良坊烈士陵园建设项目,获批46万元项目资金。

社会发展 文化活动场所占地面积约2800平方米,主要是村委会(党群服务中心)约500平方米、二房祠前约300平方米、南背渊约800平方米、花园茶山里约150平方米、杨梅约250平方米、篮球场800平方米。建有1个卫生所(室),服务范围辐射到井二、良坊、泉水等周边村庄。村委会为村民提供医保代缴服务。2022年度村民医保参保率100%。

特色地情 有上峰山玉虚宫一座,始建于清乾隆元年(1736)。

王焕奎(1890—1928),别名"大个崽"。1926年起参加莲花党组织活动及工人运动。1927年加入中国共产党,是良坊首批共产党员之一,在莲花县第一次工农兵代表大会上当选为二区(青塘)政府主席。1928年8月23日,因叛徒告密,在白沙村被捕,随即在良坊庙前南岳庙后山(今良坊粮站)遇害。

良坊"八月惨案"。1928年8月,国民党罗定部攻打良坊,先后于8月3日、21日抓捕革命群众10名,杀害苏区干部8名,烧毁民房2栋。

良坊村

村情概况 良坊村位于良坊镇的中心位置,最初位于一山梁之上,故叫"梁上",又后人将其写成"良坊"。良坊村旧属五、六都,2003年撤乡并村,把原以序数名称的良一、良二、良三合并为现今的良坊村。322国道穿村而过。东邻井二村,南邻泉水村,西邻高圩村,北接心田村,面积7.5平方千米,下辖9个自然村组,即塘里片、江里、王家园、谭家里、庙前、中渊、刘家、三湾、栎下。共846户,常住人口3563人,主要有贺、王、谭、刘、赵、罗等姓。

经济概况 良坊村是良坊镇的政治文化及商贸中心,良坊农贸市场建在本村,每月一、四、七为开圩日,集镇全长1200米,有店铺140余家,其中超市5家、小卖部62家、餐饮24家,还有诊所、美容美发、五金、水电安装、汽车修理、建材等店铺。村内加工企业有10家。村级主要产业为沃柑种植、肉牛养殖、白鹅养殖。建有村级光伏站。2023年村级集体经济收入为15.3万元。

基础设施 良坊村9个村小组的道路网全部接通,路宽3.5米,均为水泥路面。集镇人行道全面改造升级,村民生活污水大多数进入污水池处理。通信网络信号全覆盖,宽带网络使用率约93%,村民通电率100%。村内建有供水池2座,可蓄水

良坊村王氏大祠

300吨,家家饮用自来水。

社会发展 良坊村辖区内有中学1所(良坊中学)、小学1所(良坊小学)、幼儿园1所、银行2家(良坊邮政银行、良坊农商银行),有赣西民俗陈列馆、市场监督管理局、派出所、医院及粮站。村委会(党群服务中心)约600平方米,新时代文明实践站约260平方米,文化健身广场约6000平方米。有舞蹈队3支,每年都开展文艺活动,曾获市、县、镇级荣誉。

特色地情 村内唐贺侯祠始建于唐朝,是莲花县文物保护单位。

王氏大祠被列为江西省爱国主义教育基地、省级文物保护单位和青少年教育基地。1933年莲花县苏维埃第七届工农兵代表大会曾在王氏大祠召开并选举刘达仁为主席。

梅洲村

村情概况 梅洲村位于莲花县良坊镇南端,辖区面积4平方千米,其中耕地面积966.8余亩、林地面积4774余亩。有6个村民小组365户1124人。是国家"十三五"确定的重点贫困村,"十四五"省定乡村振兴重点帮扶村。2018年脱贫摘帽,着力打造"产业兴旺、生态宜居、乡风文明、治理有效、生活富裕"的乡村振兴示范村。

自然环境与资源 梅洲村属半丘陵半山地地形,地势北高南低,村庄地势坡度变化不大,平地少。太冲水库建于1956年,为村里灌溉了600亩水田。莲江河自北向南绕周边而过。绿化率70%。

经济概况 梅洲村主要种植水稻、油菜、蔬菜。2022年,水稻种植面积约600亩,油菜种植面积约264亩,蔬菜种植面积约20亩。养牛户2户,养猪户2户。村集体拥有占地面积1000平方米的就业帮扶车间,入股了南方花卉苗木场。村内还有丽炊园农业专业合作社以及成悦整体衣柜、雅丽整体衣柜、梅洲桂凤制衣厂等企业。

基础设施 梅洲村庄道路网基本形成,交通较为便利。离莲花县城4千米。沿红军路可以到达319国道,村道穿过村庄直达县城,均为沥青、水泥路面。同时还有3条机耕道、3千米环山路均为水泥路面。村内有路灯120盏,均为太阳能路灯。通信网络信号覆盖率100%,宽带网络使用率约90%,有线电视使用率100%。村内有移动、电信、联通营业厅和邮政物流配送点。有自来水储池3座,可蓄水260吨,基本满足了全村村民日常生活用水需求。2022年投入项目资金100万元完成

梅洲村

人居环境提升一期建设,2023年投入项目资金40万元进行人居环境提升二期建设。

社会发展 文化活动场所占地面积约1000平方米。村内设有图书室、儿童之家,建有1个卫生室。村委会为村民提供代缴医保服务,2023年度农村医保参保率100%。

特色地情 梅洲村腰鼓队是一支由梅洲村村民自发组织的文艺队伍,曾受邀参加良坊镇"庆重阳"文体比赛并获优秀奖。

南湾村

村情概况 南湾村位于罗霄山脉莲江河边,由原渐潭村与南湾村合并而成。距离县城5千米,离镇中心8千米,距莲花县城6千米。东与太源村相邻,南与梅洲村相连,西与南岭乡接壤,北与巨源相邻。全村有南湾、拿陂、渐潭、良背上4个自然村,9个村小组,376户1580人。全村有耕地1302.18亩,林地3500亩。全村农作

南湾村广场

物以水稻、油菜、蔬菜为主。

自然环境与资源 南湾村属半丘陵半山地地形,村庄地势坡度变化不大,平地少,地势宽广。莲江河从龙潭到南湾一直流向县城,汇入赣江。河两边绿树成荫,山清水秀。煤炭资源比较丰富。

经济概况 南湾村主要种植水稻、油茶、油菜、红薯,养殖土鸡、羊、鸭子等。2022年,全村水稻种植面积约1302亩,油菜种植面积约785亩,养牛专业户3户,养鸡专业户1户,养猪专业户1户。2022年村集体经济收入10.27万元,主要为光伏收益与合作社收入。

基础设施 通组路3275米,入户路2208米,圳道三面衬砌1764米,道路拓宽1400米。农饮安全用水全村覆盖,太阳能路灯100盏。"七改三网"工程共投入100万元,用于整治村庄环境。旱改水面积达170亩,双低油茶林改造255亩,抚育林苗120亩。修筑道路护堤238米,护栏238米。

社会发展 投入产业资金20万元入股汉唐农业专业合作社,其合作社养猪基地每年出栏肉猪2000余头,每年为村集体经济带来2.4万元分红;村里成立了天南农业专业合作社,种植果树300亩,同时发展在良背上种植百合100余亩,易地扶贫搬迁油茶基地100亩,种植油松树100亩,带动全村100人就业。有4座蓄水池,卫生厕所普及率达到95%以上,常态化开展环境卫生保洁工作。村内建有一个卫生所(室),2022年度农村医保参保率100%。在3个自然村分别建设了文化活动广场,农家书屋有藏书2000余册,图书阅览室、棋牌室、活动室等完备。

岐下村

村情概况 岐下村曾用名长春大队,后因村内有一座塔,名为岐塔,故改名岐下村。

岐下村总面积约9平方千米,耕地1300余亩,林地面积4635亩,森林覆盖率85%,共辖10个村民小组,349户1439人。居住人口中以汉族为主,主要姓氏有刘、唐、王、谢等。

自然环境与资源 岐下村属半丘陵半山地地形,地势东高西低,村庄地势坡度变化大,平地少,呈现纵向狭长态势,村内无大型河流,农田灌溉依靠天然地表水,有少量石灰石矿产。村庄林地面积约5600亩。

经济概况 岐下村主要种植水稻、油茶、油菜、红薯,养殖牛、猪、鸡、鸭等。有家庭农场4个,养牛年存栏量40头,出栏15头;猪存栏400头,出栏500头;鸡存栏8000羽,出栏10000羽;鸭存栏20000羽,出栏60000羽;规模较大的合作社有莲花县长兴农业专业合作社、满星里种养专业合作社、莲花县安鸿农业专业合作社、莲花县生猪养殖。岐下村耕地面积1300亩,村民以农业生产为主。2022年粮食播种

岐下村刘氏大祠

面积1000亩,产量135万斤;油菜种植面积750亩,产量45万斤。2023年岐下村村级集体收入25万元。

基础设施　岐下村内交通便利,沥青道路约1.5千米,10个自然村全部实现了入户道路水泥硬化。村内有邮政代办处1处,网络宽带全覆盖。全村供电用户数349户。10个自然村组已布管安装自来水,计划2024年达到全村城乡供水一体化,通过农村饮水安全工程建设,改水349户,改水率100%,饮用水卫生合格率100%,供水保证率100%。截至2023年底,完成2个精品村庄、6个新农村点建设,农村生活垃圾分类设施覆盖率80%,农村户厕改厕率100%。

社会发展　岐下村文化活动场所占地面积约1850平方米,主要是村委会(党群服务中心)约300平方米、儿童中心约200平方米、居家养老服务中心约150平方米、汤家大祠前约300平方米、唐家里祠堂边约300平方米、刘家大祠约600平方米,其中岐下村新时代文明实践站采取"一室多区"形式建设,共设立4个集中活动室,包含图书馆、家长学校、市民宣讲室等10多个功能区域。村内建有1个卫生所(室),服务范围辐射到岐下等周边村庄。村委会为村民提供代缴医保服务,2024年度农村医保参保率100%。岐下村有军鼓队1支,关爱留守儿童"爱心小屋"公益组织1家。

清塘村

村情概况　中华人民共和国成立之初属二区升堂乡。1956年3月撤区并乡,为下坊乡清塘农业高级合作社。1958年8月改为下坊人民公社清塘大队。1961年属升堂人民公社清塘大队。1984年3月为下坊乡清塘村。2003年下坊与良坊合并设镇,属良坊镇清塘村至今。

清塘村位于莲花县良坊镇东南方向,东邻富民村,南接冲头村,西与白渡交界,北与岐下村接壤,离镇政府1千米,离县城7千米,总面积3平方千米。全村有7个自然村(宋家里、塘管里、下新屋、上街、牛字园、樟树背、上新屋),5个村民小组,共305户1018人。主要有金、宋、周、朱、段五个姓氏,都是汉族。

自然环境与资源　清塘村属半丘陵半山地地形,东面地势较高,村庄地势坡度变化大。绿化覆盖率达70%,林地面积为3800亩。灌溉全靠天然地表水。

经济概况　清塘村村级集体经济经营性收入主要来源为村级光伏发电项目和

产业资金投入胜龙牛业分红项目。2023年村级集体经济收入15万元。

基础设施 清塘村庄道路硬化率达到98%以上,交通便利。322国道穿村而过,为沥青路面。生活道路约8千米,路宽3.5~5.5米,主要为水泥路面。村内有路灯150盏,均为太阳能路灯。篮球场1个,面积为500平方米。中小水库1座,灌溉区域1200多亩。通信网络信号覆盖率100%,宽带网络使用率约90%,有线电视使用率100%。村内有邮政快递代收点。有变压器4台,家庭通电率100%。村内未接入天然气管道,村民日常做饭烧水使用的能源主要为电能和液化气,少数家庭使用蜂窝煤、木柴。村民主要生活用水来源于山上的自来水,有自来水储水池2座,可蓄水200吨,基本满足全村村民日常生活用水需求。

社会发展 清塘村文化活动场所占地面积约1500平方米,其中村委会(党群服务中心)约200平方米、新时代文明实践站约100平方米、文化健身广场约600平方米、社会足球场7100平方米。村内设有1个卫生室,占地面积100平方米,建筑面积70平方米,承担全村7个自然村的基本医疗服务和基本公共卫生服务,服务范围辐射到富民、冲头等周边村庄。村委会农家书屋有藏书2000余册,村委会为村民提供代缴医保服务,2024年度农村医保参保率100%。

清塘村2016年新建养猪场500平方米,打造柚子基地1000平方米。2019年设置居民养老中心1处,可同时接纳10位老人住宿、饮食。

清塘村组织了舞龙队、中鼓队、雷力球队、舞蹈队,举办业余文化活动多次,丰富了村民的精神生活。

特色地情 1933年5月底,中共莲花县第六次代表大会在清塘村召开。根据省委指示,将莲花县委改为中心县委,指导茶陵、攸县、萍乡、莲花4个县工作,刘超采为中心县委书记(未到职,由高永平接任)。

清塘村的咸鸭蛋远近闻名,用当地红泥制作,鲜香流油。

泉水村

村情概况 泉水村位于莲花县良坊镇,有泉水自山中涌出故而得名。全村共有471户1634人,辖11个村民小组,5个自然村,分别是泉山、太烟、瑶边、黄塘、龙塘。

泉水村也称泉山。在秦汉隋唐时先后为安成、广兴、永新、泰和等县属地,清乾隆九年（1744）上溯唐中期为永新西境地，清代属莲花厅五都属地，今属良坊镇。泉水村主要姓氏有颜、金、李、郭、刘、肖、朱、廖、周、汤等。

自然环境与资源　泉水村属半丘陵半山地地形，东面地势较高，村庄地势坡度变化大。全村耕地面积1415.33亩，绿化率约68%，林地面积3776亩。灌溉全靠天然地表水。

经济概况　全村以农业为主，水稻、蔬菜种植为辅。有各类小型商店6个，诊所1家，加工鞋面厂1个。2023年村级集体经济收入15.3万元。

基础设施　泉水村庄道路硬化率85%以上，交通较为便利。322国道穿村边而过，为沥青路面。生活道路约8千米，路宽3.5～5.5米，主要为水泥路面。村内有路灯68盏，均为太阳能路灯。

通信网络信号覆盖率100%，宽带网络使用率约90%，有线电视使用率100%。家庭通电率100%。村内未接入天然气管道，村民日常做饭烧水使用的能源主要为电能和液化气，少数家庭使用蜂窝煤。村民主要生活用水来源于山上的自来水，可以满足全村村民日常生活用水需求。

社会发展　文化活动场所占地面积约4500平方米，主要是村委会（党群服务中心）约320平方米、新时代文明实践站约100平方米、文化健身广场约800平方米、篮球场3200平方米。泉水村新时代文明实践站采取"一室多区"形式建设，共设立1个集中活动室，包含图书馆、市民宣讲室等。村内建有1个卫生室，服务范围辐射到岐下、黄源等周边村庄。村委会为村民提供代缴医保服务。

特色地情　泉水村有一个远近闻名的三角班戏班子，是1948年一个流落在泉水的萍乡北路师傅教的，现已传至第五代，可演《云南寻夫》《金钏会》《孟姜女哭长城》等30余个剧本。三角班是花鼓戏的原始形式。

太源村

村情概况　太源村位于莲花县北部，东邻湾溪村，南接汤渡村，西与梅洲村交界，北与南湾村接壤，面积4.5平方千米，下辖7个自然村组，发门对、中栋屋、围子里、博公祠、匡家、石边（樊家、谢家）、汉上。共527户2054人，主要有6个姓氏。2022年集体经济收入为14.87万元。太源村曾名"泰垣"。所谓泰垣，就是大墙围起来的村庄。传说南宋淳祐元年（1241），郭梅轩由庐陵后冈迁此，后建成大园村，至

太源村党群服务中心

今俗称园子里。园子里沿袭于坞堡,坞堡产生于西汉末期,止于唐朝,战乱年代豪强地主为自保,建成防御性质的村堡,四周是城垛墙垣,所以村名叫泰垣(大垣)。2003年,老泰垣村与汉上村合并名叫"太源"。

自然环境 太源村属半丘陵半山地地形,地势北高南低,村庄地势坡度变化不大,平地少,莲江河自北向南穿村而过。绿化覆盖率70%,林地面积2898亩,耕地面积1348.25亩。

经济概况 太源村主要种植水稻、莲子、油菜、蔬菜。2022年,水稻种植面积约780亩,油菜种植面积约264亩,莲子种植面积约320亩,蔬菜种植面积约20亩。肉牛养殖户2户,年末存栏50头,全年出栏15头。土鸡、羊、鸽子、蜜蜂等皆为家庭散养,未形成规模。工业以劳动密集型的轻工业为主,有峻荣服饰加工厂、荷元鞋面加工厂。

基础设施 太源村庄道路网基本形成,交通较为便利。370乡道穿过村庄,均为沥青、水泥路面。路宽3.5~5.5米,主要为水泥路面。村内有路灯110盏,均为太阳能路灯。通信网络信号覆盖率100%,宽带网络使用率约90%,有线电视使用率100%。村内有移动、电信、联通营业厅和邮政物流配送点。有变电器9台,总功率1800千瓦,家庭通电率100%。村内未接入天然气管道,村民日常做饭烧水使用的能源主要为电能和液化气,少数家庭使用蜂窝煤、木柴。村民主要生活用水来源于深井水,有2个集中供水点,分别位于巨源、松山里;有自来水储池2座,可蓄水300吨,基本满足了全村村民日常生活用水需求。有新陂圳、老岭上圳、新岭上圳、太圳,四条圳道主要采用沟渠引水,可灌溉耕地2000余亩。2023年,申报1个新农村建设点,项目资金20万元用于石边新农村建设改造,有效改善了太源的村容村貌。

特色地情 太源村郭氏宗祠。始建于1615年,2013年进行整体大修,砖木结构,长48米,宽20米,占地面积960平方米,祠内雕梁画栋,庄重古朴,是莲花县规模较大的古祠之一。

丛林寺。俗称花里庙,始建于1935年,1992年捐资重修,2003年改建牌坊,复名丛林寺。2011年群众捐资在寺后扩建大雄宝殿。丛林寺集儒释道为一体,晨钟暮鼓,香火旺盛。

汤渡村

村情概况 汤渡村踞莲花县主要河流莲江河北岸,因为县城南北交通之要塞而得名。村东面以高峰(斜天)村与玉溪河为界,南面同金家村、下梅洲村隔莲江河相望,西面和梅洲村、南湾村依梅水而列东,北面与太垣村、湾溪村唇齿相依。总面积4.2平方千米。域内东南面有沙洲屋、汤渡、刘家里、耶陂、土里屋等自然村,居住姓氏包括郭、刘、黎、陈、金、李、彭、唐、周、贺等。西北面腹地有上老屋、尹家屋、下老屋、船路等自然村,村民基本为郭姓。全村共有545户1855人。

自然环境与资源 域内地势北高南低,自东而西分布着沙洲垅、高丘垄、黄沙垅、土岸垅四片肥沃农田,共917亩。东、南、西三面有滩涂80亩,河岸林木面积23亩。北面山地6780亩。玉溪河、莲江河交汇于村东南,新陂渠、老陂渠、前进陂是本村的主要灌溉渠,为成片种植水稻提供了优越的条件。每年汛期,居民的防洪、排涝工作较为繁重。北面山地,拥有少量森林、油茶、牧草、黏土、煤炭等资源。

经济概况 水稻耕种400亩,莲子种植380亩,旱土种植137亩,油茶种植390亩,山地经营340亩,沿河水产养殖36亩。村内有鞋面加工厂2家(吉丰、信群),分别在耶陂及仁本祠堂里,还有一家五金厂在刘家祠堂内。另有石材加工厂2家,门窗制造厂4家。村级集体经济以产业扶贫资金投入养殖、种植、光伏发电,年收入约11.8万元。

基础设施 交通形成了"三纵二横"为主的网状形态。"三纵"即322国道、爱乡路、莲江休闲道,"二横"为耶陂村道、三兴路。域内通信网络全网覆盖,有线电视使用率100%。快递投放点3处。高压供电变压器9台,山泉水供给设备1套,灌溉水渠8480米,古桥、码头2处(汤渡桥、铁柱桥)。村内居民主要集居地7处,以坐北朝南,三层砖混结构为主。适当规划文化广场、宣传长廊、健身器材等。

社会发展 村内有明德小学,并有公立、私立幼儿园各1所。义务教育、学前

汤渡村水稻制种项目

教育完成率100%。村内有汤渡卫生院、耶陂铁华卫生所、拉丝让四牛卫生所。能满足"小病不出村,大病有医保,防疫有设施"的基本需求。

特色地情 中华人民共和国成立之初,郭富泰因带领群众走农业合作互助化道路,被评为全国"五一劳动模范",受到周恩来总理接见。

达本寺。坐落于六字峰山腰,是一座约有600年历史的古寺,香火旺盛,历史上曾是多个朝代的学馆。寺外有元朝时种下的罗汉松,并留有孝慈先生的著名楹联"笔足代耕,纵少田园可糊口;文能寿世,不求仙佛自长生"。

优园。域内有名的古学馆,为勉难先生授徒之所。

村腹地为彰显"仁慈博爱,本固根深"之愿望,建有仁本堂等古祠。汤渡桥、铁柱桥是县内著名的古迹。

田心村

村情概况 田心村位于罗霄山脉禾山之下,紧邻322国道,交通便利,玉带溪穿村而过。全村总面积3.6平方千米,耕地1163亩,林地3000余亩,下设5个村民小组,共352户1463人。田心村先后获国家森林乡村、江西省文明村镇、江西省省级生态村、江西省水生态文明示范村、江西省乡村森林公园、江西省AAAA级乡村旅游点等称号。

自然环境与资源 田心村属半丘陵半山地地形,地势北低南高,村庄地势坡度变化大,平地少,呈纵向狭长走势,村内有两条萍水河支流。石灰石矿产较为丰富。森林覆盖率87.7%，主要为油茶林、松树林、杉树林。

经济概况　田心村始终牢固树立"精准扶贫、不落一人"的责任意识，通过发展产业、增加就业，持续带动贫困群众脱贫致富，村集体经济发展壮大。2023年，全村集体经济收入超15万元。

采取"支部+基地+贫困户"的运营模式大力发展百合、果木等产业，让贫困群众等通过流转土地、投工投劳、合作社分红等方式叠加受益，增强自身的"造血功能"，为农村经济持续发展提供不竭动力。目前，全村已种植百合280余亩，新建百合加工厂1个，带动16户贫困户户均增收1.3万元以上。

投资60余万元发展了村集体光伏产业，带动42户贫困户发展分散光伏产业，户均年收入3000元以上。

基础设施　2017年举办了向日葵花节，2018年举办了百合花节，水韵田心景点成功获批江西省AAA级乡村旅游点。2019年再发力，打造了玉溪民俗园，新增了莲花绿道、智能环保小屋、家风家训馆、水上乐园、晒谷场、非遗民俗艺廊、音乐主题餐厅、休闲酒吧、榨油坊等游览体验项目，让田心成为集乡村度假、生态观光、民俗体验、休闲娱乐、康体养生于一体的综合乡村旅游地，2019年接待旅客8万余人次，成功申报了江西省AAAA级乡村旅游点。

社会发展　田心村建有良坊中心幼儿园，可满足田心村及周边村庄学龄前就学需求，9年义务教育覆盖率100%。文化活动场所占地面积约4300平方米，主要是村委会（党群服务中心）约700平方米、新时代文明实践站约800平方米、文化健

田心庐陵古桥

身广场约1500平方米、祠堂1300平方米。其中田心村新时代文明实践站采取"一室多区"形式建设,共设立4个集中活动室,包含图书馆、体育健身室、市民宣讲室等10个功能区域,为群众提供一个良好的学习娱乐场所。村内建有一个卫生室,服务范围辐射到全村。

特色地情 庐陵古桥。又名石鼓潭桥,始建于清乾隆四十七年(1782),长24米,宽3米,三拱,表一色石板砌成,历经百余年,遇洪水冲毁一墩,族人无资修复。后湾溪郭氏娇娘捐资修复,今逢盛世,政府出资复古,方便了乡人,保护了古迹。

非遗民俗艺廊展示了莲花篾艺、莲花钉秤、木板雕刻、莲花银饰、莲绣、莲花锡雕、传统伞艺七种传统工艺制作流程。家风家训馆展示了中国传统家风家训文化、廉政文化。晒谷场、榨油坊等重现了农耕文明下丰收晒谷、手工榨油等农事作业场景。

湾溪村

村情概况 湾溪村位于田心村之西、318国道西侧,村北有一条蜿蜒的小溪流入村东面的清白溪,因沿这条蜿蜒小溪建村,故名湾溪村。

湾溪村总面积6.5平方千米,下辖8个自然村组,樟田、三里屋、前吾、绵里屋、上屋、前屋、高溪弦上、西潭,于2002年与西潭村合并。湾溪村出名的为马脑山,据说是因山势形如马头而得名,或是曾有马姓落户于此山冲而得名马落山。湾溪村共520户2131人。

自然环境与资源 湾溪村紧靠322国道,属半丘陵地形,地势东南低,村庄地势坡度变化大,平地少,呈纵向狭长走势,绿化率70%,林地面积为840亩,主要为松树林、杉树林和樟树林。

经济概况 湾溪村主要种植水稻、荷花、油菜,养殖土鸡、鸭子等。2024年,水稻种植面积1200余亩、种植户约380户;荷花种植面积约200亩;油菜种植面积约350亩、种植户约250户。土鸡、水鸭、鸽子等皆为家庭散养,未形成规模。工业以劳动力密集型的轻工业为主,如福鑫鞋厂就业人员80余人,为湾溪村的扶贫车间,集体收入主要来自浩宇鞋面加工厂、鑫峰水泥厂、液化气站、央企中节能土地租金。

基础设施 湾溪村庄道路网基本形成,交通较为便利。村内一条沥青主干道

湾溪礼堂

横穿整个村庄,村内生产道路约8.2千米,生活道路约4.1千米,路宽3.5~5.5米,主要为水泥路面。有桥梁1座为西潭桥,有一条约长1.2千米的休闲绿道从田心村经过樟田小组连接莲花湿地公园。村内有路灯120盏,均为太阳能路灯。村庄中心位置有一个500平方米左右的篮球场。通信网络信号覆盖率100%,宽带网络使用率约90%,有线电视使用率100%。村内有移动、电信、联通营业厅和邮政物流配送点。有变电器7台,总功率4000千瓦,家庭通电率100%。村内未接入天然气管道,村民日常做饭烧水使用的能源主要为电能和液化气,少数家庭使用蜂窝煤。有1个集中供水点,村民主要生活用水来源于去源水库,70%村民打机井应对水源缺少情况。有自来水储水池1座,可蓄水80吨。铺设自来水管道约12千米,有1个过滤池,基本满足了全村村民日常生活用水需求。有前吾大渠、樟田河道具有水利灌溉功能的河道两条,可灌溉耕地1400余亩。

社会发展 湾溪村有1所中学——下坊中学,可满足周边村庄8个村庄初中阶段的就学需求。村委会(党群服务中心)约300平方米、新时代文明实践站约100平方米、文化健身广场和篮球场约500平方米。湾溪村新时代文明实践站采取"一室多区"形式建设,共设立1个集中活动室,包含图书馆、市民宣讲室等8个功能区域。

特色地情 湾溪村礼堂建于1976年,古祠堂建筑风格,坐落于湾溪村中心地域,面积1500平方米,是保存较为完整的一座礼堂建筑。村内发现多座汉墓群,东岭山的一座汉墓墓室高2.5米、宽2.5米、长3米。

下布村

村情概况 下布村地处良坊镇北端,东接良坊村,与新田村相邻,南与高圳村相邻,北与布口村相邻。下布村(曾用名厦布村、夏布村)自古民风淳朴,沿河一带盛产苎麻,曾是远近闻名的夏布生产区。辖区面积6平方千米,良田公路贯穿全村,地势平坦,绿树成荫,山清水秀,现有耕地1775.93亩,林地面积7600亩,9个自然村分11个村小组,共427户1870人。

经济概况 下布村村级基础设施较薄弱,经济来源主要靠外出务工和小规模种养。农业以种植水稻、油菜和油茶等农作物为主。村内劳动力少,青壮年大都外出务工,村民总体收入不高。

基础设施 下布村完成了村委会经田下垅至各边江3300米、吴家湾—新田路1000米、塘汤—黄鳅滩800米、长坪里—蛇仔脑1200米路硬化,各边江—岩水屋860米、冲里—湖汤900米等通组路水泥硬化8000余米,山塘整治1座,主干道路灯

下布村广场一角

安装79盏、各自然村295盏。杉树林、松树林共2000亩。水渠整治6000余米。有文化活动中心1个。扩建容积为200立方米的蓄水池1座,铺水管15千米。有标准村级卫生室1所。高标准农田改造146亩。良坊镇村级肉牛养殖示范基地占地10000平方米。

社会发展　下布村文化活动场所占地面积约1790平方米,主要是村委会(党群服务中心)约450平方米、老年体育协会约420平方米。村里现有古建筑祠堂9座。新时代文明实践站采取"一室多区"形式建设,共设4个集中活动室,包含图书馆、家长学校、市民宣讲室等10多个功能区域。村内建有1个卫生所(室),服务范围辐射到周边村庄。村委会为村民提供代缴医保服务,2022年度农村医保缴纳率100%。

下布村有军鼓队1支、龙舞队1支;有关爱留守儿童"爱心小屋"公益组织1家,成立七年来一直从事关爱留守儿童活动,累计开展活动90余场次。

特色地情　贺国华(1912—1980),下布村人。1955年9月被授予大校军衔,获二级八一勋章、二级独立自由勋章和二级解放勋章。

下坊村

村情概况　下坊村曾名霞方村。霞方山耸立村北,故而得名,因方言发音相近,后演变为"下坊村",沿用至今。

下坊村位于莲花县良坊镇西南方向,南与田心村相邻,北与白渡村相接,西与湾溪村毗邻,距县城7千米,322国道贯穿全村,面积5.8平方千米。下坊村辖留天、老屋里、龙须下、巨源、厂下、新屋里、四房、万里屋、龙里屋、背屋10个自然村,设8个村民小组。有659户2531人。共有67个姓氏,其中郭姓村民人数超过1000人。

自然环境与资源　下坊村属山地地形,地势东高西低,四面环山,下坊河支流自东向西穿村而过。矿产较为丰富。林地面积3693.74亩,主要为油茶林、松树林、杉树林和樟树林。村内地形和水文条件较好,从未发生过造成重大损失的洪水和旱灾。属亚热带季风湿润气候,四季分明,终年温和湿润,雨量充沛,有利农业生产。年平均气温16℃~18℃,平均降雨量1500毫米,平均日照1600小时,无霜期275天左右。

经济概况　下坊村主要种植水稻、油菜,养殖土鸡、羊、牛等。2023年,水稻种植面积约1575亩、种植户362户；油菜种植面积约1237亩、种植户339户。肉牛养殖户7户，年末存栏122头，全年出栏50头。土鸡、羊、鸭、蜜蜂等皆为家庭散养，未形成规模。村内规模较大的合作社有莲花县佳家农业专业合作社。工业以劳动密集型的轻工业为主，如婧晋宝服饰有限公司、宏裕鞋面加工厂。村内有大型商超2家、小卖部5家、餐饮9家，还有摩托车修理店、美发店、铝材加工店等店铺。年营业额达50万元以上商家2家。

基础设施 下坊村庄道路网基本形成，交通便利。主干道为322国道，沥青路。村内生产道路8条，均是宽3.5~5.5米的水泥路面。有桥梁5座。村内有太阳能路灯90盏。通信网络信号覆盖率100%，宽带网络使用率约90%，有线电视使用率100%。村内有快递配送点。有变电器10台，总功率4000千瓦，家庭通电率100%。村内未接入天然气管道，村民日常做饭烧水使用的能源主要为蜂窝煤和液化气。村民主要生活用水来源于山泉水，有自来水储池3座，分别位于樟上、竹阳里，可蓄水175吨，铺设自来水管道约8千米，基本满足了全村村民日常生活用水需求。具有水利灌溉功能的水资源3个（石陂口、下坊河、巨源水库），可灌溉耕地2400余亩。

社会发展 下坊村建有下坊小学，可满足下坊村及周边3个村庄九年义务教育

下坊石廊洞

阶段的就学需求，九年义务教育覆盖率100%。文化活动场所占地面积约1800平方米，主要是村委会（党群服务中心）约600平方米、新时代文明实践站约300平方米、文化健身广场约900平方米。村内有1个卫生院，设施齐全，服务范围辐射田心、白渡、湾溪、太原、清塘、富民等周边村庄。村委会为村民提供代缴医保服务，2023年度农村医保缴纳率100%。

特色地情 江子炎（1914—1983），1930年12月参加中国工农红军，1932年3月加入中国共产党。参加了长征。历任班长、连长、营长、团参谋长、军分区参谋长、旅参谋长、师参谋长、伊犁军区副司令员、北疆军区顾问（正军职待遇）等职。

郭龙桂（1919—1994），农民山歌手，曾为中国民间文艺家协会会员、中国歌谣学会理事、江西省作协会员、江西省民协副主席、莲花县政协委员。著有《歌唱新农村》《丢了扁担去拉车》《毛主席的光辉永远亮》等山歌集。1960年，参加全国第三次文代会时，受毛泽东、朱德、周恩来等党和国家领导人接见并一起合影。

石廊洞因形如石廊而得名。洞高数丈，悬崖峭壁，其状甚伟，分上中洞和暗洞，洞内景观奇异，洞壁有北宋哲宗时刘弇所刻石刻，字迹清晰可见。

斜天村

村情概况 斜天村曾名高丰村，位于田心村之南，村之上有六字峰，峰下为缓缓的斜坡形山岭，故名下岭，也称斜岭，音谐"斜天"；又因日午照江，泛出耀眼白光，若玉带然，故名此处的清白溪为玉带溪岸，村建玉带溪岸，厅志记为玉带村。

斜天村位于良坊镇东南部，全村总面积3.5平方公里，耕地面积720亩，林地面积1500亩，村辖7个村民小组，5个自然村（报子源、麻源、白露树、斜天、山下）。共275户975人，主要姓氏有周、郭、汤、金、黎等。全村主要以种植水稻、油菜为主。

自然环境与资源 斜天村属半丘陵半山地地形，一条玉带溪支流自北向南穿村而过。林地面积为240公顷，占比57.11%，主要为油茶林、松树林、杉树林和樟树林。

经济概况 斜天村主要种植水稻、油茶、油菜、红薯，养殖土鸡、羊、蜜蜂等。2023年，水稻种植面积约716亩、种植户206户，油菜种植面积约300亩、种植户129户。黑山羊养殖户1户，年末存栏30头，全年出栏15头。土鸡、羊、蜜蜂等皆为家庭散养，未形成规模。2023年村级集体经济收入15.97万元。

基础设施 斜天村庄道路网基本形成,交通较为便利。村内主道路约1千米为沥青路面,生活道路约7.2千米,路宽3.5~5米,主要为水泥路面。有石拱桥1座。有路灯115盏,均为太阳能路灯。通信网络信号覆盖率100%,宽带网络使用率约90%,有线电视使用率100%。村内有邮政快递代收点。有变电器3台,家庭通电率100%。村内未接入天然气管道,村民日常做饭烧水使用的能源主要为电能和液化气,少数家庭使用蜂窝煤。村民主要生活用水来源于山泉水和深井水,有2个集中供水点,分别位于麦岭冲、东冲;有自来水储池2座,可蓄水70吨,基本满足了全村村民日常生活用水需求。有具有水利灌溉功能的山塘2座江罗背、冬冲山塘,主要采用沟渠引水,可灌溉耕地400余亩。2024年斜天村实施了农村安全饮水工程维修养护工程,解决了村民的饮水困难问题,极大改善了群众的生活条件。

社会发展 文化活动场所占地面积约1100平方米,主要是村委会(党群服务中心)约100平方米、新时代文明实践站约300平方米、文化健身广场约500平方米、庙宇约200平方米。村内建有1个卫生所,服务范围辐射到田心、湾溪等周边村庄。村委会为村民提供代缴医保服务。

特色地情 真人殿,位于斜天村中心处,始建于明宣德四年(1429),距今近600年历史,屡毁屡建。占地面积200平方米,香火旺盛。

斜天村泥古岭汉墓群,在泥古岭处,长宽各400米,占地面积约1200平方米。

斜天村有古皂角树一棵,坐落在麻源,有百年树龄。

斜天村原来钉秤兼修伞手工匠人颇多,在本县内很有名气,现已式微。

斜天村百年皂角树

新田村

村情概况 新田村位于良坊镇北端,交通便利,风光秀美,历史悠久,距县城13千米,距镇政府5千米,322国道穿村而过,辖区面积5平方千米,其中耕地面积1319亩,林地面积6400亩,东临白沙村,南接良坊村,西与下布村交界,北与布口村接壤。全村有柏芳、心田、言坑、大树屋4个自然村,10个村民小组,545户1718人,先后获全国"一村一品"示范村、江西省文明村镇、贫困村脱贫攻坚工作考评一等奖、江西省乡村振兴模范党组织等荣誉。

自然环境与资源 新田村属高标准农田改造地形,村庄地势平坦,水稻农作物分布在322国道两旁。村东南边有长丘田二级水库,村东北边有螃蟹冲水库,灌溉村内农田1119亩和邻村农田6000余亩。林地面积为6400亩,主要为油茶林、松树林、杉树林和沃柑林。

经济概况 新田村主要种植水稻、油茶、油菜,养殖土鸡、鸭、牛、羊、猪。龙头企业——江西胜龙牛业集团坐落在新田村山场,新田村2018年至2022年陆续投入产业资金80万元,现每年收益4.2万元;2019年引进莲花县良心农业发展有限公司在新田村种植沃柑500余亩,带动村民就近就业百余人,年人均收入3万元左右,村集体资金入股50万元,每年可收益4万元;2023年引进萍乡名诺福贸易有限公司在新田村发展蔬菜种植产业,带动村民就业30余人,年人均收入达到1.8万元左右,村集体以固定资产入股,每年可达到收益2.5万元。2023年新田村村级集体经济收入32万余元。

基础设施 新田村目前已完成5个自然村的新农村建设。完成村级道路建设4700米,水渠建设6500米,完成村级主干道的白改黑沥青铺设2000米,通组路、入户路四通八达,群众出行方便。2023年在新农村建设的基础上打造了100余平方米丰富多彩的文化墙。完成了围墙翻新550米、凉亭翻新3座,新增安装LED太阳能路灯108盏,申请解决了自来水管道3000余米,打深水机井1口,完成了村委会门口文化长廊80米,硬化停车场300平方米,建设2栋联栋大棚5000平方米及鹅厂栏舍2000平方米。通信网络信号覆盖率100%,宽带网络使用率约100%,有线电视使用率100%。村内有移动、电信、联通营业厅和邮政物流配送点。村民家庭通电率100%。村内未接入天然气管道,村民日常做饭烧水使用的能源主要为电能和液化气。村民主要生活用水来源于山泉自来水,有3个集中供水点,分别位于螃蟹

新田村沃柑基地

冲、长丘田、十八岗,有自来水储水池4座,可蓄水池300吨,铺设自来水管道约8000米,满足了全村村民日常生活用水需求。

社会发展 新田村建有深圳心田希望小学1所,新建公立幼儿园1所,可满足新田村及周边村庄学龄前和九年义务教育阶段的就学需求,九年义务教育覆盖率100%。文化活动场所总占地面积约4580平方米。村内建有卫生健康服务室,村委会为村民提供代缴医保服务,2023年度农村医保参保率98%。

村内有女子姐妹舞蹈队、军鼓队、腰鼓队、老年秧歌队,村里每年元旦都举行一次群众文化节,正月十五举行舞龙灯会仪式。

特色地情 新田村礼堂建于1977年,是一座古祠堂建筑,坐落于新田村中心地域,面积1400平方米。村内还保留了4栋1200平方米的古民居建筑,有6棵400年以上省级挂牌的老樟树。

贺光华(1890—1939)。新田村人,革命烈士。1935年6月棋盘山会议后,贺光华任茶莜莲中心县两个边区的区委书记,领导武装斗争工作,1939年12月30日因叛徒告密在黄冈一带壮烈牺牲。

邑田村

村情概况 邑田村因村庄四周群山环抱，如同城邑，中为田垄，故名"邑田"。1913年属莲花县砻西乡第七都邑田村。土地革命时期，属清塘区良坊乡；1933年4月属三区良坊乡；1948年属田东乡；1950年属二区（良坊区），后属邑田乡；1956年改属庙前乡，为邑田高级社；1958年为庙前公社邑田大队；1961年属良坊公社；1968年扩社并队时为下坊公社邑田大队；1972年复为良坊公社邑田大队；1984年改称良坊乡邑田村；2003年乡改镇，为良坊镇邑田村。

邑田村位于良坊镇西北部，距县城18千米，距良坊镇镇政府6千米。东与下布村毗邻，南与高圳村交界，西与坊楼镇小江村接壤，北与湖上乡小水村交界。全村面积4.67平方千米。全村共有6个自然村（邑田、万里、小溪冲、陈家园、洲里、东家井），8个村民小组，285户1316人。现主要有刘、贺、张、胡、宋、林、江、朱、郭9个姓氏。

自然环境与资源 邑田村属半丘陵半山地地形，村庄四面环山，中间为平坦的田垄，岩前溪与小江水从四屋里流过。山地为喀斯特地貌，有山峰狮子岩一座。全村绿化率82%，主要以松杉林、油茶林、毛竹林和生态林为主。

经济概况 林地面积6000亩。村民以农业生产为主，有种植水稻、油茶、油菜、红薯、蔬菜，养殖羊、牛、猪、鸡、鸭等。2023年，水稻种植面积约1028亩，种植户252户；油菜种植面积约820亩，种植户252户。养牛年存栏量62头，出栏32头。鸡、鸭等皆为家庭散养，未形成规模。村级产业收益主要来自光伏发电和产业资金投入胜龙牛业的租赁收入。2023年村级集体经济收入15.1万元。

基础设施 邑田村庄道路硬化总长11千米，硬化率98%以上，交通较为便利。生活道路约8千米，路宽3.5~6.0米，主要为水泥路面。村内有路灯188盏，均为太阳能路灯。通信网络信号覆盖率100%，宽带网络使用率约90%，有线电视使用率100%。家庭通电率100%。村民日常生活使用的能源主要为电能和液化气，少数家庭使用蜂窝煤、木柴。生活用水来源于邑田自然村林场山泉水，水质检验达标。村内有5个蓄水池，总蓄水量150吨；1个集中供水点，位于林场；铺设自来水管道约15千米，基本满足了全村村民日常生活用水需求。有白泥凹塘、谭泉塘、大塘、陈家园山塘等具有水利灌溉功能的山塘4座，主要采用沟渠引水，可灌溉耕地980余亩。建有抽水泵房1座，功率18千瓦，可应对干旱灌溉。2023年新修建一座蓄

邑田村村口

水量为20吨的蓄水池,保障群众用水安全。在萍乡武警的扶持下投入23万元修复冲毁桥梁1座。亮化工程投入3.5万元修复路灯94盏,整治人居环境新农村点投入20万元。

社会发展　村内有文化活动场所占地面积约1620平方米,主要是村委会(党群服务中心)约600平方米、万里祠前约465平方米、邑田祠前约520平方米;篮球场3个,约940平方米,分布于邑田、陈家园、万里。有军鼓队2支,腰鼓队、舞蹈队、太极拳队各1支。

村内建有卫生所(室)一个,占地面积280平方米。2023年度农村医保缴纳率100%。

特色地情　黄牛寨。地处良坊西北3千米之山脚下。传说古代有人在形似黄牛之后山立寨而得名。

狮子岩。坐落于陈家园入口处,气势磅礴,远远望去,像一头张口蛰伏的雄狮。据传为观音菩萨坐骑金毛犼,又名朝天犼,俗称为望天犼,是龙王的儿子,有守望习惯。华表柱顶之蹬龙(即朝天犼)对天咆哮,被视为上传天意,下达民情。

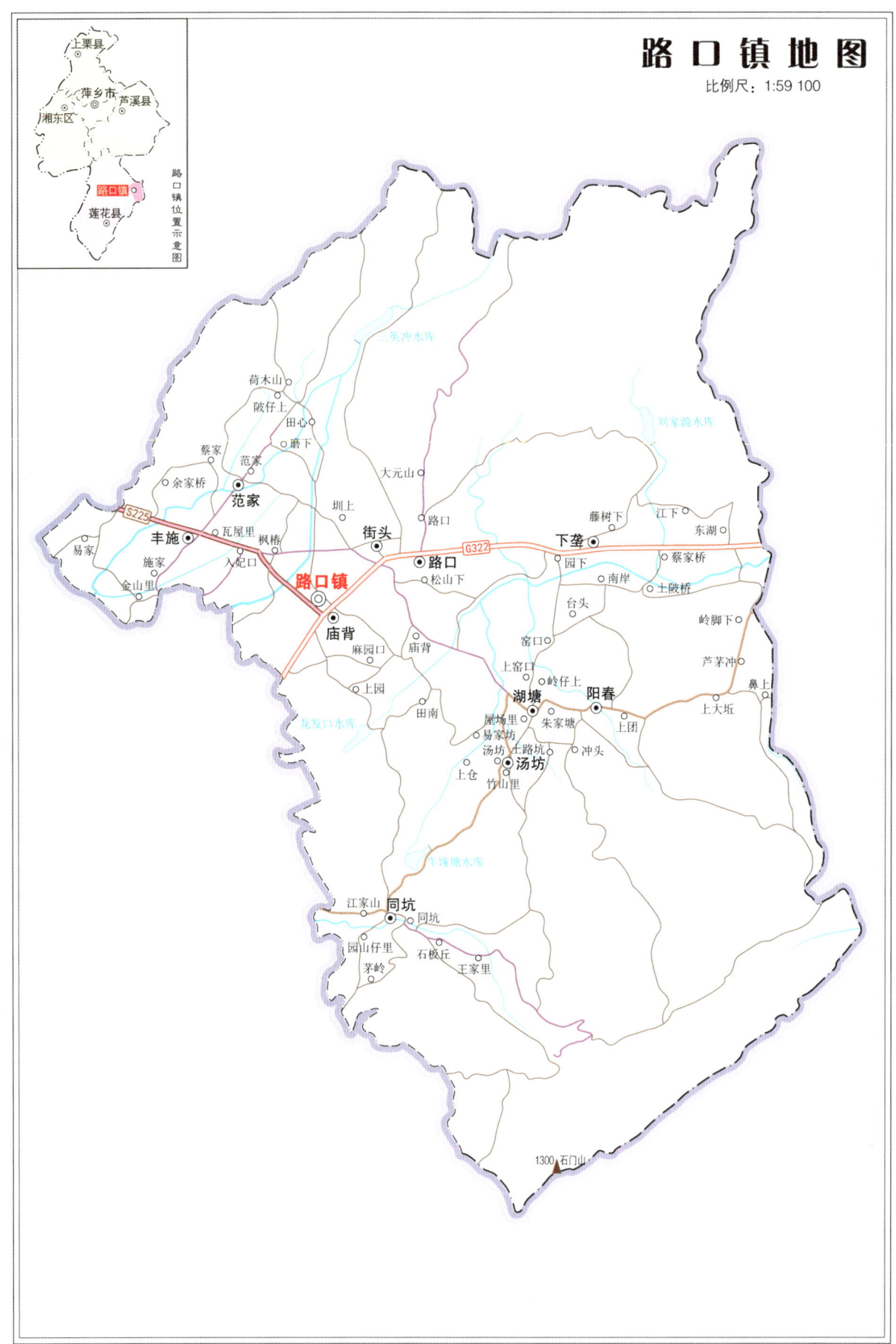

路口镇

路口镇位于莲花的东北部，是莲花的东大门，东接安福，南连永新，西邻湖上，北接闪石。全镇总面积53.79平方千米，辖10个行政村88个村民小组，共4489户16988人。全镇耕地面积837公顷，其中水田面积765公顷、森林面积3589.1公顷，森林覆盖率为48.8%。镇政府驻地路口村，距莲花县城25千米。

清乾隆九年（1744），莲花设厅分治后，归属莲花厅为上西乡二十一都，1913年属莲花县；1948年置路口乡；1949年为二区辖地，后又隶属七区；1958年建立路口镇人民公社；1968年与闪石、湖上公社并为湖上公社；1972年分社，又恢复路口公社；1987年复改乡。1997年辖路口、元山、范家、三施、东湖、街头、下垄、庙背、小岭、湖塘、阳春、汤坊、同坑13个行政村。1998年撤乡设镇至今，辖路口、丰施、范家、街头、庙背、湖塘、汤坊、阳春、同坑、下垅等10个行政村，88个村民小组。

自然环境与资源 路口镇以丘陵、山地为主，东南面、北面多山，中部多丘陵，有莲花最高峰石门山，海拔1314米。大理石、镁等矿产资源丰富。镇内风景名胜较多，路溪古建筑群尤为出名，古建筑群总体装饰豪华，雕工精细，为县级文物保护单位。仰山文塔、双石门、庙背古松历史悠久，风景秀丽。路溪制锡工艺被列为省级非物质文化遗产。湖塘村被列为中国美丽休闲乡村、中国传统村落、江西省历史文化名村、江西省AAA级乡村旅游点，是旅游观光的好去处。

经济概况 路口镇经济以农业为主，主要农产品有水

路口大捷遗址

稻、油茶、西瓜、辣椒、杨梅、百合、甲鱼和肉牛等,农业产业发展较好。建有肉牛养殖基地4个、致富驴养殖基地1个、甲鱼养殖基地2个、中药材(栀子花)种植基地1个、黑山羊养殖基地1个,创办了江西裕春高产油茶、江西聚友通生态农业高产油茶、江西天赐生态农业等种植基地。辖区的初心建材有限公司规模较大,资金雄厚,获评江西省农业产业化省级龙头企业。全镇有农民种植养殖专业合作社44家、农业企业15个、家庭农场1家。工业以空压机、新型材料为主导,落户工业园区企业11家,其中规上企业4家,先后引进了江西宏科特种合金有限公司、萍乡辰旸科技有限公司、江西仟润新材料有限公司、江西安捷机电制造有限公司等企业。

2023年,全镇完成财政总收入3667万元。2023年实现规上工业增加值12069万元,规上工业营业收入38833万元,固定资产累计投资34475万元。

基础设施 322国道贯穿境内,225省级公路贯穿而过,边贸经济活跃,有商铺375个,集贸市场历史悠久,是莲花县的商业重镇。配套设施日趋完善,自来水已进街入户,目前全力推进城乡供水一体化,饮水主管铺设已经基本完成。美化、亮化工程早已完工,先后完成便民服务中心、便民停车场、污水处理站、垃圾中转站、锡壶广场等建设。

近年来,先后完成汤坊、湖塘、庙背、路口、范家等水毁河堤修缮治理3.08千米,完成牛垭塘、刘家源等水库除险加固，实施小农水、高标准农田建设，兴修水渠水圳10余千米；大力推进农村安全饮水工程，全镇10个村建设供水池10座、应急机井8口，铺设主管道3.2万千米。路口镇全面推进建设一批新农村示范点，先后打造了湖塘村屋里、船湾湖，庙背村山湾园、六社里、田南，丰施村瓦屋里、丰冲、施家，下坂村园下，路口村松山下，街头村门前塘，同坑村下屋等一批新农村示范点。湖塘村、丰施村和街头村获评江西省森林乡村。

社会发展 近年来，路口镇教育、卫生、科学、体育、精神文明建设等事业稳健发展。有九年义务制中小学1所、村完小2所、幼儿园4所，全镇有老师121人（含代课老师）、义务教育学生1576人、幼儿园人数221人（不含民办园）。学校设施齐全，全镇九年义务教育全面普及。镇中心卫生院1所，设有急诊科、内外科、妇儿科、中医综合科、公共卫生管理科等十余个科室，有病床20张；村卫生室10个，医疗设施齐全，极大地方便了人民群众的就医。有镇综合文化站1个、村级综合文化服务中心10个，新建新时代文明实践站（所）10个。绝大多数村成立了腰鼓队、军鼓队、舞龙舞狮队、广场舞队等民间文艺团体。成立了路口教育基金会，教育事业长足发展。有敬老院1所，收养和救助人数17人。网络通信发达，金融机构健全，有农商银行、邮政所、供电所、卫生院、防疫站、派出所、移动公司、电信公司、市场监督管理局路口分局等单位和机构驻镇。

人文地情 路口镇因"一山（石门山）一塔（仰山文塔）一院（观文书院）一艺（路口打锡）一祠（渭川公祠）一村（湖塘古村）"而著称。

石门山。位于莲花县境北部罗霄山脉中段，路口镇汤坊村后，是县级森林公园。为莲花、安福、永新三县交界山，主峰海拔1300.5米，是县境内最高峰。山上峰峦连云嵯峨，山顶上有两石峭拔对峙如门，故名"双门石"。

仰山文塔。省级文物保护单位，坐落于路口镇路口村，于明万历十三年（1585）所建，清康熙四十四年（1705）重建，至今已有400多年历史。塔高22.4米，底围16.8米，厚1.4米，七层八面，砖木结构。

观文书院。为解决就地求学的问题，培育赶考学子，路溪刘氏举全族之力，于清光绪二年（1876），在葫芦洲（今园下自然村），筹资兴建书院。因书院正门可见文峰塔（仰山文塔），故名观文书院。

路口打锡。路口锡艺相传源自唐朝，明朝以来，莲花民间在婚冠丧娶都要准备一套精致的锡制品，这使锡艺有了较大的民间产品市场，路口锡艺因此获得长足发展，从业人员不断增加。以路口打锡为代表的"莲花打锡"于2008年被评为省级非物质文化遗产项目，2014年被评为国家级非物质文化遗产项目。

渭川公祠。始建于清代。彭德怀曾率红五军四、五纵队在此驻扎，是路口大捷战

路口镇高产油茶基地

斗的指挥部驻地,曾开设过红军临时医院、红军食堂,现保存有红军革命标语数十条。

湖塘古村。曾是红军浴血奋战的根据地,拥有红军临时医院、会堂、食堂、指挥部、红色标语、堡垒、战壕、红军桥、红军林等一批红色遗存,均被完好保留。湖塘村古民居建于明清时期,系土木结构,仍保留了大量具有丰富文化内涵的雕刻、楹联、匾额。村内共有各种明清古民居50栋,建筑面积达2.5万平方米。

荣誉 国家卫生乡镇、江西避暑旅游目的地、全省消防工作先进乡镇、全省综合减灾示范乡镇。辖区内湖塘村获评中国美丽休闲乡村、中国传统村落、江西省AAA级乡村旅游点、全省乡村振兴模范党组织、萍乡市红色名村。

路口村

村情概况 《路溪刘氏族谱》记载:仕淑于宋元祐间由安成(安福)北塘卜居于官道之旁曰"路溪"(后改称"路口")迄今30世,为原吉安军分区副司令员刘建喜之故里。位于莲花县路口镇东部,东邻下坳村,南接庙背村,西与街头村交界,北与安福县钱山乡交界。路口村以前属路口乡,中华人民共和国成立之初属二区路口乡,合作化时属路口社,公社化时属路口公社为路口大队,1968年属湖上公社,1972年属路口公社为路口大队,1986年为路口乡路口村,1989年与元山村合并。面积20平方千米,下辖9个自然村(一片、二片、三片、元山、松山、山义冲、校园片、村前、新村片),有16个村民小组,共868户2796人,全村基本姓刘,有少数罗、张、李姓村民。林地面积为1.5万亩。基本与五里山林场联营,主要为松树林、杉树林。村民自发成立腰鼓队2支、广场舞队5支、篮球队1支。

自然环境与资源 路口村属半丘陵半山地地形,地势北高东南低,山多平地少,呈纵向狭长态势。322国道横穿村庄而过,从莲花直通安福。

经济概况 农业主要种植水稻、油茶、油菜、西瓜、蔬菜、杂交水稻制种等。养殖土鸡、肉牛、猪、鸭等。2022年,水稻种植面积约1700亩,油茶种植面积约1500亩,水稻杂交制种面积约450亩,肉牛全年出栏480头,肉猪全年出栏1800头。村民成立了永昌种养专业合作社,有茶树200多亩、鸡鸭500多羽,带动6人脱贫增收。村内集镇全长400余米,有商铺20余户。村集体经济收入主要来自光伏发电站分红。2023年村级集体经济收入为10万元。

基础设施 322国道公路穿过村庄,均为沥青路面,村内生产道路约12千米,生活道路约9千米,路宽3.5~5米,主要为水泥路面,主干道沥青路面2千米。有小型桥梁1座,小型涵洞5座。村内有路灯120盏,均为太阳能路灯。通信网络信号覆盖率100%,宽带网络使用率80%,有线电视使用率100%。家庭通电率100%。有山义冲、北塘2座蓄水池,可蓄水300吨。铺设自来水管道约6千米,可灌溉耕地2000余亩。

社会发展 有红太阳幼儿园,可满足本村及周边村学龄前儿童就学需求,路口中小学可满足本村九年义务教育需求,覆盖率100%。文化活动场所占地面积约2800平

路口村仰山文塔

路口村松山自然村新农村建设

方米,大礼堂约800平方米、篮球场约400平方米、新农村活动场所约600平方米,另有图书馆、祠堂等场所。

村内建有卫生室1个,服务全村村民健康。村委会为村民提供代缴医保、养老保险服务。2023年农村医保缴纳率95%以上。

特色地情　仰山文塔。位于路口村车前塔东南田垅中,始建于明万历十三年(1585),刘氏祖原籍仰山,建塔以示不忘故土,故名。塔高七层,砖木结构,高21米,厚104厘米,塔顶的圆锥形铁葫芦,重约千斤,是莲花县保存最完整的古塔。

国香公祠。始建于清道光二十九年(1849),坐北朝南,砖木结构,直进两栋连室,占地300平方米。

丰施村

村情概况　丰施村位于路口镇西南部,距路口镇1.5千米,交通便利,毗邻318省道,吉萍交通枢纽穿村而过,村组路已全部硬化。全村共有8个自然村,465户1664人。面积约4平方千米,耕地面积1440亩,林地面积2880亩。受庐陵文化影响较大,有各类传统建筑祠堂12座,是省级森林乡村、中国乡村发展基金会童伴之家标杆示范村。

自然环境与资源　丰施村为丘陵地貌,地势平缓,村内土壤主要是酸性红壤土,土层厚30~80毫米。森林资源丰富,树木种类繁多,主要以湿地松、杉木、香樟、油茶、竹为主。

经济概况　村民多种植水稻、油菜,养殖土鸡、羊、鸭子等。每年种植水稻面积约有1300亩,油菜种植面积1126亩,油茶种植面积约170亩,花生和红薯种植面积约312亩。打造一乡一品"致富驴"养殖基地,存栏数约120头。村里有小规模农户养殖肉牛,年出栏量50头左右。村集体经济收入主要来自光伏发电站分红以及江西臻源农业有限公司、顺达砖厂等企业分红。2023年村集体收入约22万元。

基础设施　村内生产道路约3千米,生活道路约2.5千米,路宽4.5~5米,主要为沥青路面。兼具生产生活功能的集镇段约1.8千米,为沥青路面。村内有路灯280盏,均为太阳能路灯。通信网络信号覆盖率100%,宽带网络使用率约90%,有线电视使用率85%。家庭通电率100%。村民主要生活用水来源于自来水,有自来水储池2座,可蓄水160吨,铺设自来水管道约6千米,基本满足了全村村民日常生活用水需求。有具有水利灌溉功能的山塘2座(方塘、梨冲),主要采用沟渠引水,可灌溉耕地1000余亩。有国家粮食国测点水渠800多米。

社会发展　村内建有党群文化活动场所,占地面积约3000平方米,篮球场约420平方米,施家广场活动场所约1300平方米,另外还有老年体协、祠堂等场所。村内建有1个卫生所(室),服务范围辐射到丰施村、范家村等周边村庄。村委会为村民提供代缴医保服务,2023年度农村医保缴纳率100%。

特色地情　有祠堂等传统建筑约12处,古树与名树10多棵,其中百年树龄以上的香樟树有3棵。

樟廉文化园位于丰施村党群(便民)服务中心旁,有3棵高达20余米的大樟树,占地面积1000多平方米。1929年8月,彭德怀、滕代远率红五军曾在此地战斗。

范家村

村情概况　范家村位于路口镇西部,距镇政府3千米,全村总面积6.8平方千米,有7个自然村组,472户1692人,以汉族为主。全村主要姓氏为蔡、范、贺、黄、颜、刘等。村内有耕地1345.15亩,林地6200亩。

自然环境与资源 范家村以丘陵地形为主,共有山塘3处、水塘4处。全年四季分明,空气质量优。主要种植油菜、水稻。树木种类繁多,以湿地松、杉木、香樟、油茶等为主。

经济概况 全村种植油菜812亩,种植水稻1067亩。村内有2家村民成立的农业合作社,贺兴苟种植专业合作社和莲花县裕农农业专业合作社。村集体经济收入主要来自光伏电站分红,2023年村级集体经济收入15.1万元。

基础设施 已实现全村村组路硬化,主干道基本为沥青路面。通信网络信号覆盖率100%,宽带网络使用率约90%,有线电视使用率100%。村内有邮政物流配送点、农商银行服务点。已实现全村水、电、网全覆盖。

社会发展 范家村有花蕾幼儿园,可满足本村及周边村学龄前儿童就学需求。文化活动场所占地面积约400平方米、篮球场约300平方米,此外还有图书馆、祠堂等场所。

村内有医疗室1个,服务全村村民健康。村委会为村民提供代缴医保、养老保险服务,2023年农村医保缴纳率96%以上。

特色地情 福臻古桥始建于清道光二十四年(1844),由石材砌成,迄今仍是村民来往通行的主要桥梁。拥有4栋超过200年历史的祠堂,10多棵300年以上树龄的古樟树,其中有5棵超过500年树龄。

街头村

村情概况 街头村位于路口镇的中心地带,322国道和321国道在此交叉,东临东湖,西至西边山,南至南岸,北到北塘。全村有8个村小组,523户1741人,主要是汉族,村民以刘姓为主,其他还有朱、董、谢等姓。全村共有耕地790.8亩,山地1400亩,森林2200余亩。村内无江河、山塘水库,自古缺水,目前农作物灌溉主要依赖隔壁村的山义冲水库。打锡工艺是本村的传统技艺,所制酒壶、茶壶、灯柱、烛台等畅销县内外。

自然环境与资源 街头村为丘陵地貌,地势平缓,村内土壤主要是酸性红壤土,土层厚30~80毫米。森林资源丰富,树木种类繁多,主要以湿地松、杉木、香樟、油茶树、竹为主。

经济概况 村内水田种植水稻、油菜,旱地种植花生和红薯。每年种植水稻约

街头村

850亩,种植油菜735亩,花生和红薯种植约320亩。有小规模农户养殖肉牛,年出栏量130头左右。村内赶集市场占地1800平方米,有商铺92家。村集体收入主要来自光伏发电站分红,2023年村级集体经济收入15万元。

基础设施 村级主要干道有2条,全长2.2千米,宽3.5米,已全部改造为沥青路。其他同组路已全部硬化,全长约3.4千米。全村85%的农户都安装了网络宽带,实现了国家电网全覆盖,100%实行了城乡供水一体化。村内有大型广场1处,面积约800平方米。镇卫生院距离本村约250米,村内有诊所1所,药房3个。

社会发展 街头村分散特困户2人,敬老院老人1人。全村60岁以下村民85%以上购买了社保,60岁以上村民100%享受了养老保险待遇。

特色地情 打锡是莲花县路口镇街头村的民间传统。据传为唐太宗时期由外地锡匠传入。《莲花县志》记载:街头村的锡匠人数最多时达300余人。明清时期才女贺桂制作的"三镶玉"锡包壶现藏于故宫博物院;清康熙年间,皇帝曾下旨由街头锡匠打造锡钱币。

庙背村

村情概况 庙背村位于莲花县路口镇中部,距莲花县城25千米,东临莲花的东大门下垅村,南与湖塘古村相邻,西与胡上乡圳背村交界,318省道绕北而过,交通非常便捷。1949年置路口乡庙背村,1958年改为路口公社庙背大队,1984年复改路口乡庙背村,1999年撤乡设镇为路口镇庙背村至今。全村面积6.23平方千米,林地面积6000亩,耕地面积1960亩,全村人口2356人,下辖13个自然村组,是人口密集的农业大村。

自然环境与资源 庙背村属于亚热带季风湿润气候,四季分明,气候温和,日照充足,年平均气温17.5度,平均无霜期284天,年均降雨量1600～1700毫米。庙背村属于丘陵地带,坐落于罗霄山脉中段石门山北面的山脚下,属喀斯特地貌,总体地势西北高于东南。林地种植以杉树林、红木林和油茶林为主。

经济概况 庙背村主要种植水稻、油茶、油菜、红薯,养殖土鸡、羊、鸭等。2023年,水稻种植面积约1500亩,种植户约320户;油菜种植面积约1600亩,种植户约420户。

庙背村园湾山

村内主要农业企业有紫月潭生态农业有限公司,养殖甲鱼约50亩;聚友通生态农业公司,种植油茶约1500亩;启源生态种养专业合作社,养牛50头。轻工业企业有上佶享鞋面加工厂。村内集镇3000多平方米,有商铺60余家。2023年村级集体经济收入为10.6万元。

基础设施 村内生产道路约16千米,生活道路约9.1千米,路宽3.5～5.5米,主要为沥青、水泥路面。兼具生产生活功能的集镇段约2.8千米,为沥青路面。村内有小型桥梁3座,有太阳能路灯约200盏。2023年高标准农田提升改造完工验收。通信网络信号覆盖率100%,宽带网络使用率约90%,有线电视使用率100%,家庭通电率100%。村内有自来水储水池3座,可蓄水200吨,铺设自来水管道约15千米。有具有水利灌溉功能的山塘2座(龙发口水库、麻园口山塘),主要采用沟渠引水,可灌溉耕地1600余亩。

社会发展 庙背村建有庙背幼儿园和路口中小学,可满足庙背村及周边村庄学龄前和九年义务教育阶段的就学需求,九年义务教育覆盖率100%。文化活动场所占地面积约3550平方米,主要是村委会(党群服务中心)约300平方米、新时代文明实践站约300平方米、文化健身广场约2500平方米、门球场约450平方米。2023年新建露天篮球场600平方米、羽毛球场200平方米。庙背村新时代文明实践站采取"一室多区"形式建设,共设立3个集中活动室,包含图书馆、市民宣讲室等10多个功能区域。

村内有1个卫生所(室),服务范围辐射到庙背村及周边村庄。党群服务中心开设医保代办窗口,为村民提供代缴医保和异地就医备案服务。

特色地情 路溪博物馆。为村民自建博物馆,藏品主要为路溪地区的历史文物,有石器、木器、陶瓷、字画、钱币和锡器等。镇馆之宝为民国年间乡绅捐资打造的预防天花的16套32件锡制兵器,至今保存完好。

农家博物楼。收藏村民刘作远书写、绘画作品,其大多反映了旧时农家景象。博物楼以老物件展示当地农耕文化和传统民俗,记录了路口镇的历史变迁,承载着时代记忆。

湖塘村

村情概况 湖塘村坐落于罗霄山脉中段石门山北面的山脚下,位于路口镇东南面,三面环山,地势低洼,芦苇丛生,好似湖泊水塘一般,故被称为"湖塘"。天气温和时,村里水沟、田野中常见螃蟹,村庄房屋地形极具特色,全村明清、民国时期房屋布局模拟螃蟹形状,坐东向西,大门横(南)向。全村总面积8.2平方千米,共有5个自然村(春头坪、土路坑、屋场里、朱家昌、岭仔上),393户1144人。有耕地面积860亩,林地面积3573亩。村民习武之风浓郁。

自然环境与资源　湖塘村属半丘陵半山地地形,地势低洼,整个湖塘村是"螃蟹形"。湖塘村红色、古色、绿色资源丰富,保存大量古民居、古祠堂、古桥、古庙、古树。村内绿化率80%。林地主要为油茶林、松树林、枫树林、樟树林。湖塘村与石门山风景区相连成片。山间风景秀丽,空气负氧离子含量高,有多处"夜仰星光俯瞰灯光"的观景佳地。

经济概况　农业主要种植水稻、油茶、油菜、西瓜、蔬菜等,杂交水稻配种,养殖土鸡、肉牛、猪、鸭等。2023年,水稻种植面积约640亩,油茶种植面积约600亩,肉牛全年出栏10头,肉猪全年出栏180头。村内村民成立了莲花县南云山农业专业合作社,有茶树120多亩。村内有小卖部5家、餐饮店1家。村集体经济收入主要来自光伏发电站分红。2023年村级集体经济收入为10万元。

基础设施　主干道均为沥青路面。村内生产道路约3千米,生活道路约8千米。

湖塘村红军临时医院旧址

湖塘村古民居群

路宽3.5~4.5米,主要为水泥路面。兼具生产生活功能的集镇段约2.5千米,为沥青路面。有桥梁7座,其中小型桥梁4座、涵洞型桥梁3座。村内有路灯237盏,均为太阳能路灯。通信网络信号覆盖率100%,宽带网络使用率约95%,有线电视使用率95%。村内有移动、电信、联通营业厅和邮政物流配送点。有变电器6台,总功率4000千瓦,家庭通电率100%。村内建有储水量100吨的山泉蓄水池,有3个有水利灌溉功能的山塘(船湾湖、头陂、浦塘),主要采用沟渠引水,可灌溉耕地300余亩。

社会发展 湖塘村有小学1所,可满足湖塘村及周边村庄学龄前和九年义务教育的就学需求。有卫生所1个,服务范围辐射到汤坊、阳春、同坑等周边村庄。村委会为村民提供代缴医保服务,2022年度农村医保缴纳率100%。文化活动场所占地面积约4700平方米,主要是村委会(党群服务中心)约3600平方米、新时代文明实践站约160平方米、文化健身广场约1000平方米。湖塘村新时代文明实践站采取"一室多区"形式建设,共设立4个集中活动室,包含图书馆、四点半课堂、市民宣讲室等多个功能区域。

特色地情 湖塘古村。村里有红军临时医院、会堂、食堂、指挥部、红色标语、堡垒、战壕、红军桥、红军林等革命遗址遗迹。湖塘古村是萍乡市仅有的一个传统古村落,建于明清时期的古民居建筑群均系土木结构,仍保留了大量具有丰富文化内涵的雕刻、楹联、匾额等。

渭川公祠。始建于清代，彭德怀率红五军四、五纵队在此驻扎，是路口大捷战斗的指挥部驻地，曾开设过红军临时医院、红军食堂，现保存有红军革命标语数十条。

印山红艺术馆。由当地知名企业家刘平出资建造，占地面积近600平方米，总建筑面积近1300平方米，分为义齿创业展示馆、西域文化展示馆、印山红客栈、书画美术馆四块区域。

家规家训廉洁教育展示馆。坐落在古民居怡善堂古祠内，以刘元卿的"正俗十四条"为依据，融合儒家"忠孝廉节"的理念，制订族规家训，其内核为"明忠孝、崇礼教、重诚信、尚廉俭、乐助人"。馆内既展示刘氏家训的深厚渊源和丰富内涵，又结合新时代新农村发展讲好传承优良家风的故事。

路溪民俗文化体验馆。占地1123平方米，由村内古民居改造而成。馆内设有女人茶、酿酒、打锡等特色体验馆，辅以国学馆、书画室、乡娌乡音村民议事平台等功能室。

路口大捷战斗遗址。1929年8月10日，彭德怀率红五军四、五纵队约1100人，在莲花县城东北20余千米的暖水江、陂头石取得大捷，歼灭国民党军500余人，缴获枪支近1000支及大量物资，史称"路口大捷"。

汤坊村

村情概况　汤坊村位于路口镇南端，距路口镇政府2.5千米。村居错落依山势次第而上筑，田畴绿野顺泉水梯次而下延。全村区域约2平方千米。全村辖4个村民小组，共198户858人。洋溪河发源于汤坊村，自西南向东北穿村而过。村内有村民自发成立的女子傩舞队，保留了古代"逐疫于衙署及各民户"的"沿门舞"和正月初二至正月十三的"耍傩神"仪式和风俗。

自然环境与资源　汤坊村属半丘陵半山地地形，地势北低南高，村庄地势坡度变化大，平地少，呈现纵向狭长态势，洋溪河发源于汤坊村，自西南向东北穿村而过。有耕地面积1064亩，主要种植油菜、水稻；林地面积3100亩，资源丰富，树木种类繁多，主要以湿地松、杉木、香樟、油茶、竹为主。

经济概况　主要种植水稻、油茶、油菜、红薯，养殖土鸡、羊、蜜蜂等。2023年，水稻种植面积约579亩，油菜种植面积约485亩，黑山羊全年出栏130头，肉牛全年出栏110头。村集体经济收入主要来自光伏发电站和油茶分红。2023年村级集体经济收入为13万元。

基础设施　主要道路定福路穿过村庄,村内生产道路约4.2千米,主要为水泥路面,有桥梁3座。村内主干道有太阳能路灯52盏。通信网络信号覆盖率100%,宽带网络使用率约90%,有线电视使用率100%。家庭通电率100%。2个集中供水点,分别位于石门山、易家坊;自来水储池3座,可蓄水200吨,铺设自来水管道约12千米。

社会发展　伟见国学馆,占地面积220平方米。汤坊人民礼堂,占地800余平方米,内有居家养老中心,提供娱乐、休息、餐饮。文化广场1个,占地800余平方米,广场内有舞台、停车场等。另有篮球场1个,占地400余平方米。村内有图书阅览室、电子阅览室,还有一支广场舞舞蹈队,文体健身器材比较完善。所有文体服务设施都按照定时间段、定责任人向全体村民免费开放。

村内建有卫生室1个,为全村村民健康服务。村委会为村民提供代缴医保、养老保险服务。2022年农村医保缴纳达95%以上。

特色地情　定福路。1990年汤家坊刘氏二十二代嗣孙刘仕泉从台湾回乡探亲,捐款数万元作修路基金,村民投工投劳,修成砂石毛路,后由政府拨款加宽加固硬化路面,1995年建成通车。路名源于附近"横江前"溪上的古桥"定福桥"。

拱北观。位于汤家坊村西北,上仓村左边虎形里。观后有一小山蜿蜒似带,如屏拱北,故名拱北观,山因观而得名,曰观背岭。道观建于唐朝,距今千余年。清朝学者刘叔碱于康熙戊午年秋游石门山,路过此观并作描述:缓步过拱北观,古木翁郁,甘泉喷香,耳声目色,悠然神畅。清雍正时期,因其香火旺盛,香客骤增,道观扩大,增建神殿和厢房,规模达四百多平方米。之后,山上"石门寺""石门庵",山下"拱北观",上下一脉,遥相呼应,钟鼓相闻,香火相接,成为安福、莲花上西一带著名的宗教道观。南方三年游击战争时期(1934—1937),红军北上长征后,中共湘赣临时省委书记谭余保,带领队伍在罗霄山脉一带打游击,石门山是其主要活动地之一。而石门山下的

汤坊牌坊

汤坊国学馆

"拱北观",便是地下党和游击队秘密聚会和接头的据点。后被国民党反动派发现,将道观炸毁。今遗址尚存。

扁头垴战斗遗址。1929年秋,彭德怀率领红五军四、五纵队,在这里与国民党反动派部队发生一场遭遇战,为路口大捷的主战场。遗址位于易家坊后山扁头垴,山背为庙背田南,山上战斗遗迹随处可见。

阳春村

村情概况　阳春村位于莲花县路口镇东南部,东邻安福县,西临湖塘村,北靠下垅村,俗名羊角天,古名旸谷村。传说,羊角岭上有登天石梯遗迹,故旸谷村俗称羊角天。清晨,太阳从东方崇山峻岭中升起,照耀着古老泥石流冲击而成的河谷积地,先辈将此地视为祥瑞家园,取名旸谷。1952年,羊角村村民商议将羊角村改名,村里耆宿蔡言章提议更名为阳春而沿用至今。现阳春村是由阳春村与小岭村合并而成。334省道贯穿阳春村东西。全村面积6.51平方千米,下辖8个自然村组,共393户1593人。古时阳春经济繁荣,文风厚重,蔡氏家族多有太学生、儒林郎、登仕郎。鹅卵石古道与青石板古道遍布全村,村内巷道两侧马头墙高耸,民居门楼雕饰精美,排水沟渠密布,古桥、书舍、文塔、古井、古巷极多。

自然环境与资源　阳春村属于亚热带季风气候。气候温和,雨量充沛,光照充足,结冰期短,无霜期长;春秋季短,冬夏季长,四季分明。年均气温17.5℃,极端最高气温39.7℃,极端最低气温-12.5℃。受地形影响,四季雨量分布不均匀,4至6月雨量较多。日照时数历年平均为1397.4小时,无霜期约280天。

阳春村宝亭公祠

经济概况 村农业经济以种植水稻、水果类农业产品为主,水稻种植面积1686亩。青壮年村民多外出务工。村集体经济收入主要来自光伏发电站和昌盛水泥厂分红。2023年村级集体经济收入为20.8万元。

基础设施 村庄生产道路约2千米,生活道路约3千米,路宽3.5~4.5米,主要为水泥路面。兼具生产、生活功能的集镇段约1.8千米,为沥青路面。有桥梁4座,其中小型桥梁1座、古石桥3座。村内有路灯80盏,均为太阳能路灯。通信网络信号覆盖率100%,宽带网络使用率约90%,有线电视使用率85%。家庭通电率100%。有自来水储池2座,可蓄水160吨,自来水管道约6000千米。有具有水利灌溉功能的山塘2座(方塘、梨冲),主要采用沟渠引水,可灌溉耕地1000余亩。

社会发展 有2个村级卫生所(室),为村民提供健康服务。村委会为村民提供代缴医保、养老保险服务。阳春村有72人办理了残疾证。

特色地情 阳春古民居。阳春村现存的明清古建筑有宝亭公祠、象候公祠、书府公祠、阳谷蔡氏祠堂、坚公祠、蔡彩兰四兄弟宅等,建筑群体量较大,为当时村庄名人建造,历史文化底蕴深厚。

同坑村

村情概况　位于罗霄山脉中段,莲花、安福、永新三县交界处,东邻安福县彭坊乡,南与永新县龙门接壤,西与湖上乡曾家村相连,北与路口镇汤坊村毗邻。1949年置路口乡同坑村,1958年改为路口公社同坑大队,1984年复改路口乡同坑村,1999年撤乡设镇为路口镇同坑村至今。全村共353户1295人,分为7个村民小组。

自然环境与资源　同坑村属于丘陵地带,为亚热带季风湿润气候,四季分明,气候温和,日照充足,年平均气温16.5℃,平均无霜期284天,年均降雨量1600～1700毫米。全村拥有林地9440亩。耕地969亩,大多数属梯田。森林覆盖率90%。

经济概况　同坑村主要种植水稻、油茶、油菜、红薯,养殖土鸡、羊、鸭子等。2023年,水稻种植面积约700余亩,油菜种植面积350余亩,花生、红薯及大豆种植面积约100亩。2021年引进天赐农业有机大米,种植面积约120亩。有小规模农户养殖肉牛,年出栏量60头左右。集体收入主要依靠产业资金入股分红。2023年村集体经济收入为14.75万元。

基础设施　同坑村村庄道路网基本形成,交通较为便利。村内生产道路约6.5千米,生活道路约8.2千米,路宽3.5～5.5米,主要为水泥路面。村内有小型桥梁6座。

同坑村

路灯120余盏,均为太阳能路灯。通信网络信号覆盖率100%,宽带网络使用率约80%。家庭通电率100%。自来水储水池2座,可蓄水100吨,自来水管道约9.2千米。

社会发展 村内建有同坑幼儿园1所、村级卫生室1所,有文化活动广场约400平方米、居家养老服务中心约350平方米、篮球场约200平方米、新农村活动场所约200平方米,另有图书室、祠堂等场所。

村委会为村民提供代缴医保、养老保险服务,2023年农村医保缴纳率达98%以上。

特色地情 石门山。位于县境南部罗霄山脉中段,路口镇汤坊村后,是县级森林公园。为莲花、安福、永新三县交界山,主峰海拔1300.5米,是县境内最高峰。山上峰峦连云嵯峨,山顶上有两石峭拔对峙如门,故名"双门石"。明朝地理学家、文学家、旅行家徐霞客在明崇祯十年(1637)正月七日登上石门山,并写下游记,盛赞石门山奇松怪石多,仙山石洞多,瑞木芳草多。离山顶下二里曾建有石门庵,再下又建有石门寺。这两处庵寺,在明清时期,常年香烟缭绕,钟鼓声不绝,誉播四方。山上主要景观有五童讲学、二仙对弈、群仙观海、和尚拜塔等。清朝学者刘叔碱登山后留下了《游石门山记》,与清莲花厅同知李其昌的《石门山诗》同为石门山胜境的见证。

下垅村

村情概况 下垅村是2004年由原东湖村和原下垄村合并而成,位于路口镇的东部,东与安福县洋溪镇交界,南与湖塘村相连,西与庙背村毗邻,北与路口村接壤,距县城26千米。辖区面积6.73平方千米,辖7个自然村(园下、台口、窑口、上窑口、南岸、土陂桥、东湖),520户2050人。共有13个姓氏,其中刘、贺姓村民人数超过1000。有耕地1800多亩,山林6000余亩。

自然环境与资源 下垅村属半丘陵地形,地势东低西高,呈带状。村庄地势坡度变化大,平地少。322国道自西向东贯穿而过,洋溪河自西向东穿村而过。林地235.3公顷。绿化率达80%。有一座总库容44.9万立方米的小(2)型水库——刘家湾水库。

经济概况 下垅村主要种植水稻、油菜、西瓜、辣椒等,养殖土鸡、鸭、肉牛、羊等。2023年,水稻种植面积1660亩,油菜种植面积1500余亩,肉牛年出栏量约600头,鸭子年出栏量2万余羽。村集体收入主要来自农业发展公司场地出租及入股分红,2023年村集体经济收入为15万元。

下垅村法德文化主题广场

基础设施 322国道穿过村庄,均为沥青路面。村内生产道路约3.2千米,生活道路约6.1千米,路宽3.5～5.5米,主要为水泥路面。有桥梁3座,涵洞型桥梁4座。村内有路灯194盏,均为太阳能路灯,设有垃圾分类点1个。通信网络信号覆盖率100%,宽带网络使用率约90%,有线电视使用率100%。村内有邮政物流配送点。有变电器10台,总功率4000千瓦,家庭通电率100%。集中供水点位于子龙潭,自来水管道约11千米,基本满足了全村村民日常生活用水需求。有刘家源水库、石矶里山塘、太江陂,可灌溉耕地1800余亩。

社会发展 下垅村建有观文幼儿园,可满足下垅村及周边村庄学龄前阶段的就学需求,九年义务教育覆盖率100%。文化活动场所占地面积约1500平方米,主要是园下法德广场500平方米、观文书院1000平方米。观文书院采取"一室多区"形式设立,包含图书馆、文明实践站、老年人活动室等多个功能区域。

村内建有1个卫生所(室),服务范围辐射到湖塘、庙背、阳春等周边村庄。村委会为村民提供代缴医保服务,2023年度农村医保缴纳率98%。

特色地情 观文书院。为解决就地求学的问题,培育赶考学子,路溪刘氏举全族之力,于清光绪二年(1876),在葫芦洲(今园下自然村)筹资兴建书院。在书院正门可见文峰塔(仰山文塔),故取名观文书院。

神泉乡地图

比例尺：1:94 100

神泉乡

神泉乡位于莲花县南部,乡政府驻地(坪里村)距县城10千米,湘赣两省三县(永新、茶陵、莲花)交界处。行政区域总面积116平方千米,耕地面积1.85万亩,辖15个行政村,97个村民小组,总人口2.2万。《莲花厅志》记载:"神泉井在十二上都,水深淼清冽,每遇岁旱,井上若吐光嘘气而必得雨",故得名"神泉"。神泉原为永新县地,清乾隆九年(1744)设厅后,为莲花垄西乡第十二上都、十五下都、十六都、十七都、十八都。1949年之前属神泉乡。1950年置神泉乡,1958年成立神泉公社,1968年更名棋盘山公社,1978年恢复为神泉公社,1984年改为神泉乡。2003年6月,原坪里乡与神泉乡合并,称神泉乡。辖15个行政村,分别为棋盘山黎族村、谭坊村、湖田村、神泉村、大湾村、永坊村、周屋冲村、坪里村、段坊村、珊田村、上江村、模背村、竹湖村、五洲村、桃岭村。

经济概况 工业产业提质增效。招商引资与营商环境营造双向发力,有效投资加力增效,深入贯彻省委双"一号工程"要求,围绕全县三大主攻产业集群,积极做好对外宣介工作,远赴广东、浙江、福建等地开展招商。2022年成功引进工业项目2个,分别为投资1.2亿元的萍乡名械智能系统有限公司智能自动化机械设备制造项目和投资1.5亿元的江西鑫洲机械设备有限公司压力容器制造项目。两个项目均落户县工业园,均实现了当年引进,当年投产。农业产业系统推进。非农化非粮化整治有序推进,高标准农田项目完成竣工验收,落实早稻面积4000余亩,治理撂荒面积500余亩。光伏发电和神豚农业、闵丰蛋鸡、构树种植加工、蜜柚、蜂蜜等传统产业发展态势持续向好,村村有产业的发展格局逐步形成。全面实施秸秆综合利用行动,珊田、永坊秸秆回收仓库建设进展顺利。三产实现突破。罗霄山生态旅游项目成功签约,棋盘山红黎石冲景村成为网红打卡地。传承棋盘山游击战争红色基因,依托垄上改编旧址、七一二造币厂旧址等红色遗址,深挖红色资源,打造垄上改编广场、垄上改编旧址、棋盘山村史馆等现场教学点,讲好红色故事。棋盘山红色名村顺利获评中组部红色美丽村庄建设试点村。

自然环境与资源 神泉乡地处罗霄山脉南段,属低山丘陵地貌,地势东西高、南北低,西北为棋盘山地带。境内最高峰棋盘山位于神泉乡棋盘山村,海拔1267米;最低点五洲村位于神泉乡五洲村,海拔667米。属亚热带湿润季风气候,特点是光照充足,雨量充沛,四季分明。年平均气温17.5℃,极端最低气温-6℃,极端最高气温41℃,无霜期284天。年平均日照为1697.4小时,年降雨量为1600~1700毫米,降雨集中在每年4月至7月。乡内山峦重叠,林木葱茏,林地资源丰富。山林面积达13余万亩,森林覆盖率70%。神泉湖集雨面积47.4平方千米,总容量1182万立方米,湖光山色,风光旖旎。棋盘山自然风光独特,原始生态优美,瀑布成群,古木参天。一湖一山是莲花县集休闲、观光、娱乐等综合性旅游胜地之一。依托得天独厚的自然条件,大力发展果业种植,果业基地10个,面积近万亩,形成了一桃(水蜜桃)、两柚(晶沙柚、红心蜜柚)、四果(杨梅、柑橘、草莓、葡萄)特色果业品牌,盛产的水果品种优良,闻名县内外,有"果业之乡"的美誉。

基础设施 区位优势明显,319国道贯穿全乡,泉南高速公路、衡茶吉铁路穿境而过,客货两用的莲花火车站设在境内,是湘赣边境重要的交通枢纽。辖区内有丰富的煤矿、高岭土、林木等资源,有省级龙头企业萍乡市神豚智慧农业发展有限公司、江西闽丰农业发展有限责任公司、萍乡市神泉建材有限公司、江西鑫洲机械设备有限公司、萍乡名械智能系统有限公司、萍乡童心服装商贸有限公司及江西莲福实业有限公司等。

社会发展 持续培育特色产业。坚持以产业发展巩固脱贫人口稳岗就业,促进村集体经济发展和困难家庭增收。五洲村葡萄种植基地生产葡萄10万余斤,实现6个入股村村集体经济增收5万元以上。模背村制种产业带动周边村及脱贫户发展水稻制种1000余亩,每亩纯利润1000余元。

特色地情 共和国开国少将龙炳初、刘镇和江勇为都是神泉乡的骄傲。棋盘山是井冈山革命斗争时期湘赣省委驻地、原湘赣苏区革命根据地之一,在湘赣革命史上留下了浓墨重彩的一笔,老一辈无产阶级革命家陈毅、项英、曾山等曾在此留下光辉的战斗足迹。有村史馆、垄上改编旧址、"白皮红心"碉堡遗址、红军情报联络点、红军练兵场、革命烈士纪念碑等文物遗迹。棋盘山村还有一处近现代的工业遗址——七一二国营造币厂。2011年12月,七一二国营造币厂旧址被列为第五批县级重点文物保护单位。

棋盘山民族村

村情概况 棋盘山民族村原名垄上村,中共湘赣省委、省苏维埃政府曾以此地为中心在棋盘山、五里山一带活动。省委书记陈洪时叛变,省苏主席谭余保在棋盘山召开紧急会议,成立临时省委,挽救了党在湘赣边界的革命火种。为纪念此事,垄上村被更名为棋盘山村,后因村内有少数民族黎族,又更名为棋盘山民族村。是中组部红色美丽村庄试点村、省级红色名村。

棋盘山民族村位于罗霄山脉腹地,距离县城大约20千米,位于神泉乡西北部,距离乡政府12千米,东与周屋冲村、湖田村以山分水为界,南与谭坊村、神泉村交界,西北与荷塘乡安全村文塘村交界。全村共44户180人,2个村民小组。村民主要姓氏为刘、陈、宁、黎等,有少数民族(黎族)居民有13户61人。有耕地161亩,山林约1.2万亩。

经济概况 棋盘山村民主要收入来自家禽、蜜蜂养殖和水稻、果树种植,人均可

棋盘山红黎石冲

棋盘山垄上改编旧址

支配年收入约1.2万元。村集体经营性收入以农家餐厅、晶沙柚合作社、养蜂基地收益为主,2023年村集体经济收入为15.4万元。

基础设施 149县道穿过村庄,均为沥青路面,路长5千米、宽6.5米。有桥梁3座;路灯88盏,均为太阳能路灯。通信网络信号覆盖率100%,宽带网络使用率约90%,有线电视使用率100%。

特色地情 村内红色革命遗址遗迹较多,主要有中共莲花县特支委员会机关旧址、莲花县红色政权筹备处旧址、红八军指挥部旧址、中共茶攸莲中心县机关旧址、棋盘山会议旧址、垄上碉堡遗址、垄上改编旧址、棋盘山无名烈士墓等,现为省级红色名村。村集体2023年投入350万元建设红黎石冲景村,突出"红色旅游+黎族文化+研学体验+休闲度假+户外运动"。

谭坊村

村情概况 谭坊村位于神泉乡西北方向,离县城25千米,属于偏远山区,土地贫瘠,山多耕地少,山地坡度大。全村经济收入主要靠外出务工,经济比较落后。全村有谭坊、院下、眭家里、陈坊、麻田、泥背、江坊7个自然村,5个村小组,辖区面积15000亩。全村总人口1350人,以汉族为主,刘姓人数较多。

经济概况 主要种植水稻、油茶、油菜,养殖土鸡、蜜蜂、猪。村集体投资种莲100

余亩,带动村民220余人就业。村集体经济收入主要以投资或入股东城石材、神豚智慧农业发展有限公司、光伏电站、牧草种植基地等所获收益或分红为主。2022年村集体经济收入为16.43万元。

基础设施 主路均为沥青路面。主干道浯神公路宽约7米、长约15千米。有5个文化广场,4个公共厕所,路灯240余盏,1个新文明建设站,1个卫生室。通信网络信号覆盖率100%,宽带网络使用率约90%,有线电视使用率100%。

谭坊陈坊村牌坊

谭坊村全景

湖田村

村情概况 全村共有4个自然村,5个村民小组,共158户570人。有耕地682亩,山地6200亩。

基础设施 饮水入户率100%,农户卫生厕所改造率100%,公共场所路灯安装率100%,通信网络信号覆盖率100%,宽带网络使用率约90%。水泥路组组通、户户通。安装太阳能路灯90余盏。村域森林覆盖率80%以上,村道、组道和村民屋前、屋后都进行了绿化。建有农家书屋,书籍有1000余册。

湖田村党群服务中心

神泉村

村情概况 1913年属莲花县耷西乡十二都;土地革命时期属浯塘第三区神泉乡;中华人民共和国成立后属莲花县神泉乡;1956年后属神泉乡神泉高级农业合作社;1958年为神泉乡神泉大队;1984年为神泉乡神泉村。2003年坪里镇并入神泉乡,神泉乡政府搬出神泉村。

神泉村位于神泉乡西北部,地处赣湘交界处。距县城16千米,距乡政府9千米,全村有350户1149人,分设5个村小组,主要姓氏为宁、张。有耕地667亩,林地17000

神泉村

亩,森林覆盖率80%以上。

经济概况 村民农业经济活动主要以油茶、柚子、水稻种植为主,村集体经济收入以农贸市场租金、投资麻鸡养殖基地分红等为主。2023年村级集体经济收入30余万元。

基础设施 149县道穿村而过,路面为柏油路。宽带网络使用率90%以上,全村户户通电,户户接通自来水。村内建有1所中小学、1所幼儿园、1所医疗卫生院、1座农贸市场。

大湾村

村情概况 大湾村位于神泉乡西面,东临上江村,南临永坊村,西临神泉村,北临谭坊村。全村共有262户1001人,其中党员34名。全村设有8个自然村,分别是大湾村上湾里、文岭、横岭、王坡树下、樟树下、麻奢、长树下、坳乐山,姓氏主要有刘、颜、李、周、贺、巴、程等。村域面积8平方千米,有耕地874亩、林地8560亩左右。

经济概况 村民主要经济收入来自外出务工和种植水稻、油菜、蔬菜等,年人均

大湾村刘镇将军陈列室

收入1万元左右。村民成立有鲈鱼、五黑鸡养殖合作社。2023年村集体经济收入为22.76万元。

基础设施　村内主要通道已铺设沥青路面1.9千米,6个自然村主要通道均已安装太阳能节能路灯。通信网络信号覆盖率100%,宽带网络使用率约90%,有线电视使用率100%。村民日常做饭烧水使用的能源主要为电能和液化气,少数家庭使用蜂窝煤。全村自来水入户到位,村民生活生产用水均得到有效保障。村内有幼儿园、村级卫生室、刘镇将军陈列室、刘镇将军铜像、刘镇将军广场、村级文化活动中心等。

永坊村

村情概况　永坊村位于神泉乡西南部,毗邻湖南省茶陵县高陇镇。2003年永坊村、永垅村合并为永坊村,现有9个自然村,1824人。149县道贯穿全村。村内主要姓氏有吴、尹、胡、陈、张、夏、颜、邝、钟、赵等。村内有林地22100余亩,耕地2000余亩。

永坊村鸟瞰

经济概况 主要种植水稻、油茶、油菜、红薯,养殖土鸡、肉牛、羊、黑猪、蜂蜜等。2022年,水稻种植面积约1519亩,油菜种植面积约300亩。村集体投资建设的绿野生态产业园,种植构树300亩、皇竹草200亩;投资建设的构树饲料加工厂,年产构树饲料100余吨,净利润6万元;投资建设的肉牛养殖基地,年养殖肉牛80头;在东家垅投资建设的黄骨鱼养殖基地,年销售额约20万元,带动脱贫户32户入股就业。工业企业主广东乐美达集团有限公司主要生产儿童摇篮,吸纳80余人就业,年产值40万元。2021年村级集体经济收入为11.8万元。

基础设施 村庄道路8条5千米,龙里屋、江边屋、昌冲、下新屋、五里冲、华坊等6个自然村有新农村建设点。通村主路为沥青路。有观音岩、九子冲、西山院等具有水利灌溉功能的山塘7座,主要采用沟渠引水,可灌溉耕地600余亩。村内有文化健身广场、村级卫生室等基础设施。

周屋冲村

村情概况 周屋冲村曾名江背村,因位于溪江之西而得名。后因莲花县内多有重名,且本村周姓村民为主体,村落又位于带状山冲之中,故改名周屋冲村。

周屋冲村位于神泉乡北部,东与升坊镇交界,南邻湖田村,西与棋盘山村相接,北与荷塘乡接壤,面积9.5平方千米,下辖3个自然村组(新屋里、神伏岭、等上屋)。共168户678人,有周、张等5个主要姓氏。绿化率70%。

经济概况 农业经济主要种植水稻、油菜、红薯,养殖鸭、土鸡、猪、牛、羊、鸽子、蜜蜂等。2022年,水稻种植面积约500亩,油菜种植面积约300亩,蜜蜂养殖年产蜂蜜4000斤。2022年,村级集体经济收入为21万元。

基础设施 村主干道为沥青路面。村内生产道路约3.2千米,生活道路约7.1千米,路宽3.5米,主要为水泥路面。村内有路灯185盏,均为太阳能路灯。新屋里、神伏岭、等上屋3个自然村均建有供村民娱乐活动的场所。建有垃圾收集点8个。通信网络信号覆盖率100%,宽带网络使用率约80%,有线电视使用率100%,家庭通电率100%。有3个集中供水点,分别位于新屋里、神伏岭、等上屋;有自来水储池3座,可蓄水150吨。铺设自来水管道约10千米,基本满足全村村民日常生活用水需求。有横比冲、芽

周屋冲村百年古樟树

周屋冲村

冲、更冲等具有水利灌溉功能的山塘3座、拦水陂5座,主要采用沟渠引水,灌溉耕地用水基本有保障。

坪里村

村情概况　坪里村位于神泉乡政府腹地,319国道穿村而过。全村辖5个村小组,4个自然村(坪里、马石、门前屋、市江),东与五洲村相邻,南与模背村接壤,西与上江村交界,共有683户1778人。村庄面积4.8平方千米,有耕地1160亩、林地4600亩,村内种植梨、柑橘等各种水果200多亩。主要有九个姓氏:贺、彭、刘、胡、王、段、吴、宁、易。

经济概况　坪里村主要种植水稻、油茶、油菜,养殖鸡、鸭、鹅、牛、猪等。2023年,水稻种植面积约1160亩,油菜种植面积约1360亩。全年出栏120头。工业以劳动密集型的轻工业为主,有坪里村煜晖电子厂、鸿图鞋业等。村内集镇全长500余米,有商铺70余户,其中大型商超6家、餐饮11家,集镇长期从业人员200余人,临时性从业人员100余人。2023年,村级集体经济收入为23.1万元。

基础设施　319国道穿村而过,全村户户通水泥硬化路,交通出行便利。村民出行道路安装太阳能路灯434盏。通信网络信号覆盖率100%,宽带网络使用率约90%,

坪里村概貌

有线电视使用率100%。村内有移动、电信、联通营业厅,有邮政等物流配送点。村民家庭通电率100%。有大王塘、五家塘、荷叶塘、市江水坝等具有水利灌溉功能的山塘5座,主要采用沟渠引水,可灌溉耕地500余亩。有中心小学1所和中学1所,九年义务教育覆盖率100%。

段坊村

村情概况 段坊村地处神泉乡南部,位于319国道边上,距神泉乡政府6千米,全村面积4.5平方千米,有耕地面积1440亩。共有7个村民小组,365户1490人。有段、颜、粮、贺等姓氏。煤矿储量较为丰富。林地面积为9000余亩,主要为油茶林、松树

段坊村鸟瞰

段坊村楼下屋古桥

林、杉树林。

经济概况 段坊村主要种植水稻、油茶、油菜、红薯,养殖鱼、鸡、鸭等。2023年,水稻种植面积900余亩,油菜种植面积约600亩。2022年引进水稻制种项目,种植面积221亩。水产养殖户10户,共养殖42亩。工业以劳动密集型的轻工业为主,有强达鞋面加工厂等。有商铺20余户。2023年村级集体经济收入为20万元。

基础设施 319国道和322国道穿过村庄,均为沥青路面。村内生产道路约8.2千米,生活道路约9.1千米,路宽3.5~5.5米,主要为水泥路面。兼具生产生活功能的集镇段约6千米,为沥青路面。村内有路灯180盏,均为太阳能路灯。通信网络信号覆盖率100%,宽带网络使用率约90%,有线电视使用率100%。村内有移动、电信、联通营业厅和邮政物流配送点。有变电器5台,总功率4000千瓦,家庭通电率100%。有1个集中供水点,位于龙打冲。有自来水储池1座,可蓄水50吨。铺设自来水管道约5千米,基本满足了村民日常生活用水需求。有关司塘、耙梯园、大打冲、婆打冲、枫树下坝、新形塘等具有水利灌溉功能的山塘6座,主要采用沟渠引水,可灌溉耕地900余亩。

珊田村

村情概况 珊田村于北宋淳祐壬子年(1252)由永新平原徙居莲邑竹源,因田多地广而名"珊田"。有一句民谣称:"读书入仕戴眼镜,买油买粮走珊田。"

珊田村位于莲花县神泉乡的最南端,地处赣湘两省三县交会处,面积12平方千米,319国道贯穿全村,南与三板桥乡接壤,西北、东分别与本乡的段坊村、上江村搭界。全村共有7个村民小组，402户1857人。辖小路、珊田、元家坊和吴岭4个自然村。村民姓氏主要有颜、刘、胡。

自然环境与资源　有耕地2372.3、山林10000余亩，森林覆盖率为70%。煤炭矿产较为丰富。

经济概况　珊田村主要种植水稻、油茶、油菜、红薯，养殖土鸡、羊、牛、猪等。2022年，水稻种植面积约2100亩，油菜种植面积约850亩。村内规模较大的合作社有利民农民专业合作社、新平种养专业合作社、新泉农业专业合作社。沿319国道有商铺20余户，其中小卖部10家，餐饮店10家。

基础设施　319国道穿过村庄，均为沥青路面。村内生产道路约10千米，生活道路约12千米，路宽3.5～7米，主要为水泥路面。兼具生产生活功能的集镇段约2千米，为沥青路面。有桥梁5座，其中小型桥梁3座、涵洞型桥梁3座。村内有路灯180盏，均为太阳能路灯。通信网络信号覆盖率100%，宽带网络使用率约90%，有线电视使用率100%。村内有移动、电信、联通营业厅和邮政物流配送点。家庭通电率100%。有2个集中供水点，分别位于珊田黄英坳、小路达口里；有自来水储水池2座，可蓄水75吨，铺设自来水管道约4500米。有矮陂、黄英坳冲、猫子陂、荷叶塘等具有水利灌溉功能的山塘6座，主要采用沟渠引水，可灌溉耕地1000余亩。建有珊田村小

珊田村颜氏家庙

学、1个卫生所(室)。

特色地情　颜氏家庙,始建于明嘉靖丙寅年(1566),是珊田村面积最大、保存最为完整的一座古庙。

颜清珍(1894—1929),女,共产党员,湘赣边界工农革命运动时任莲花县妇女主任,是莲花县第一个妇女运动的领导人。1929年3月,她与刘仁堪在荷塘召开秘密会议时不幸同时被捕,同年5月19日两人临刑前正气浩然,视死如归,高呼"共产党万岁",英勇就义。

上江村

村情概况　上江村位于神泉乡南端,东临三板桥,南接本乡珊田村,西靠太湾村,北与坪里村相连,现有9个村民小组,7个自然村,分别是双木、江东、新上江、谭湖、新张家、老张家里、老上江。茶古岭于1990年从楼梯磴水库移民到本村;古水源于1977年从楼梯磴水库移民到本村。全村面积约9平方千米,耕地面积2180.63亩,森林面积6900亩,共519户1736人。村民姓氏主要有刘、陈、江、张、唐、王、宁等。

经济概况　农业主要以种植水稻、油茶、油菜为主。村内村民成立有莲花县开拓牧业专业合作社、莲花县福林专业合作社。2023年全村人均可支配收入约1.2万元。2023年村集体经济收入为23.36万元。

基础设施　319国道穿过村庄,均为沥青路面。村内生产道路约10千米,路宽3.5~5.5米,主要为水泥路面。有桥梁2座,涵洞型桥梁2座。村内有路灯76盏,均为太阳能路灯。通信网络信号覆盖率100%,宽带网络使用率约80%,有线电视使用率100%。有2个集中供水点,分别位于江东漫塘、张家里。有自来水储水池4座,可蓄水160吨,铺设自来水管道约11千米。有漫塘、锁子冲、荒

上江村党群服务中心

塘冲等具有水利灌溉功能的山塘3座,主要采用沟渠引水,可灌溉耕地500余亩。建有村级卫生所(室)、乡养老服务中心、图书室等基础设施。

模背村

村情概况 模背村位于319国道旁,距乡政府1.5千米,全村以彭姓居多,另有李、贺等姓。辖区面积9600亩,其中耕地面积1490亩,山地面积5365亩,水面面积100亩,8个自然村,6个村小组,499户1531人。

经济概况 村民主要以种植水稻、油菜以及外出务工为生。2022年引进福建省建宁县杂交水稻制种项目,壮大村集体经济的同时解决在村村民的务工难题囯。2022年村集体经济收入21.13万元。

基础设施 村内主要通道已铺设沥青路面,8个自然村主要通道均已安装太阳能节能路灯。通信网络信号覆盖率100%,宽带网络使用率约90%,有线电视使用率100%。村内有移动、电信、联通营业厅和邮政物流配送点。村民日常做饭烧水使用的能源主要为电能和液化气,少数家庭使用蜂窝煤。村内建有幼儿园、村级卫生室等基础设施。

特色地情 明嘉靖二十五年(1546)三月钦赐"忠节孝烈"金匾给彭氏家族。

模背村制种基地

竹湖村

村情概况 竹湖村地处县境之南,昔有山泉汇于巨塘,塘边丛竹环塘而长,万竿齐发,则有竹湖之名。村东有龙凤山,天如禅师游元阳洞有"南望双巽峰"之句,即指此山。村西是319国道,在此之前村中三叉古道是连通莲花、永新、茶陵的要道。全村辖7个村小组、12个自然村,共有1828口人,有周、贺、尹、刘、赵、段、吴、谭、王、颜、朱等多姓杂居。辖区面积4.58平方千米,耕地面积1481.75亩,森林面积5365亩,村内种植杨梅、枇杷、柑橘等水果200多亩。

经济概况 竹湖村主要种植水稻、油茶、油菜,养殖鸡、猪、牛、鱼、鸵鸟等。村集体投资建有光伏电站、葡萄基地。村集体经济收入在10万元左右。

基础设施 主干道是沥青路,其他通组路均已硬化。村内有新农村建设点1个,并配有健身场地、健身器材、文化宣传栏,还有游泳池、门球场、篮球场、陈列室、图书室、养老服务中心等基础设施。

竹湖村鸟瞰

五洲村

村情概况 全村共有14个自然村,14个村民小组,1132户3209人。有耕地2482亩,山地3864亩,水面46亩。姓氏有周、朱、龙、李、林、花、刘、贺、宁、彭、赵、汪、陈等。山场主要为油茶林、松树林、杉树林。

经济概况 主要农作物有水稻、甘蔗、西瓜、草莓、蔬菜、葡萄等,主要养殖有鳗鱼、牛、羊、鸡、鸭、鱼等。村内有旺农、旺香合作社、扶贫车间,鞋面加工厂3个,安排100余人就业。村级集体经济主要有扶贫车间、旺农种养合作社、鳗鱼场等,还有葡萄基地50亩、草莓基地80亩、甘蔗基地20亩等产业基地。2023年村集体经济收入超过15万元。

基础设施 实现了水泥路组组通、户户通。安装太阳能路灯200余盏。建设文化广场,组建了广场舞队,配备健身设施,建立农家书屋,书屋内书籍达5000余册。各家各户都配备1个垃圾桶。建有莲塘文化广场、村级文化活动中心、五洲小学、中心幼儿园、村级卫生室等基础设施。

五洲村党群服务中心

桃岭村

村情概况 桃岭村因有世外桃源武陵之色而得名,故名陶岭,后改名桃岭。桃岭村位于神泉乡东北部,距县城10千米,乡政府2.5千米,临319国道,东与浯塘村接壤,南邻五洲村,西南控棋盘山要道。全村面积4.2平方千米,其中耕地面积1680亩,以种植水稻、油菜、瓜果为主。全村有9个村民小组,458户1738人。有谭、李、朱、刘、彭、龙、肖、颜等姓氏,以谭姓居多。林地面积4500亩,主要是红叶石楠、红豆杉、杉树、毛竹、油茶等,绿化率达70%。有石灰石、陶土、煤矿等矿产资源。

经济概况 桃岭村主要种植水稻、油菜、油茶、红薯、瓜果等,养殖土鸡、猪、蜜蜂等。村级集体经济经营性收入主要来源于发展合作经济葡萄种植、杂交水稻制种、村级光伏发电。2022年村集体经济收入为16.9万元。

基础设施 县道146公路和桃岭至坪里乡道穿过村庄,均为沥青路面。村内道路约13.5千米,路宽3.5~4.5米,主要为水泥路面。有桥梁4座。村内有路灯270盏,均为太阳能路灯。通信网络信号覆盖率100%,宽带网络使用率约80%,有线电视使用率70%。村内有邮政物流配送点。家庭通电率100%。有自来水储水池4座,可蓄水200吨,铺设自来水管道约10千米。有新塘、应禾塘、樟树冲、蛤蟆冲等具有水利灌溉功能的山塘6座,可灌溉耕地800余亩,新农村建设点共建6处。

白源村

三板桥乡

三板桥乡位于萍乡市莲花县最南端,是江西、湖南两省茶陵、永新、莲花三县的交界地。面积30.84平方千米,四面环山,中为田垅,略呈船形。

1912年,莲花废厅改县,三板桥乡属砻西乡十九下都和二十都,1929年本境为桥头、棠市两乡,1930年转为棠市乡,1933年为桥头乡,中华人民共和国成立后划为桥头、棠市两乡,1952年分设桥头、湖边、棠市3个乡,1955年撤区并乡合并为三板桥乡,1958年为三板桥公社,1961年划入坪里区,为三板桥公社,1968年扩社并队,三板桥并入坪里大公社,设清水、棠市、湖边、桥头、田南5个大队,1972年重设三板桥公社,1984年全县改社为乡,重新命名为三板桥乡。

三板桥乡辖8个行政村,田南村、棠市村、湖边村、三板桥村、清水村、镇背村、桥头村、山口垅村,共37个村民小组,3759户,户籍人口1.1万人。

自然环境与资源 境内山多林多,森林覆盖率40.3%,油茶林是本乡的特色林种。1958年以前,境内的野生动物上百种,"老虎常下山,野猪进村玩"。常有虎、麂、座、豺、獠、豹、兔、水鹿、果子狸、喜鹊、画眉、野雉、山雀、老鹰、鹞子、竹鸡、斑鸠等飞禽走兽出没。还有不少的中草药,如党参、肉桂、五加皮、威灵仙、牛膝、鸡血藤等。现在境内的野生动植物虽有减少,但数量仍然可观。当地的地下资源也相当丰富,珠岭坳铁矿在1945年就有勘探和开采。1949年后,经过中南地质队和九〇一地质队的反复勘探,结论是铁矿的储量大,含量高,达1161.5万吨,其中赤铁矿的含铁量50.16%,磷

三板桥乡油菜花海

铁矿为54.1%。曾由江西省冶金厅负责开采,现为本乡采矿基地。白云洞、大水坳等地和整条西安溪水底有大量的石灰石。另外还蕴藏有少量煤炭、大理石、饮用水资源。

经济概况 三板桥乡紧紧围绕"种业特色乡镇"建设目标,大力培育白鹅、菌菇、水稻、渔业、肉牛等农业产业。有白鹅养殖基地1个,村级养殖基地8个。共有农业企业8家,省级农业龙头企业1家(江西盛康莲花白鹅),农民合作社16家,家庭农场8家。有规上工业4家,分别是莲花县新岭矿业有限公司、莲花县海伦制衣厂、江西省莲花润泉供水有限公司、江西美特芯新能源有限公司;规上服务业2家,分别是江西信粤环保科技有限公司、莲花县顺风物流有限公司;规上建筑业2家,分别是江西嘉廷建设工程有限公司、江西莲宸安建设有限公司;规上商贸业5家,分别是莲花姚河家居有限公司、莲花县合舟电子贸易有限公司、莲花县灶神餐饮管理有限公司、莲花县东门食府餐饮有限公司、江西国泰精选商务酒店管理有限公司。 2023年,完成财政总收入4555万元,其中财政口收入49万元,税收收入4506万元,税收完成比例75.5%;一般预算收入2537万元,完成比例109.6%,同比增长17.6%;固定资产投资2.6133亿元,规上工业总产值1.52亿元,工业增值税923.3万元。

基础设施 319国道和衡茶吉铁路贯穿境内。现有县道2条,X206360321(三板桥—田南)长度6.295千米,X210360321(界化垅—火车站)长度4.79千米,合计11.085千米。乡道5条,合计10.864千米。村道127条,合计74.636千米,8个村全覆盖。境内供电设施全覆盖。各村均修建了排水渠道,有1个集镇污水处理设施和3个农村污水处理设施。有小(2)型水库4座,即龙打冲水库、太塘源水库、茶塘水库、老荷叶塘水库;小(1)型水库1座,为东打冲水库,库容206万立方米。根据全乡水系分,形成了5

个灌区,分别为龙打冲灌区、太塘源灌区、茶塘灌区、老荷叶塘灌区、东打冲灌区有排灌站14个,大型陂坝5个(分别为肖公陂、田溪陂、秋屋陂、镇背陂、桥头陂),大小山塘62座。

社会发展 三板桥乡的教育、卫生、科学、体育、精神文明建设等事业稳健发展。有中学1所,小学3所,幼儿园4所,全乡老师78人(含代课老师)。义务教育学生数699人,幼儿园人数163人。学校设施齐全,全乡九年义务教育全面普及。乡中心卫生院1所,拥有病床22张,村卫生室6个,医疗设施齐全,极大地方便了人民群众的就医。有乡综合文化站1个,村级综合文化服务中心8个,新建新时代文明实践站所8个。有敬老院1所(即将与神泉敬老院合并),收养和救助人数9人。有驻乡单位派出所、司法所、农商银行、邮政所、供电所、移动公司、电信公司等机构。

人文地情 吴楚雄关。位于三板桥乡田南村南面的界头岭上。界头岭以湘赣两省交界山而得名。又因附近立有城隍庙,故又名城隍界。清咸丰六年(1856),湖南监军赵焕联驻军楚界,挖壕沟筑土城于岭上,额曰"吴楚雄关"。历来为吴楚通衢和军事要冲。今雄关无存,壕沟尚在,自两山麓至山顶绵延三四里。1933年5月,红八军军长萧克率部在吴楚雄关(属棠市乡)一带,痛歼敌军,取得了"棠市大捷"。1984年吴楚雄关列为县级文物保护单位。近年来吴楚两地几次兴修公路,把土关铲平,但沿界头岭的土城、壕沟却仍雄踞山顶,视野开阔,仍可见当年的大关雄风。

界市城隍。始建于北宋仁宗年间(1023—1063),城隍庙每年农历十月初一至初三,举办一年一度的城隍庙会节日,二十都每个图都要唱一台城隍戏,"烧太平香""唱太平戏"是庙会的重要活动,其间香火鼎盛,人海如潮,热闹非凡,为远近闻名的民间盛大节日。现经萍乡市委统战部批准,界市城隍庙改为界市城隍寺。

鱼子社。早在明末清初,三板桥乡就有养殖鱼苗的习惯,每年的正月十六春社日,家家户户用盆端自家的鱼苗,开展比赛活动,人称鱼子社,又称鱼社节,比比谁家养的鱼苗大,以其为莫大荣耀。当时诗人贺贻孙曾写过一首歌《兵后宿桥头欲往楚界赴安期兄弟之招》,描述了当时鱼子社的盛况:"凋伤无意访长沙,荒草残烟只半家。流血何年鱼子社,断肠此日杜鹃花。"在"鱼子社"旁边注云"乡人逢春社赛鱼苗"。现如今三板桥传统鱼苗产业每年繁殖鱼苗数十万尾,养殖食用鱼数万斤。

桥头行军、棠市大捷。三板桥乡地接永新,山连井冈。1927年9月,毛泽东率秋收起义部队来到乡境,在桥头吃中饭,并召开了群众座谈会,播下了革命火种,下午进永新田南直达三湾。从此三板桥乡的革命活动和井冈山斗争连在一起,打土豪,分田地,轰轰烈烈。1933年5月29日,在三板桥乡的田南、棠市一带,萧克率红八军和独立第十二师截击了国民党湖南省政府主席何键派出护送军需物资的三个旅,俘敌800余人,缴枪500余支、军衣万余套、胶鞋万余双和其他大批军用物资,取得了"棠市大

桥头行军旧址航拍图

捷"。三板桥乡有独立师政委陈崇文、团政委刘光炎、湘赣反帝大同盟主席刘起、独立团团长贺德九等157名烈士，他们用生命书写了对革命的忠贞。

莲花白鹅。元至正年间（1341—1368）大画家倪瓒与惟则和尚因莲花白鹅结缘，后倪瓒将烹调白鹅的技术写进食谱，莲花白鹅自此扬名，后世之人多有效仿倪瓒者，不远千里，以解其馋。三板桥乡在元朝已开始养殖莲花白鹅，并颇具盛名。2019年以来，三板桥乡重点培育"莲花白鹅"农业特色品牌，将"莲花白鹅"作为全乡重点扶持发展的产业，建立"莲花白鹅"养殖基地，几年来孵化鹅苗超100万余羽，并与江西省农业科学研究院建立了长期技术合作关系。2020年"莲花白鹅"成功上榜全国乡村特色产品和能工巧匠名单、《国家家禽遗传资源品种名录》两个国字号榜单。2021年底"莲花白鹅"获"国家农产品地理标志"认证。2022年底三板桥乡莲花白鹅养殖企业江西盛康莲花白鹅产业发展公司获得"省级龙头企业"称号。2023年莲花白鹅获中部四省地理标志品牌培育创新大赛优秀奖、老百姓最喜爱的商标品牌优秀提名奖，江西盛康莲花白鹅产业发展有限公司获市级雏鹰企业和农业物联网示范企业称号。

"中国楹联文化之乡"。三板桥乡高度重视楹联文化建设，提出了"人才队伍建设、后备力量培养、楹联陈列室打造、楹联协会组建"等楹联文化发展思路，通过盘活本地人才、集聚在外人才、培养后备人才，每个村挖掘出十余名能写、会写楹联的"土专家"组成"楹联师傅"队伍，成立楹联文化协会，会员人数达100余人，在8个村创建了楹联协会分会，打造了楹联陈列室，开展楹联"五进"活动，建设楹联文化主题公园，实现会员间交流与学习。确定以"联韵三板桥"为品牌的文化IP，进行品牌LOGO设计,探索楹联文创产品,走出三板桥文化产业发展新路子。三板桥是江西省首个获中国楹联学会授予"中国楹联文化之乡"称号的乡镇。

田南村

村情概况　北宋皇祐年间(1049—1054)刘氏家族最先迁居于此,住在田垄的南端,故命名此地为田南。1962年春分为田南、金家屋两个大队,1964年合并,复为田南大队,1984年改为田南村。田南村位于三板桥乡西南部,总面积约6平方千米,距县城26千米。地处江西莲花、永新与湖南茶陵二省三县交界地。东邻三板桥乡棠市村,南邻湖南省株洲市茶陵县秩堂镇的合户村,西接茶陵县秩堂镇的晓塘村,北与莲花县神泉乡段家坊村相连。是江右文化与湖湘文化的交融之区,自古为赣湘贸易要道。旧时,一条子格路自炎陂而上经"城隍界"过"吴楚雄关"进入湖南。现一条宽9米的沥青路穿村而过,通往湖南,交通便捷。田南村辖4个村民小组,13个自然村(村溪、南岭山、下街、田南、淤天、长塘、喜庆堂、南家屋、垅里屋、下背、田南街、后背、背屋),现有483户2048人。全村主要姓氏有刘、金、段、王。

自然环境与资源　田南位于罗霄山脉中段,西北高,东南低,全境约五分之二为平地,五分之三为山地,山川秀美,田野肥沃。境内植被以松、杉、油茶为主。山中有野猪、野兔、野鸡。山中中药材主要有乌药、金银花、五加皮、黄栀子等,资源丰富,生态条件优良。森林覆盖率85%。村内无污染企业,水库较多,其中有2座小型水库,即大塘源和龙打冲水库。大塘源水库占地面积35亩,蓄水量15万立方米。龙打冲水库占地面积40亩,蓄水量17万立方米。八槽岭为三板桥乡内西安溪总源头。境内一年四季鲜花盛开,景色宜人,物产丰富,土菜极具特色。

经济概况　田南村历来以水稻种植为主,全村耕地面积有2200亩,山林面积3700亩。油料作物以油茶、菜籽油为主。有各类小型商店10个,理发店2个,早餐店1家,榨油坊3家,农贸市场1处,育秧基地1处,小型企业制衣厂1家。2023年村级集体经济收入15万元。

基础设施　田南村境内一条宽9米的沥青路穿村而过,通往湖南,另一条9米宽的沥青路连通火车站、一条5米宽沥青路通乡二环路,交通便利,村主道全面完善,水泥路户户通。全村各自然村已通宽带,户户通电。有邮政代收点1个。有应急避难场所2个,面积4000平方米;篮球场3个,面积3500平方米。村里建设有自来水集中供

田南城隍庙

水站3个，户户通自来水。

社会发展 田南刘氏宗祠始建于宋朝末年，总面积800平方米；段氏宗祠总面积300平方米；金廷玺公祠始建于清朝咸丰年间，总面积320平方米。田南小学创办于1968年9月，2002年合并为联合小学，居家养老服务中心2020年底完成竣工并投入使用。现有1所公办幼儿园，2023年建成，占地面积2000平方米。村内设有1个标准化卫生所。

特色地情 界市城隍庙，坐落于田南村金家屋，处吴楚雄关，湘赣交界处，始建于宋仁宗年间，砖木结构，总面积1000平方米。于1993至1994年重建，2017年被列为省级非物质文化遗产。

吴楚雄关。坐落于田南村南面，现赣湘两省交界，地理位置为兵家相争地，历来为吴楚通衢和军事要冲，是县重点文物保护单位。

刘一道故居。坐落于三板桥乡村溪，处湘赣两省交界处，于2018年重新修建。刘一道（1887—1951），号贯吾，莲花县三板桥乡田南村人。1912年刘一道赴日留学，入明治大学，攻政治经济学专业，获学士学位。在留学期间与孙中山相识并加入了同盟会，从此走上了革命的道路。

田南村金忠藩陈列室。田南是金忠藩将军的故乡，金忠藩1917年生于田南村，1930年在本乡的苏维埃列宁小学读书，从这里走上了革命的道路。参加了二万五千里长征、抗日战争，1949年随王震进军新疆。1955年，金忠藩被授予少将军衔，1989年11月7日病逝。为纪念将军金忠藩光辉事迹，打造了田南村金忠藩陈列室。

棠市村

村情概况 棠市村位于三板桥乡南端,距三板桥乡政府2.5千米。东邻永新县高溪乡,南与湖南茶陵县合户村交界,西与田南村村街接壤,北和三板桥村、湖边村相邻,属两省三县交界地。全村地势东高西低。东面是婆婆坳、螺丝岭、铁顶形、高冲岭等,高山林密,西安溪源自棠市村。

中华人民共和国成立前,属桥头乡和三区棠市乡,之后属三板桥公社棠市大队,1984年3月设为三板桥乡棠市村。全村有5个村民小组,4个自然村。全村共有476户1555人。

自然环境与资源 棠市村自然环境优美,资源丰富,现有耕地面积1125亩,部分已经改造为高标准农田,林地面积6800余亩,盛产杉树、松树等经济林。有山必有水,棠市村由于高山比较多,相对应的山塘比较多。东打冲水库始建于1965年,为小(2)型水库,库容206万立方米,灌溉面积2000万亩。另外还有牛皮塘、索水塘、龙眼冲、新塘、大塘尾,为库容在20万立方米左右的小山塘水库。

经济概况 因为山塘水库比较多,棠市村渔业经济比较好,水稻种植也是村里的一个支柱产业。2018年开始,棠市村从福建南平引进菌菇种植技术,成立聚鑫农业合作社,每年种植菌菇20万筒,带动脱贫户就业,增加收入。村级光伏发电2018年开始每年收入7万余元左右。

基础设施 全村住户在1978年开始基本上全部用上电,全村饮用水主要是山泉水,全村四个集中供水点,分别为东打冲自然村、神泉自然村、刘家屋自然村、邹家屋自然村。村内圳道约7000米,自然村皆已通水泥路、沥青

棠市茶树菇生产基地

路。村内有路灯175盏,均为太阳能路灯,道路两边安全隐患区域安装防护栏、减速带。通信网络信号覆盖率100%,宽带网络使用率达98%,有线电视使用率100%。每个自然村建有篮球场、健身场所。有4家便民小店。居家养老服务中心面积240平方米,为本村老人提供优质的服务。联合小学是棠市村整合田南、湖边两个村而建的小学,是全乡三所小学中的一所。2022年打造了三板桥楹联文化公园,集红、古、绿为一体,建设红色研学基地、绿色植物科普园、古色楹联文化馆等,每年接待游客近万人次。

棠市大捷陈列馆

社会发展 棠市村社会和谐稳定,全村共划分了5个"网格",分别设立了网格长、网格员,全面社会治理,全面落实排查,调解矛盾纠纷,做到及时发现、及时预防、及时处理,做到了"小事不出村"。推崇移风易俗,倡导红白喜事一切从简,逐步破除大摆宴席、高价彩礼等陈规陋习。

特色地情 棠市大捷。发生于1933年5月29日,是继九渡冲战役后,红八军成立后的又一场重大胜利。

光炎书院。刘光炎为实现革命理想,回到了自己的家乡,他在母校石溪仙书院设立私塾馆。因为书院设在山上,离村庄有七八里路,处地偏僻而较安全。他邀来同村的刘起(后任湘赣省反帝大同盟主席)和陈崇文(三板桥村人,后任中央特派员、红军独立师政委)三人合作,招收莲永茶三县边境贫苦农民子弟几十人为学生。以教书为名,秘密开展革命活动,在赣湘边境播下了革命的种子。

1926年农历十二月初,在石溪仙书院成立了湘赣边境桥头乡第一个农村地下党支部,有18名党员宣誓。选举刘光炎任支部书记,陈崇文为副书记,刘起为宣传委员,邹德圣为组织委员。党员有刘潘、金锡前、邹德虎、贺寿培、贺炳炎、刘振鸿、陈米仔、陈正才、谭相仔等人。

湖边村

村情概况 湖边村位于三板桥乡西北部,距319国道3.5千米,全村总面积3.5平方千米。辖4个村小组,9个自然村,全村共333户1269人。居住人口中以汉族为主,姓氏以贺、刘、谭为主。

自然环境与资源 湖边村地处罗霄山脉中段,古为永新所辖,三国时属吴国地界,明朝洪武年间为吉安府莲花厅辖地,民国时莲花废厅为县一直为莲花县属地。属亚热带湿润季风气候,四季分明,气候温和,光照充足,霜期短,作物生长期长。

经济概况 农田面积1474亩,林地面积3448亩。全村作物以水稻为主,同时也种植蔬菜。有各类小型商店4个。2023年村级集体经济收入15.1万元。

基础设施 湖边村交通便利,村主道全面完善,水泥路户户通。电信宽带安装户数142户,移动安装户数105户。全村供电用户333户。村里建设有山塘水库7座、大小渠道近20千米。自来水管网安装到户,实现全面覆盖。2020年对全村两处进行新农村试点改造,其中长湖塘新农村建设,72户276人受益;攸岭新农村建设,65户258人受益。2023年松山岭新农村建设,52户214人受益。

社会发展 湖边村现有文体活动场4处、残疾人康复中心1个,有业余文艺舞蹈队4个。村内设有1个卫生所,有医生1人,设床位3张。湖边村注重移风易俗建设,打造移风易俗建设点1处。

2023年共有243人享受居民养老保险,其中享受农保116人。人居环境整治,做到门前屋后无垃圾堆放、无污水横流、无废弃杂物挡道,日常生产生活物品堆放规范(落实门前三包)。

湖边村

特色地情 舞龙灯是本地很流行的大型传统娱乐活动。村民耍龙灯、闹元宵,一般从春节开始到元宵节止。舞龙灯的讲究很多,龙灯出动时,前面要有6至8名旗手,扛着彩旗开路,接着是一副锣鼓跟随,龙灯在锣鼓队的后面,龙尾后又有一副锣鼓跟着敲打,锣鼓队中有唢呐、笛子或二胡伴奏。舞龙灯的步骤是,先游灯、后拜门,直到正月十五晚上送灯为止。龙灯出动的第一天叫游灯,在本村的范围内,全部要游到。接着是拜门,龙灯拜门以前,要事先告诉村民,要拜哪一片地方,好让村民有所准备。拜门时,锣鼓喧天,鞭炮声不断,各户人家要向龙灯队发红包,并用红被芯、红绸等给龙灯上彩。拜门时,龙灯队一般要在村中的开阔地面耍龙灯,由十几个健壮的年轻人摆开架势耍起来,龙灯犹如真龙一样翻滚。按传统的说法是:爆竹声不断,舞龙灯的不能停。

湖边村党群服务中心

三角戏班湖边业余剧团成立已有30多年,享誉乡里。

三板桥村

村情概况 相传明正德十二年(1517),时任南赣巡抚的王明阳在南部督查治乱的时候被当地民匪围攻追杀,逃到一个小河边,用三块木板铺在河面上,利用轻功逃过民匪追杀,此地得名三板桥。

三板桥村距离莲花县城23千米。位于三板桥乡的西南部,东跟清水村为邻,南与永新县高溪乡交界,西与棠市村相邻,北与湖边村、神泉乡段家坊村接壤。村域面积约3.8平方千米,有耕地约1356亩,山林约2125亩,山塘水库100余亩[含小(2)型水库1座,山塘8座,水陂1座]。西安溪经村自西向东穿流,两条乡道自东向西南穿村而过。三板桥村历来以种植水稻、油菜为主导产业。2003年,由原三板桥村、院柏村合并为三板桥村。全村辖4个村民小组、9个自然村(三板桥、湖塘、严头背、院柏、三角园、三角岭、岗边岭、麻天垅、肖家坊),共345户1370人,有彭、陈、罗、李、旷、曾、钟、朱、俞等9个姓氏。

自然环境与资源　三板桥村属丘陵地带,东北地势较低,西南偏高,村庄地势坡度变化较小,基本呈平整状态。全村有200年以上树龄古树27棵,其中古枫树1棵、古樟树6棵,古柏树20棵。境内富含铁矿石、石灰石、高磷土等资源。

经济概况　三板桥村农业主要种植水稻、油菜,养殖鸡、鸭、鹅等。村内有莲花县仙娥岭农业专业合作社,种植500多亩油茶,带动了本村村民增收。莲花县恒信加工厂每年可以解决几十名劳力务工的问题。村级集体经济主要来源为光伏电站、土地流转租金及管护金、恒信加工厂租金、油茶种植管护金、鹅棚租金等。2023年村级集体经济经营性收入15万余元。

基础设施　三板桥村村庄道路网基本形成,交通较为便利。两条乡道穿过村庄,均为沥青路面。村内生产、生活道路约8千米,路宽3.5~5.5米,主要为水泥路面。有小型桥梁3座。村内有路灯200多盏,有太阳能路灯及电线路灯。村内建有4个篮球场、3个休闲广场,面积约2000平方米,另有5处健身场地、3个舞台。村内中心位置有居家养老服务中心、文化活动中心、图书室综合体的休闲场所,为利用老村委会房子300平方米改建。2023年新建污水处理项目。通信网络信号覆盖率100%,宽带使用率近100%,有线电视使用率100%。家庭通电率100%。村内未接入天然气管道,村民日常做饭烧水使用的能源主要为电能和液化气,少数家庭使用蜂窝煤。村民主要生活用水来源于深井水及山泉水,有2个集中供水点,分别位于院柏、茶塘,有自来水蓄水池3座,可蓄水200吨,铺设自来水管道约15千米,基本满足了全村村民日常生活用水需求。有茶塘水库、牛家湾、三打冲等具有水利灌溉功能的山塘9座,主要采用沟渠引水,可灌溉耕地1600余亩。村内有1个卫生所(室),有医生值班坐诊。

社会发展　三板桥村9个自然村有8个自然村已经通过申报新农村建设、环境整

三板桥村油茶采摘

治项目资金开展改水、改路、改厕,拆除危旧房、空心房、残垣断壁等,村庄面貌大有改观。新建污水处理池把村民的生活污水以及化粪池溢出水集中收集统一处理,有效减少了水源以及土壤的污染,并切实提升了三板桥村的村容村貌。建有占地面积约270平方米的便民服务中心,内设有龚全珍工作室、新时代文明实践站、学雷锋志愿者等功能区,为村民办事提供了良好的条件和便捷的服务。

清水村

村情概况 清水村坐落在三板桥乡中部,是乡政府所在地,也是全乡的政治、经济、文化、交通、贸易中心。清水村以清水塘自然村命名,村委会驻清水街道。西安溪贯穿全村。清水村东邻镇背村,南与永新县高溪乡接壤,西邻三板桥村,北与神泉乡珊田村毗邻。全村面积约为3.5平方千米,辖6个村民小组、6个自然村(吾家坊、清水塘上队、清水塘下队、敕古塘、下新屋、茶坪)。全村有426户1409人,姓氏以贺、刘为主。

自然环境与资源 清水村地形以丘陵、山地为主。西南地势略高,东北稍低。西安溪穿村流过,溪旁是一片良田。各自然村山丘连绵起伏,长满松、杉、油茶。吉衡铁路、319国道从村北面经过。清水村矿藏丰富,有铁矿、石灰石,还有少量无烟煤。有丰富的地下水,如石山坡的地下喷泉水、珠岭坳的山泉水。全村有5座山塘,1座水陂,加上40多个蓄水塘,可做到旱涝保收。全村有耕地1710亩,山林1800余亩。

经济概况 清水村近年来以水稻制种为主,面积1200余亩。油料作物以油茶、菜籽油为主。有农贸市场1个,占地2500平方米,内有商超5家,大小门店30余家。同时,有珠岭坳铁矿、新岭矿业、矿泉水厂、南繁种业等企业。村级集体经济收入来自村级光伏电站、农贸市场租金、土地流转、水田管理费、肉牛场租赁、门面房租赁等等,每年收入20万元左右。

基础设施 清水村位于三板桥乡中心,412乡道从村集镇穿过。村内主干道有三条,一是412乡道清水至田南,长6000米,为沥青路;二是清水集镇至红军路,长2200米,为水泥道路;三是清水至镇背长800米,为沥青路。各自然村皆已通水泥路,实现户户通。同时,全村各自然村全部通网、通电、通水。近年来清水村兴修水利,共新建大小水渠7条,山塘5座,水坝1个。推动新农村建设项目6个,全村1409人受益。

社会发展 村内设有公办中小学、幼儿园、卫生院、敬老院等。清水塘、茶坪自然

清水楹联文化广场

村建有篮球场,集镇建有文化广场,清水塘建有楹联文化广场等,总面积约6000余平方米。乡卫生院有医生、护士20余人,病床30余张。清水村居家养老服务中心面积450平方米,为村老年人提供休息床4张,配备电视、空调、厨具、风扇等。

镇背村

村情概况 镇背村位于三板桥乡东部,村西、南均以山脉为主,距离莲花县城20千米,离三板桥乡政府2千米,西安江贯穿全村,全村地形以山地为主。镇背村原为镇背和江荷两村,2003年8月合并为镇背村。全村南北两端是山岭,南边下起帽子顶,上至珠岭坳;北边,下起坳背冲,上至香炉山,中间的西安溪把两个自然村隔开,山下至江畔全是稻田。全村区域面积约4.6平方千米。有耕地1300亩,林地3000亩,山塘30亩以上。全村农作物以水稻、油菜为主。全村共5个自然村,合计374户1396人。

经济概况 全村产业以农业为主,蔬菜种植为辅。有各类小型商店3个,小型米粉厂1家。镇背村2020年8月成立盛康莲花白鹅产业专业合作社,以鹅苗统一销售和成品鹅包销回购的合作形式,走"村集体+合作社+农户"的产业发展道路。2023年村级集体经济收入19.2万元。

基础设施 域内有319国道、衡—茶—吉铁路,西安溪自西向东横穿村而过,交通便利,村主道全面完善道路,水泥路户户通。全村供电和自来水全覆盖。有小(2)型水库1座,灌溉水塘10余口,高标准水渠3.6千米。新农村建设点3个,沥青道路共有3.6

千米。各个自然村的主干道皆装有路灯。

社会发展 2019年以来镇背村与莲花白鹅产业专业合作社合作发展白鹅产业，使镇背村集体收入实现了从零到年收入10万元的突破，同时带动了村民的就业。农村医保参保率100%，低保户51户117人。

萍乡市盛康莲花白鹅原种场

特色地情 2021年莲花白鹅获评国家农产品地理标志，2022年获得国家地理标志证明商标和富硒产品认证、上榜全国乡村特色产品和能工巧匠名单、《国家家禽遗传资源品种名录》，获评国家名特优新农产品、江西省"老百姓最喜爱的商标品牌"。

桥头村

村情概况 桥头村位于三板桥乡东部，东邻镇背村，南接山口垅村，面积2.08平方千米，下辖6个自然村组，即荷花形、垅里屋、上街、下街、樟树山、下屋，共319户1278人。共有10个姓氏，其中陈、李、刘姓村民超过600人。

自然环境与资源 桥头村地处丘陵地带，人口密度大，村庄密集。属亚热带湿润季风气候，四季分明，气候温和，光照充足，霜期短，作物生长期长。禾水支流西安溪自西向东穿村而过。绿化率70%。林地面积2450亩，主要为油茶林、松树林、杉树林和樟树林。

经济概况 农业经济主要来源为种植水稻、油菜、红薯，养殖鸡、牛、鱼等。2023年，水稻种植面积约400亩，油菜种植面积约400亩。有各类小型商店2个，理发店1个，早餐店1家，卫生室1个，酿酒厂1家。2023年村集体经济收入约20万元。

基础设施 319国道穿境而过，村内生产道路约5.2千米、生活道路约8.2千米，主要为沥青路面。有桥梁4座，其中小型桥梁2座。村内有路灯120盏，均为太阳能路

桥头村鸟瞰

灯。建有农村污水处理系统1个,修建河道护坡3380米。通信网络信号覆盖率100%,宽带网络使用率约95%,有线电视使用率100%。村内有邮政物流配送点。家庭通电率100%。有3个集中供水点,分别位于阴冲里、太南、八角斗;有山泉水蓄水池3座,可蓄水150吨,铺设自来水管道约1800米。有罗岭塘、油榨上塘、下阴冲塘等具有水利灌溉功能的山塘5座,主要利用沟渠引水,灌溉耕地200余亩。村内建有桥头小学,9年义务教育覆盖率100%。建有1个卫生室。村委会为村民提供代缴医保服务。

社会发展 桥头村现有1所小学。在村内建有文体广场、篮球场、新时代文明实践站、矛盾调解室等。村内设1个卫生所,有医生1名,床位3个。2023年,全村医保参保人数891人,参保率100%。桥头村"七改三网"基础设施全部到位,重新修复礼堂1座,建设农村污水处理站1座,维修河堤3.2千米,河堤维修项目被评为2023年莲花县乡村振兴建设示范点,获"省级水生态文明村"称号。

特色地情 桥头村为"市级红色名村"、莲花县党性教育现场教学点。

山口垅村

村情概况 山口垅村原名桥头滕树下,坐落在雷公口与炎陂口的西部田垅中,即山口之田垅,村名由此而来。1958年三板桥乡成立人民公社,设立山口垅村大队,大队的称号一直延续到1982年,之后改为山口垅村。

山口垅村位于三板桥乡东北部，东与永新县文竹镇文竹村交界，南与永新县文竹镇白源村接壤，西与三板桥乡桥头村毗邻，北与本县升坊镇江口村相连，是县域边界村。辖3个村民小组（山口垅、塘家冲、横岭背），全村总面积4.5平方千米，有耕地667亩，林地4536亩，旱地120亩。共有238户941人，以李、刘、朱、江、王、周、徐姓为主。村内有一定储量的石灰石。

经济概况　山口垅村历来以水稻种植为主。油料作物以油茶、菜籽油为主，西瓜、花生、豆类也有少量种植。村集体投资入股莲和农业合作社、林辉再生资源利用有限公司、锡箔纸加工厂、白鹅养殖场等企业，每年收益约10万元。村级光伏电站自2018年开始每年收益8万元。

基础设施　全村已通上电。饮用水为自来水，有3个集中供水点，分别位于山口垅自然村、塘家冲自然村、横岭背自然村，村内圳道约1.9千米，自然村皆已通村水泥路、沥青路。村内有路灯210盏，均为太阳能路灯。道路两边安全隐患区域安装防护栏、减速带。通信网络信号覆盖率100%，宽带网络使用率达98%，有线电视使用率100%。村内有1处邮政物流配送点，有3家便民小店、3家宾馆、4家饭店，文化活动场所约1500平方米，包含图书馆、宣讲室等。居家养老服务中心面积240平方米，向老年人提供无障碍通道，有休息床3张、厨具1套、风扇10把，还配有饭桌、餐具等，为本村老人提供优质的服务。

特色地情　村内阁老顶山脚下有北宋抗金名将岳飞从本村路过亲手刻上"凤"字的大石，阁老顶上还有抗战时期的战壕。

山口垅村宝塔。始建于明朝天启年间，坐落在古吴楚通衢的子格路旁边，形状为六角形，塔基周长约1.3米，塔高约9米，总占地面积约30平方米，塔脚全由石块砌成，塔身由青砖和青板石砌造，顶部盖一块青板石塔帽，塔帽上竖立一葫芦状石柱。

李祁墓。1984年公布为莲花县文物保护单位，位于三板桥乡山口垅阁老顶上的啸天龙形。李祁，湖南茶陵人，元朝初年，举进士第二，任翰林供奉，任同知迁浙江儒学副提举，后置兵乱，遂避居于永新之麓山中（今莲花元阳洞），洪武初卒，葬于莲花县三板桥乡山口垅村之山顶，五代曾孙明大学士李东阳为他撰墓表，明弘治二年（1489），吉安知府顾福为之修墓刻碑，今墓已修并保存完好，墓碑两侧有一副对联："牛眠开吉地，马鬣伴佳辰。"

南岭乡

南岭乡地处莲花县中部,紧邻县城,政府驻地距县城5千米,境内交通便利,319国道自北向南贯穿全境。全乡总面积54.8平方千米,其中耕地10324亩,山林面积60828亩。辖塘边村、超村、长埠村、圳头村、砚溪村、湾源村、四桂村、岭水村8个行政村,70个村民小组,总人口1.3万人,乡政府驻长埠村长家坪。

近年来,先后获得江西省卫生乡镇、省六化乡镇民政服务站、省级先进基层武装部、市安全生产和应急管理工作先进单位、市森林防火规范化管理示范乡镇、市党管武装先进单位等称号,岭水村获评省级水生态文明村,长埠村党总支部获评市级乡村振兴示范党组织。

自然环境与资源 南岭乡属亚热带季风湿润气候,四季分明,雨量充沛,日照充足。年平均气温18℃,年平均降雨量1550毫米,年平均日照1600小时,无霜期290天左右。境内植被丰富,森林覆盖率达95%,走进砚溪村原始森林,林深谷幽、空气清新自然,是个气候宜人的"天然氧吧";依托岭水花海梯田、多盛农林紫薇生态园、秦忆果业、弘毅蓝莓基地及砚溪秀美自然风光,打造精品旅游线路,花海经济曾被央视二套《生财有道》栏目报道,花海梯田连续被《人民日报》头版宣传报道,生态旅游与观光农业相得益彰,汇聚人气,带动经济,促进发展。

经济概况 农业以优质稻、瓜果蔬菜、油菜和畜禽养殖为主,盛产茶油。乡镇企业有煤矿、铁厂、建材厂、林场,煤炭是乡内支柱产业,进入21世纪以来,通过招商引进了莲花隆森实业有限公司、莲花鑫旺养殖有限公司、萍乡市杭莲建材有限责任公司、莲花县鑫联鞋厂、江西力生元新材料科技有限公司、江西世纪行新材料有限公司等24家企业。全乡基本形成了以煤炭、铁合金、建材、鞋业等为主的工业体系。第三产业依托乡域农林龙头企业多盛农林、塘溪生态、弘毅蓝莓等,发展壮大藤椒、蘑菇、蓝莓、紫薇等特色产业,依托两山(上品山、黄旸山)两寨(西峰寨、朱家寨)一梯田(圳头、岭水花海梯田)一江河(文汇江),从村庄环境整治、基础设施改造提升、农村产业发展、乡村休闲旅游、公共服务提升等方面全面重点打造美丽乡村建设点。有规上工业4家,分别是江西水木机电设备有限公司、江西特瑞虹照明科技有限公司、莲花县南岭乡树坑煤矿、莲花县南岭安里煤矿(普通合伙)。2023年完成财政总收入5910万元,其中一般预算收入完成2631万元,同比增长4%,对辖区内3家煤矿补征税款约200万元。新增"五上"企业3家,完成6个项目的固定资产投资入股,投资额2.62亿元,其中工业投资保持较快增长,全年完成投资1.3亿元,完成3家企业工业技改投资。

基础设施 2022年南岭乡花费18万元修缮了东山庵山塘、三叉塘、黄塘,并完成780亩高标准化农田改造,重新恢复原有水渠山塘农田灌溉的作用,目前农田灌溉能满足的耕地面积约780亩,主要分布于圳头、广市、井边的农田,农田灌溉率达65%。在四桂村吾下设立新农村建设点,利用上级拨款30万元资金,修建了广场、挡土墙,修缮了原有的道路,拆除了危房等,极大提高了人民群众的出行便利性。有千坊水电站1座,位于南岭乡砚溪村,坝高2.8米,引水渠道全长3.4千米,正常水位1.8米。有小(1)型以上水库1座,小(2)型水库1座,分别为半冲水库、贯山水库,半冲水库库容105万立方米,贯山水库库容26万立方米。根据全乡水系分布,形成了4个灌区,分别为半冲灌区、贯山灌区、曹乌灌区、老山灌区,大小山塘38座。

南岭乡苗木种植产业基地

南岭乡油菜花

社会发展 辖区内共有中学1所和小学2所,分别是南岭中学、南岭中心小学和长埠小学。其中小学现有学生427人,教职工44人。南岭乡设有幼儿园2所,分别是公办中心幼儿园和私立爱心幼儿园。其中中心幼儿园学生117人,教师16人;爱心幼儿园学生68人。全乡文化基础设施配齐配全,设有1个乡级综合文化站、8个村级文化服务中心、1个灯光球场。各村均设有休闲娱乐小广场,配备健身活动器材。为宣传红军老干部贺元卿事迹,广泛收集资料,精心打造了贺元卿事迹陈列馆,目前为甘祖昌干部学院现场教学点;根据本地的产业特点、人文历史,打造了南岭乡煤炭发展史陈列馆、农民书法展示馆等一批展馆。积极开展各项文化活动,结合传统节日,深入挖掘民俗文化,开展民俗文化活动,其中塘边村花灯闹元宵活动入选了2024年"乡村振兴红力量·东南西北过大年"(萍乡市)交流展示活动,获得了中央、省、市媒体持续报道,有力地展示了南岭乡民俗文化的魅力和群众良好的精神风貌。连续多年组织队伍参加莲花县广场舞比赛,2024年的参赛队伍分别获得了二等奖、优秀奖、网络热赞队等奖项,极大丰富了群众的文体生活。有卫生院1所,村级卫生室7所,乡村医生共计11人,其中注册乡村医生8人,执业助理医师2人。

人文地情 南岭自古以来文风鼎盛,人文蔚起。南岭地灵而人杰,岭秀而景美,美丽的自然风光和纯朴的田园生活,孕育了书法艺术的浓厚氛围,以锄为笔,田地为稿,造就了很多书法爱好者,书法成为一大特色。成立了南岭乡农民书法协会,创立了塘边村农民红色书法展览室、乡书画创作室,涌现出了以中国草书名家刘沫林、农民书法家周恢发为代表的一大批书画名家和书法爱好者。

境内景色绮丽、松竹苍翠,主要景点有黄旸山、上品山。上品山云留庵已有2000多年历史,为名胜古迹。

长埠村

村情概况 长埠村之前被乡人叫作"长坞",坞者,中间高而四面低的地方,而长坞就是狭长的山冲。埠有物资丰饶之意,因这里盛产煤炭和树木,村人又改写成长埠。清朝年间在长埠设有塘汛,《莲花厅志》载:长埠塘在砻西乡第九都,防兵五名,营房六间,烟墩三座,炮台一座,旗杆、牌楼齐全。长埠村原属田东乡,1950年改属四区圳头乡,1958年属南岭公社为长埠大队,1961年属长埠公社,1963年复属南岭公社,后分为虎形、屋场大队,1972年复合为长埠大队,1984年改称长埠村。

长埠村位于南岭乡南部,是乡政府所在地,毗邻县城,东与良坊镇为界,南与超村村接壤,西与圳头村相邻,北与岭水村、砚溪村相接,319国道贯穿全村,辖区面积6平方千米,下辖贺家、东冲、屋场、船形、虎形、枧溪、谢家园、枞山口8个自然村9个村民小组,458户1820人。

自然环境与资源 全村有耕地1086亩,林地6500亩,有6千米河道,水域面积34亩。青壮年多外出务工,村内以水稻、油菜种植为主。先后有9家企业落于村内。为壮大村级集体经济和带动村民就业,采取"村+公司+农户"的模式与多盛农林、莲和专业合作社共同合作开发种植、养殖,提高了村级集体收入,方便了村民就业。

长埠村

经济概况 长埠村主要种植水稻、油茶、油菜、红薯,养殖土鸡、鸭等,其中"茶油、土鸡、米酒"是家喻户晓的三宝。村内有3家省、市农业龙头企业(江西多盛农林开发有限公司、江西巨联科技有限公司、江西秦忆实业有限公司),共开发种植面积3000多亩,主要种植苗木、油茶、雷竹、水果,有工业企业四家(莲花县新型墙材矸砖厂、莲花县南岭机砖厂、莲花县恒发透水砖厂、莲花县玥良包袋厂)。近年来,村集体投资入股发展产业。2023年村集体经济收入31.3万元。

基础设施 长埠村庄道路网基本形成,交通较为便利。319国道自东向西穿村而过,均为沥青路面。村内生活道路约6.8千米,路宽3.5米,其中沥青路面约7千米。村内有路灯211盏,均为太阳能路灯。移动、电信、联通的通信网络信号覆盖率100%,宽带网络使用率约90%,有线电视使用率100%。村内邮政物流配送点。有变压器11台,总功率3000千瓦,家庭通电率100%。村内未接入天然气管道,村民日常做饭烧水使用的能源主要为电能和液化气,少数家庭使用蜂窝煤。村民主要生活用水来源于深井水和山泉水,有2个集中供水点,分别位于贺家、虎形;有蓄水池2座,可蓄水150立方米,铺设自来水管道约27千米,基本满足了全村村民日常生活用水需求;改水率100%,饮用水卫生合格率100%,供水保证率100%。截至2023年底,完成7个新农村点建设,农村生活垃圾分类设施覆盖率80%,农村户厕改厕率96%。实现垃圾处理设施与方式标准化,有专职保洁员6名,每户配备2个垃圾桶。开展农村人居环境整治行动,村内设有生活垃圾集中收集点26个。

社会发展 长埠村内建有南岭乡长埠小学,可满足长埠村及周边村庄小学生义务教育阶段的最近就学需求,九年义务教育覆盖率100%。文化活动场所占地面积约5100平方米,主要是村委会(含党群服务中心)、6个小型文化健身广场,周、颜、王、李、樊等姓祠堂。长埠村新时代文明实践站采取"一室多区"形式建设,共设立4个集中活动室,包含图书馆、文化活动室、市民宣讲室等6个功能区域,为群众提供一个良好的学习娱乐场所。村内建有1所卫生室。

特色地情 长埠村2012年成立南岭乡煤炭发展史陈列室,莲花以盛产优质无烟煤而著称,为江西省四大重点产煤县(市)之一,也是全国首批一百个地方重点产煤县之一,而南岭乡又是莲花煤炭产业发展的重点区域,有着得天独厚的煤炭资源,也创造了辉煌的煤炭发展历史。

超村村

村情概况 超村村原名超仙乌石,后改为超溪,中华人民共和国成立后改为超村,各村民小组人员部分为原居住人员,也有迁徙到此落户人员,各村小组的命名由村民姓氏发展而来,如李家屋的人员大部分姓李,得名李家屋;而段家屋人员,多是段姓村民居住。超村村全村总面积3.6平方千米,其中耕地面积626亩,山地面积2500亩,森林覆盖率达85%。超村村位于南岭乡西南部,东距319国道1.5千米,南与琴亭镇凫村,西北与荷塘乡接壤。共辖李家屋、段家屋、矮岭、罗花、洞上、年坑6个自然村6个村小组,总225户822人。居住人口中以汉族为主,主要姓氏有李、段、刘、周等。

自然环境与资源 超村村6个村民小组较为分散。林地覆盖率达85%以上,气候适宜,平均气温比县城低3℃~8℃,适宜居住和种植农作物。超村村李家屋水资源丰富,由地表生出一股清泉,清甜可口,无杂质,富含人体所需的微量元素,每日来李家屋接水的人络绎不绝,人们称之为"仙泉"。

经济概况 超村村耕地面积626亩,村民以农业生产为主,2023年粮食种植面积620亩,油菜种植面积200亩。村内经济作物有20亩左右的西瓜、杨梅、橘子、桃等。年坑自然村有村民自发成立的豆制品加工厂,年产值4万元左右。洞上小组建有1个竹筷子厂,村内就业人员16人。辖区内有企业3家,合作社2家,果园1个,肉牛养殖场1个。2023年超村经营主体带动村集体经济收入增长3.1万元,吸收村民就近就业12人,人均增收2000元以上。

基础设施 超村村村内交通便利,6个自然村全部实现了入户道路全部水泥硬化,年坑、洞上的主要道路为319国道,李家屋、段家屋、紧挨538省道,村内道路总长度约10千米,宽3米,段家屋道路为砼结构、沥青道路全长共700米。全村通信网络覆盖率100%,电网覆盖率100%,自来水覆盖率100%,计划在2025年实现城乡供水一体化,改水率达到100%,饮用水卫生合格率100%,供水保证率100%。村内新农村建设点4个,分别是李家屋、年坑、矮岭、罗花,休闲广场配备了健身器材,农村生活垃圾分类设施覆盖率80%,农村户厕改厕率100%。村内有1所卫生室,设立于村委会旁,村医每周会固定在星期二、星期五全日进行坐诊,方便辖区内村民看病就医。

社会发展 超村村在20世纪70年代建有超村小学,地址在超村三组,当时就读的适龄儿童较少,师资力量也较薄弱,后村内儿童多去凫村小学、长埠小学就读,1990年县教育部门在超村二组538道旁建设1所学校,面积约400平方米,名超村小学,不

超村村肉牛养殖产业

久因就读儿童少,学校闲置,至2022年,超村村委会办公场所无法满足办公需求,经上级协商,超村村委会借用此场地办公。村内设置综合文化服务中心,有青少年活动室、老年人活动室,建设有室外文化广场,村委会积极开展精神文明建设工作,依托党群服务中心、农家书屋、活动广场,定期开展送戏下乡、电影下乡等文化活动,村民组织文艺团体表演,丰富了群众文化生活。2024计划在超村六组建设一家规模600平方米的豆制品食品加工厂,可带动当地经济的同时增加就业岗位约20个,方便村民务工。

特色地情 超村村境内山清水秀,空气清新,自然风景独特,村内分六大小组,像六大版块的棋子布满其中,大多村民选择背山而居,房子以路为中心点,一幢连一幢,相连于各家各户。其建筑风格于20世纪90年代末期逐渐由原来的一层或二层改建为三层,水资源尤其丰富。

岭水村

村情概况 岭水村在中华人民共和国成立前叫上五行,当时在岗义岭(现在的南岭中学)此处松树参天和遍地的坟山,村民在该地的碉堡里办事,后来云边的一个秀才樊纪英和楼下的一个读书人朱发光的倡导下集资在现在的岭水村委会建了一个文昌阁并搭建了一个戏台,从此在该地办公。1950年长征干部贺云卿回家探亲,村民才知道他是"大官",村民为了讨个吉利改文昌阁为岭水村,2014年与原云边村合并而成新的岭水行政村。

岭水村地处莲花县南岭乡中部,319国道穿村而过,地域面积10.5平方千米,共535户2263人。居住人口以汉族为主,共15个自然村(江边、井下、云边新村、云边老村、田心屋、弦上、岭水、坪前、上屋、三石里、对江、降岭、扎下、太冲、石角里),9个村民小组。

自然环境与资源　全村有农田1127亩、林地12880亩,养殖水域面积4亩。村内煤炭储量十分丰富,开采历史悠久,是本村经济的支柱产业,但生态环境和村民健康受此影响极大,矽肺病在村民中十分普遍,患病村民60多人基本丧失劳动力。

经济概况　农业经济以种植业和养殖业为主,种植业以种植水稻、油菜、红薯、油茶树、西瓜、橘子为主,养殖业以养殖肉牛、猪、养、鸡、鱼为主。2022年村集体与种植大户合作种植50亩黄桃,解决本地劳动力就业20余人,参与群众户均增收近6万元。有农业合作社1个,鞋面厂2家,煤矿2家。2022年村集体经济收入19.40万元。

基础设施　全村境内有3条主干道,长4.1千米,从319国道分岔路口起至与岭水村交界处,属柏油路面,其中岭水村境内主干道长2.9千米,道路沿线途经云边新村、云边老村、田心屋、坪前、江边5个自然村,水泥路共4条,共计3.4千米。已接通4G网络,通信网络覆盖率为100%,有线电视使用率为95%。供电率100%,农田灌溉率80%。南岭中学地处本村境内。有配备健身器材的休闲广场3处。有村级卫生室1所,村医全天候坐诊。

社会发展　南岭中学于中华人民共和国成立初期创办,1972年建设校区,占地

岭水村贺云卿事迹陈列馆

2万平方米,现有教师35人,学生296人;村级设置综合文化服务中心,有青少年活动室、老年人活动室,建设室外文化广场8处,包括篮球场、健身休闲广场。村委会积极开展精神文明建设工作,依托党群服务中心、农家书屋、活动广场,定期开展送戏下乡、电影下乡等文化活动,村民组织文艺团体表演,丰富群众文化生活。

特色地情 黄旸山寺。位于南岭北端岭水村境内,海拔700余米。黄旸山寺始建于唐太和元年(827),距今已有1100多年的历史。相传葛洪在此炼丹成仙,又有"先有黄旸后有武功"之说。由于时代变迁,寺宇历经沧桑,几度衰兴,诸多资料失考。

贺云卿事迹陈列馆。贺云卿,1915年10月出生于岭水村,中共党员,红军老战士,后历任辽西省、吉林省卫生厅厅长,白求恩医科大学党委书记兼校长,吉林省第五届政协副主席,当代中国医学教育家。南岭乡积极对接江西甘祖昌干部学院、莲花县委党校,将"南岭英华馆"升级打造成"贺云卿事迹陈列馆",作为党性教育现场教学点,纳入全县红色培训圈。

四桂村

村情概况 四桂村原称四背,四周皆山,民居背山而建,有粟山溪蜿蜒西来,依峡谷东眺禾山,迎日出之阳,凭西峰北控安成要道,南达琴亭古镇,古代是县城防御的西北咽喉要冲。因村内紫云岩上有野桂丛生,村民遂改名四桂。四桂村原与湾源村合为田东大队,后分开独立为四桂村。四桂村位于南岭乡西北部,辖区面积5.6平方千米,与坊楼镇富树村相邻,距莲花县城14千米。有339户1561人,居住人口以汉族为主。有8个村民小组,8个自然村(吾下、中团一片、中团二片、上团、上屋、中屋、邓家、荷叶塘),村民以樊、胡、刘、李、邓、贺、张、罗等姓为主。

自然环境与资源 四桂村地处半冲水库脚下,半冲河道把四桂村分成东西两半,319国道穿村而过,全村共有耕地952亩,水田788亩,林地5410亩。四桂村上游有1958年4月建成的半冲水库,总库容104.5万立方米,设计灌溉面积4700亩。工程于1957年冬动工兴建,2012年4月完成对水库除险加固任务,主要建筑物有大坝、溢洪道、放水斜涵、输水隧洞及渠系建筑物等。水库保护下游5000多人口、4000多亩农田、319国道南岭段、高压输电线路、通信光缆等。

经济概况 农业种植业以种植水稻、油菜、油茶树为主,养殖业以养殖牛、猪、鸡、鱼等,有5家家庭经营的小卖部。2023年村集体经济收入15.3万元。

四桂景村河道

四桂村千年古柏树

基础设施 全村境内有3条主干道，长6千米，为沥青路面。全村已接通4G网络，通信网络覆盖率100%，供电率100%。有蓄水池1座，可蓄水800立方米。有村级卫生室1所，休闲广场5处。通过"四化"工程，推进乡村人居环境全域提升。

社会发展 境内原有田东小学，于20世纪50年代开办，2024年4月并入南岭乡中心小学。2022年以来，四桂村以建设"和美乡村"为主题，围绕"三生"要求，精细对标景村建设标准，多渠道整合各类项目资金266万元，按照"低成本、有特色、展亮点、树形象"的思路,着力以"七改三整一治理"为抓手,完成白改黑4000米,整治水圳2200米,改厕69户,改畜舍25间,改院墙1000米。

特色地情　紫云仙庙。位于紫云岩下约500米,占地面积约200平方米,内有太乙真人、梅三、土地、观音塑像。

青云阁。位于上团、中团村庄的入口处。占地面积300余平方米,建有禅房休闲室,内有观音、韦驮、土地、药司佛、财神、文昌、梅三等塑像,有出家人在此修行。

千年古柏。存在千年之久的古柏,原在四桂小学前,现屹立于刘沫林家旁。

塘边村

村情概况　南岭乡塘边村位于蒋家园东北附近、濒杨梅岭西麓之水,故名。中华人民共和国成立前属田东乡,1950年属四区田东乡,1958年为南岭公社大队,1984年3月改称村。

塘边村总面积4.25平方千米,位于莲花县南岭乡的中部,为南岭乡政府驻地,村内驻有市场监督管理局南岭分局、农商银行南岭分行、南岭中心小学、南岭中心卫生院等单位,是南岭乡经济文化中心。辖塘边、柴山园、庙场、上塘、蒋家园、南岭、下湾里7个自然村,7个村民小组,共有311户1219人。主要有3个姓氏,杨、贺两姓人数较多。

塘边村集镇

自然环境与资源　塘边村村属半丘陵半山地地形,地势北高南低,村庄地势坡度变化大,呈现半包围态势。南岭河穿村而过。全村共有2个水塘,可灌溉400亩农田。全村绿化率达70%。林地面积为3250亩,主要为油茶林、松树林、杉树林和杂木。

经济概况　塘边村主要种植水稻、油茶、油菜、红薯,养殖土鸡、鸭等,其中"茶油、土鸡、米酒"是家喻户晓的三宝。2023年,水稻、油菜种植面积约600亩。土鸡、鸭等皆为家庭散养,未形成规模。规模较大的合作社有莲花县开心果园农业专业合作社。工业以劳动密集型的制造业为主,如南岭乡赣星鞋面加工厂、富胜鞋面加工厂、江西特瑞虹有限公司南岭分厂等。塘边村商贸繁荣,每月逢农历二、五、八赶集。村内集镇全长600余米,有商铺50余户。2023年村集体经济收入为15万元。

基础设施　塘边村村庄道路网基本形成,交通较为便利;319国道自东向西穿村而过,均为沥青路面;村内生活道路约5.1千米,路宽3.5米,其为水泥路面,兼具生产生活功能的集镇段约1.2千米,为沥青路面;有桥梁3座,其中小型桥梁2座、涵洞型桥梁1座。村内有路灯160盏,均为太阳能路灯。通信网络信号覆盖率100%,宽带网络使用率约90%,有线电视使用率100%。村内有移动、电信、联通营业厅和邮政物流配送点。家庭通电率100%。村内未接入天然气管道,村民日常做饭烧水使用的能源主要为电能和液化气,少数家庭使用蜂窝煤。村民主要生活用水来源于深井水和山泉水,有3个集中供水点,分别位于塘边、上塘、蒋家园;有自来水蓄水池3座,可蓄水120立方米;铺设自来水管道约1.2万米,基本满足了全村村民日常生活用水需求;改水311户,改水率100%,饮用水卫生合格率100%,供水保证率100%。截至2023年底,完成7个新农村点建设,农村生活垃圾分类设施覆盖率80%,农村户厕改厕率95%。

塘边村鸟瞰

社会发展 塘边村内建有南岭乡中心幼儿园和南岭中小学,可满足塘边村及周边村庄学龄前和小学义务教育阶段的就学需求,九年义务教育覆盖率100%。文化活动场所占地面积约3800平方米,主要是村委会(含党群服务中心)约400平方米、文化健身广场约2600平方米、祠堂约800平方米。塘边村新时代文明实践站采取"一室多区"形式建设,共设立4个集中活动室,包含图书馆、文化活动室、市民宣讲室等6个功能区域,为群众提供一个良好的学习娱乐场所。村内建有1个乡卫生院,服务范围辐射到砚溪、岭水、圳头等周边村庄。全村有4户7人享受了失地农民保险。

特色地情 塘边村有浓厚的古傩遗风。位于塘边村蒋家园的唐贺侯北塘祠,始建于明朝,系贺知章的后裔自良坊下布迁至此开基而建。塘边自然村的杨氏家庙始建于清朝,杨氏先祖德鉴公自六市黄陂杨氏迁徙至此开基而修建。每年正月十五,村民自发组织"游花灯、闹元宵",花灯图案丰富,寓意吉祥。

湾源村

村情概况 湾源村位于南岭乡东北部腰团"街机上",中华人民共和国成立前为田东乡政府驻地,1950年属四区田东大队,1958年为南岭公社湾源大队,1984年3月改称村。全村下辖6个自然村,7个村民小组,共有544户1500余人。村辖区面积约5.6平方千米,村委会距乡政府驻地6千米,距莲花县城12千米;319国道穿村而过,交通便利。设太坪庙、湾源、腰团、塘溪、下吾、西边6个自然村,7个村民小组,共有544户1492人。主要居住人口中以汉族为主,有刘、朱、颜、郭、贺、彭、段、尹、陈、吴等10个姓氏。有耕地938亩,林地4552亩,森林覆盖率77.9%。

自然环境与资源 湾源村属丘陵地形,三面环山,田东河始于半冲水库,呈S形流经湾源村腹,约2千米长,可满足农业灌溉和牲畜用水。村内有西峰寨、婆婆岩、碉堡等自然景观,环境优美,宜居宜业。

经济概况 湾源村主要种植水稻、油菜、油茶,主要养殖鸡、鸭、鹅、牛等,其中有2个加工厂,带动村民60余人就业增收;近年来,采取"党支部+基地+农户"的方式,流转土地400余亩,发展了脐橙种植、肉牛养殖、牧草种植、光伏等特色产业。2022年,湾源村流转土地16余亩,作为南岭乡招商引资项目(全县秸秆回收综合利用示范基地)主要用地之一,该项目计划总投资2200万元,该项目的建设使用不仅可以增加湾源村21.5万的村集体收入,而且可以将秸秆转化为肉牛饲草饲料,实现农业生产的良性循

湾源村朱氏宗祠

环,有效支撑莲花县肉牛养殖产业发展,同时还带动10余名村民务工。湾源村协商流转闲置山场30亩,投资470万元,完成光伏发电基地建设,除去固定的光伏收益外,另外收取其他6个村收益的10%作为光伏用地租金和管理费,每年可为村里增加集体收入18万余元。投入产业资金20万元,用于莲花县多盛农林专业合作社经营,给村集体经济增加年收益4.4万元;2021年,湾源村流转山场10亩,投入200余万元发展肉牛养殖产业,兴建标准化肉牛养殖场,新建牛舍、料棚、粪棚、精料库等基础设施面积5000余平方米,形成饲料加工、肉牛养殖一体化。目前养殖肉牛30头,增加村集体收入0.6万元。养牛的过程中,吸收农户到牛场务工,解决12人就业岗位,同时为解决肉牛养殖的饲料问题,湾源村党总支部带领农户开发复垦105亩荒山荒坡荒地种植巨菌草,帮助13家农户实现种草增收,为村集体经济注入强劲源头活水。2022年,湾源村集体经营性收入达44.5万元。

基础设施　村内有1条标准化四级公路,长1.9千米、路面宽4.5米,2023年铺设了700米长沥青路面。各自然村都通了水泥路和路灯,村民出行便利。全村电信光纤宽带全覆盖,网络覆盖率100%,有线电视使用率100%,供电率100%。村内有凤形山塘和西边山塘,村民用水为山泉水和井水。全村各小组均设置了环卫垃圾桶,每天都会定期清理,农村户厕改厕率97%。2023年维修了村老礼堂。

社会发展　2022年以来共拆除牛栏杂屋2000余平方米,整治乱搭乱建30余处,修建休闲广场4个。投入8万余元对村新时代文明实践站提质升级,各大功能室一应俱全,组建党员志愿服务队1支,开展惠民暖心活动70余场。想方设法帮群众解决用水难题,先后铺设水管3000余米、投入资金38000元用于抗旱,确保全村村民用水需求得到满足。湾源村设有综合文化服务中心,有农家书屋、儿童之家、篮球场、健身广场等,依托村党群服务中心,定期开展新时代文明实践活动,组织村民举办了端午、中秋等活动,丰富了群众生活。

特色地情　湾源村礼堂于1968年建造,用于村里的学生学习、集体聚会、播放电影、送戏下乡等。因岁月久远，礼堂内的木结构老化，存在安全隐患，湾源村委会于2023年投入39万元进行维修加固，打造成农产品加工示范基地。

砚溪村

村情概况 砚溪村位于南岭乡东部，由原来的江口村、千坊村合并而成，距乡政府6千米，村内有一溪流蜿蜒汇入莲江，溪流旁有一山盛产砚石，所制砚台古时便已有名，砚溪村得名于此。砚溪村包含江口、周家、谷西陂、陇里、新陂、陇下、塘头、石背、澄源9个自然村，11个村民小组，共408户1485人。村境内煤矿产量较为丰富。林地面积为19000亩，主要为油茶林、杉树林和竹林。

自然环境与资源 村内水资源丰富，南岭水集聚砚溪汇入莲江，莲江穿村而过，境内总长6.5千米。河两岸植被丰富，景色宜人，河水清澈，鱼儿清晰可见。尤其是老关滩段成U形状夹山环绕，站在高处一眼望去，犹如翡翠吊坠，是摄影爱好者、户外旅行者心仪的打卡地。老关滩建成休闲山庄，山庄内可以自主烧烤、吃农家特色美食、划船、漂流、垂钓、游泳、民宿、露营等，是假日游、团建、聚会的好地方。

经济概况 砚溪村主要种植水稻、油茶、油菜、红薯，养殖土鸡、羊、鸽子、蜜蜂等。2023年，水稻种植面积约1086亩、种植户380户；油菜种植面积约860亩，种植户362户。村集体投资或入股的湾源光伏基地、千坊种养专业合作社、南岭绿惠家庭农场是主要经济收入来源。2023年村集体经济收入为11.8万元。

基础设施 Y375公路穿过村庄，均为沥青路面。村内生产道路约9千米，路宽6米；生活道路约7千米，路宽3.5米，主要为水泥路面。塘边至江口段约1.2千米，为沥青路面；有桥梁6座，其中小型桥梁2座。村内有路灯468盏，均为太阳能路灯。通信网络信号覆盖率100%，宽带网络使用率约90%，有线电视使用率100%，家庭通电率100%。有5个集中供水点，分别位于周家、杨梅冲、新陂、塘头、澄源，有自来水蓄水池4座，可蓄水200立方米，铺设自来水管道约24千米。

社会发展 砚溪村设置综合文化服务中心，有青少年活动室、老年人活动室，建设室外文化广场4处，包括篮球场、健身休闲广场。村委会积极开展精神文明建设工作，依托党群服务中心、农家书屋、活动广场，定期开展送戏下乡等文化活动，村民组织文艺团体表演，丰富群众文化生活。

特色地情 奎光阁。又名文昌阁，《莲花厅志》载文昌阁上有月光楼，清乾隆年间

砚溪村鸟瞰

举人刘一珠曾作《月光楼》诗:"钟声和罢夜宵出,玉宇无尘野寺秋,借得蒲团成久坐,中天照月正当楼。"一夜庙位于塘头村落,紫华观位于西源溪文昌阁旁,《莲花县志》载有诗云:"水光山色映寒沙,雁齿桥横小径斜,驴背涛情撩人甚,一溪风月有梅花。"

彭辅仁。1933年参加革命,陇下组人,参加过长征。中华人民共和国成立后任新疆维吾尔自治区水产厅厅长。

江景春。江口村人,1930年参加革命,曾任莲花县红色邮电局局长,于1932年病故。

砚溪村还涌现了王志芳、王道隆、刘炎求、萧礼昌、谢伏桂等革命烈士,均在土地革命时期献出了宝贵生命。

圳头村

村情概况 圳头村因山冲里的水流下来成河,农民种水稻时直接从源头修圳引至农田,是圳的源头,所以叫圳头村。圳头村位于莲花县南岭乡的西部,面积7平方千米,山地面积14383.2亩(其中村集体面积7913亩),耕地面积1372亩(其中水田面积1227.4亩)。有尹、肖、彭、贺等姓。现包含桥岭、肖家、井边、广市、圳头、山口、新村7个自然村,11个村民小组,共484户1603人。居住人口中以汉族为主。

自然环境与资源 村内绿树成荫,风景秀丽。有绿色资源(梯田油菜花海)、古色资源(上品山云留庵、千年古柞树)、自然景观资源(上品山云海风景)及水科里天然甘泉,村民民风朴实,邻里和睦。

经济概况　农业主要以种植业和养殖业为主,包括水稻、油菜、油茶树、西瓜、肉牛、山羊、猪、鸡鸭、鱼等。村集体经济收入主要来自光伏电站。2023年村集体经济收入20.91万元。

基础设施　全村辖内有1条主干道,长1.8千米,从319国道分岔路口起至与山口祠堂处,属柏油路面。水泥路共12条,共计5.2千米。生产道路2条,分别为从山口田到弦上肖家井边田到长埠小学,全长1.6千米。河道1条,从老山水源头至岭水村云边。主圳道6条,分别为三肖圳、山口圳、弦上圳、垅里圳、黄塘圳、广市圳。村内通电率达100%。已接通4G、5G网络,通信网络覆盖率为100%,有线电视使用率为100%,村委会能接收邮政快递。有山塘16座,农田灌溉能满足的耕地面积约780亩,主要分布于圳头、广市、井边农田,农田灌溉率达65%。有文体广场、村级卫生室、青少年活动室、老年人活动室等民生基础设施。

社会发展　村内环境实现了垃圾处理设施与方式标准化,有专职保洁员4名、20处垃圾投放点,每个点配备3个户外垃圾桶。定期开展农村人居环境整治行动。

特色地情　云留庵,位于圳头村上品山,始建于明朝永乐年间,1992年重建,1994年扩修,2003年第三次修葺。上品山风景秀丽,是佛事、旅游融为一体的新型宝刹胜地。在云留庵后面有一棵数百年树龄的古柞树,为多年生硬性乔木,枝叶繁茂。

圳头礼堂

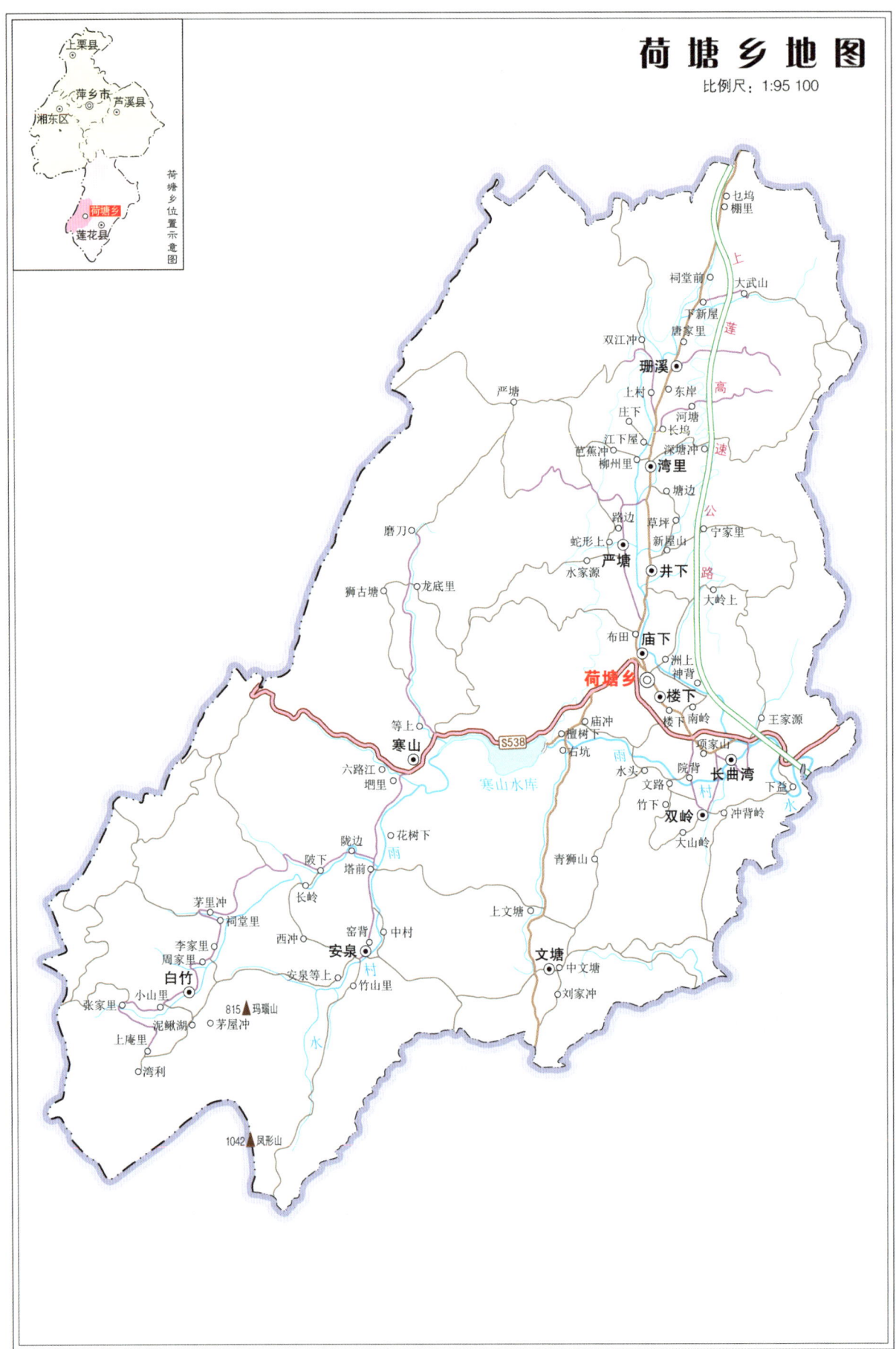

荷塘乡

荷塘乡地处两省(江西、湖南)三县(莲花县、攸县、茶陵县)边界,北接坊楼,南连神泉,东靠南岭,西邻湖南攸县、茶陵县。辖12个行政村,100个村民小组,共4321户15296人。荷塘乡是一个林地多农田少的乡镇,境内耕地面积812公顷,林地面积11339公顷,森林覆盖率80.5%,农业以水稻种植为主,矿产资源丰富,自然环境优美,红色历史厚重,名胜古迹众多。

清乾隆八年(1743)割永新县20个都、安福县12个都设立莲花厅,原属永新县砻西登丰乡的三十一都、三十二都、三十三都划归莲花厅后,改称莲花厅十三都、十四都、十五都,即现荷塘乡所辖地域;还有砻西乡九都下益村的一部分也为今荷塘乡所辖地域。1913年,莲花改厅为县,上述三都和九都部分(下益村)合并为兴贤乡,属吉安府莲花县。苏区时期为南村区。中华人民共和国成立后,荷塘所辖地属吉安地区莲花县,分设为段家山乡、寒山乡、布田乡、塘边乡,属南村区,后段家山乡、布田乡、塘边乡并为南村乡。后设立南村公社、寒山公社,1969年并为南村公社,1989年分设为荷塘乡、寒山乡。1992年8月11日,莲花县划萍乡市管辖。2001年荷塘乡、寒山乡并为荷塘乡,属萍乡市莲花县管辖。

自然环境与资源 荷塘乡地处罗霄山脉中段,地势向东南倾斜,西高东低,西部为山地,东部多山谷、丘陵。海拔最高点凤尾坳位于白竺村,高度为995米;海拔最低点下益自然村位于长曲湾村,高度为198米。荷塘乡属亚热带季风湿润气候,四季分明,年平均气温17℃左右。年平均无霜期281

天,年平均降雨量为1600~1700毫米。荷塘乡境内河道属赣江水系。境内共有2条河流,总长50千米,流域面积133.4平方千米。荷塘山清水秀,地处白竹村南的棋盘山中的莲花县祖山风帽岭层峦叠嶂,翠峰峻峭,寺庙掩映在树荫下,气象万千。寒山森林公园林木茂密,有10余种古树名木。东部自北至南走向的山势绵延,有双笔峰、鸡公坳等。北部有青莲峰,南部有铁矿岭、龙溪山、象山、狮山等山岭,松杉参天。荷塘乡位于莲花县西部,地处赣湘边境的罗霄山脉中段,山峰绵延,森林茂密,重峦叠翠。东、西部逶迤的群山下蕴藏着开发利用价值高、前景可观的煤、铁及多金矿等。

基础设施 2023年为全乡12个村配齐了环卫设施,投入115万元为万里村、庙下村、白竺村、井下村修建了3个容积为50立方米的蓄水池、铺设了4000米管道,并对4个村1700米污水沟进行了清淤处理,保证了全乡的卫生环境和村民的饮水安全;同时对水利设施和山塘进行了维护,对堤坝进行了加固,确保群众的灌溉用水。对各村的主干道进行了全面改造提升,修缮了学生桥,并投入了99.2万元修建下益桥。提升基层医疗水平,投入110万元完成11个行政村村级卫生室升级改造,实现了"小病不出村"。重视教育事业发展:投入728万元新建荷塘中心幼儿园,极大改善了农村幼儿教育条件。投入410余万元对乡敬老院进行改扩建,改造院内建设和消防工程,保障和改善了五保集中供养对象的居住环境,积极打造9个村居家养老服务中心,切实提高了农村养老服务水平。改善便民服务条件,改造提升便民服务窗口,实行一站式办理、一条龙服务,极大地方便了前来办事的群众。深入开展城乡环境综合整治,城乡面貌持续改善,新建新农村点32个,重点打造了集娱乐、休闲、运动健身于一体的井下村文体公园。积极做好户厕改革,共改造厕所2954座,投入484.8万元兴建了一座装机容量超800千瓦的光伏电站。切实抓好殡葬改革,对全乡范围内散葬坟墓进行了整治,完成了12个村级公墓山建设,营造了绿色殡葬新风尚。扎实做好垃圾分类,设立了长曲湾下益、井下村江下2个垃圾分类试点村,保障了全乡道路沿线、主要场所垃圾分类的需求。

经济概况 荷塘乡以农业为主导产业,以种植业和养殖业为主,主要农产品有水稻、油茶、黄桃、秋雪蜜桃、猕猴桃、蜜梨、八月瓜、黑山羊、肉牛等。建有澳丰农业、石蛙养殖基地、长益合作社、双兴果业等种植养殖基地。先后引进江西鑫彩晨光电科技有限公司、萍乡吉森科技有限公司、莲花县鑫旺环保科技有限公司等20余家企业。2022年,全乡完成财税入库6728万元,同比增长9.3%,其中税务口完成6625万元,财政口完成103万元。完成固定资产投资项目申报7个、工业技改项目1个,新申报规上商贸企业3家。规上工业增加值完成12791万元,固定资产投资完成20874万元,其中工业投资完成15300万元;线上商贸消费零售总额完成2114万元,规上服务业完成11923.2万元。

社会发展 近年来,荷塘乡的教育、卫生、科学、体育、精神文明建设等事业稳健发展。2020年底,全乡649户2458人贫困户全部实现脱贫。通过打造扶贫车间、安排公益性岗位、组织劳动力技能培训、培育创业致富带头人实施就业扶贫,新增就业人员320人,280户家庭实现稳定脱贫。共投入整合财政涉农扶贫资金4007.65万元,完成了211个项目建设,做好了12个村的农田、水利、道路等基础设施建设,确保全乡1.6万人饮水安全。举全乡之力,积极调解县重点项目的矛盾纠纷、切实解决建设困难,确保了寒山水库工程提前顺利建成,从根本上解决莲花县城区多年来的供水困难;做好了萍莲高速荷塘段近12千米的征地拆迁工作,完成征拆房屋33栋,确保了高速建设顺利推进。依托荷塘丰富的红色资源和优美的自然风光,结合莲花县全域旅游规划和荷塘实际,以"探秘寒山、寻味荷塘"为主题,编制完成《荷塘乡全域旅游规划》;以"寒山门户,活力景村"为主线,秉承"生态唤醒、功能更新、文化复兴"的设计理念,高标准打造的寒山景村成为新的网红打卡地,带动周边群众20余人实现就近就业;"寒山觅静"农旅综合体带动能力持续提升,每年吸纳游客10万余人次。

特色地情 乡境内文物古迹有汉墓群、巡检所旧址、旧街市等,还有书院(含私塾)28所、宗祠69栋、寺庙25座、石拱桥23座、牌坊9座、宝塔2座、石陂16座、石板路等。育人书院、宗祠寺庙、牌坊宝塔等古建筑飞檐翘角,绘画形象,雕工精细,古色古香,恢宏壮丽。桐油石灰混合沙石修筑的石拱桥,至今人车通衢。孔圣殿的孔子塑像目光炯炯,手捧经典,仿佛在向人们讲授儒家思想。如今孔圣殿内设立"孔圣奖学基金会",每年奖励品学兼优的学生。荷塘历史悠久,人杰地灵,民风淳朴,民俗文化源远流长,先贤名人、风物古迹繁多,美丽传说尽显真善美,兴贤书院、孔圣殿、麻星岭汉墓、贞孝坊等远近闻名。荷塘是一片宜居宜游的绿色高地,寒山森林公园、千年重阳木、皇帽岭等都是人们休闲游玩避暑的好去处、好景点。

荷塘乡有史料记载的明经进士3名、贡士3名、举人4名、学术理论家1名、武秀才9名,获其他各种功名者258名。曾是赣湘边三年游击战的主要活动地和司令部所在地,是朱云谦、朱家胜、胡登高三位开国将军的家乡,是全市开国将军最多的乡镇,还有李怡、叶凤开、刘浩等参加过长征的老红军,有名有姓的烈士253名。

长曲湾村

村情概况 长曲湾村素有"水上元村"之誉,西边的安流溪与西南方向的北边的王家溪九曲山水,皆汇于此。数条清溪,依村而过犹如玉带曲绕,故名长曲湾。长曲湾村距县城11千米,全村辖12个村小组,6个自然村,总面积8.7平方千米,现有人口1748人。村内建有6个新农村点,1所中心小学,1所村级卫生室。村级办公场所建筑面积420平方米,S538省道穿越本村3千米,萍莲高速跨越本村5千米。2015年被评为省级生态示范村。

经济概况 长曲湾村农业经济主要为种植水稻、油菜、红薯、玉米,2022年水稻种植面积1100余亩,油菜种植面积约800亩。为充分利用土地,开发利用抛荒闲置土地80余亩,统一租赁给种粮大户和长益合作社,村民享受土地租金收入,有条件的也可参与合作社劳动。村内现在规模较大的合作社有莲花荷塘长益农业专业合作社、莲花长鹏农业专业合作社、莲花长盛农业专业合作社。工业有雨伞加工厂、友标鞋面加工厂。2022年村集体经济收入为20万元。

基础设施 长曲湾交通便利,上莲高速横跨本村5千米,S538、X145公路贯通村庄,均为沥青路面。村内道路约7千米,实现了户户通,路宽3.5~5.5米,主要为水泥路面。有桥梁5座,其中古桥3座、新桥2座。村内有路灯210盏,均为太阳能路灯。建有垃圾集中处理中心1个。本村有灌溉水渠7千余米,

长曲湾村

长曲湾村双清桥

灌溉农田1000余亩。通信网络信号覆盖率100%,宽带网络使用率约90%,有线电视使用率100%,家庭通电率100%。有3个集中供水点,分别位于垄上、水脚冲、青塘冲;有自来水蓄水池4座,可蓄水100立方米以上,铺设自来水管道约8千米。村内有南村希望幼儿园和南村中心小学,可容纳300多名学生就读。文化活动场所占地面积3950平方米。有新农村点6处,分别为王家源、坊下、松山里、老屋里、下益、长陂潭。

社会发展 2018年新建村卫生室1所,占地180平方米,由2名乡村医生坐诊,方便当地村民就近就医。2020年重点打造下益新村点建设提升人居环境整治,做到村民房前屋后三包责任制,无生活垃圾乱倒、无污水外流、无家禽家畜乱放现象。投入300多万元治理雨村河下益段河道1500余米,并争资跑项100万元,修建对江便桥1座,方便村民出行、劳作。2021年创办长曲湾村居家养老点,占地380平方米,可容纳30多名老人用餐和生活娱乐。在村内共建有篮球场3个,健身场地5处,方便村民闲余散步、运动。

特色地情 登云塔,县级重点保护文物始建于清同治年间。双清桥位于本村出入口,此桥始建于清代,石板拱桥造型,桐油石灰浆砌缝,坚固耐用,经多次洪水侵袭都无碍。

双岭村

村情概况 双岭村和院背村合并为双岭村,"双"有吉祥如意、福禄双收、好事成双之义,"岭"有坚不可摧、志向远大之义,合并取此名是希望两村能够走向和谐幸福之路。双岭村位于莲花县西部,荷塘乡南端,距莲花县城12千米,区域面积14.3平方

千米,有耕地1954亩,山林22500亩。下设12个自然村组(岭背、冲背岭、汉家山三组、汉家山四组、枧上、沙洲屋、院背、文路、竹下、水头、佑坑、九曲山),共有922户2600人,主要有13个姓氏,其中贺、李、巴、金、刘、彭、欧阳、陈等姓人数较多。曾获"全国五四红旗团支部"称号。村民自发成立军鼓队3支,龙狮队3支,舞蹈队5支,经常受邀参加各类活动。

经济概况 双岭村主要种植水稻、油菜、蜜桃、油茶、八月瓜,养殖土鸡、肉牛、蜜蜂、水鸭、鱼等,2022年,水稻种植面积为1580亩油菜种植面积为578亩,肉牛和黑山羊全年出栏252头。2019年成立双兴农业专业合作社,种植"秋雪蜜桃"果业基地100亩,土地流转约600亩。工业企业有3家,即莲花攀鸿鞋厂、莲花宏裕鞋面加工厂、莲花县晶鑫鞋面加工厂,村民就业人数为110人。村内共有小商铺12家、早餐店2家、理发店2家。2022年村集体经济收入23.3万元。

基础设施 垒山公路贯穿村庄,为沥青路面。生产道路全长4千米,生活道路1.3千米,路宽3.5~5.5米,均为水泥路面。涵洞型桥梁3座。村内设有路灯185盏,均为太阳能路灯。建有污水处理池1个,公共厕所2个。通信网络信号覆盖率100%,宽带网络使用率约95%,网络电视使用率90%,村内有邮政物流和菜鸟快递配送点。家庭通电率100%,自来水全覆盖,村内有1个集中蓄水池,位于半冲,蓄水量为100立方

双岭村鸟瞰

米,岭背自然村组和冲背岭自然村组分别各有1个蓄水池,蓄水量为50立方米。12个自然村组水利灌溉基本覆盖,农田圳道基本修复,高陂圳、猪婆陂坝、宜香圳坝主要沟渠引水已全部修建,灌溉耕地1600亩。建设新农村点6处,分别建有占地面积约500平方米的广场,并配备1套健身器村。

社会发展 辖区内院背小学有50年历史,有1个卫生所,建有"党建+居家"养老室,村里60岁以上老人可以免费用餐。有敬老院1座,50多名老人在此颐养天年,有文化队、舞蹈队、乐器队等;还设有新时代文明实践站1座,内有图书馆、小朋友健身娱乐园、残疾人恢复场所。

特色地情 寒山水库。地处双岭村九曲山,始建于2016年,总库容1418万立方米,是一座以供水、灌溉为主,兼有防洪、发电等综合效益的中型水库,是莲花县城主要水源地之一。寒山水库距莲花县城11千米,大坝位于赣江二级支流、禾水一级支流西莲江上游,控制流域面积58.7平方千米。

兴贤书院。坐落在双岭村汉家山村石竹园,由清代乡贤吴大士倡导修建。吴大士字九卿,号牧庵,亦号竹斋,荷塘乡庙下村人。主讲琴水书院七年,出其门下者皆一时俊杰。晚年吴大士致力乡梓教育,同治三年(1864)会聚三都乡绅名流贺紫府、朱腾万、贺海帆、李瑞南等倡立文会,建议兴办书院,并于次年开始筹建,同治十一年(1872)书院建成,从此荷塘文风日盛。兴贤书院在清末为兴贤小学,苏区时期设立列宁小学。中华人民共和国成立后,在此办过南村小学。1928年7月中共莲花县委在此召开第一次党员大会。

楼下村

村情概况 楼下村位于龙溪山东南面,明弘治年间朱姓迁来,建有读书楼,名书楼村,后清朝改名为楼下村。东邻南岭乡超村,南邻长曲湾村,西邻双岭村,北邻庙下村,距离县城13千米。区域面积16.8平方千米,其中有耕地827亩,旱地50亩,林地5500亩。辖5个村民小组,共384户1037人,村民以朱姓为主。

经济概况 楼下村聚焦产业发展,强化政策宣传,落实产业补贴,发动群众种植和养殖,激发村民就业创业意愿,促进增产增收。村内现有猕猴桃、油茶、油菜、水稻等种植产业,黄牛、山羊、珍珠鸡、草鱼、蜜蜂、土鸡、土鸭等养殖产业,其中有16户享受种植养殖产业补贴。2021年,村集体投入产业帮扶资金120万元,建立肉牛养殖基地,栏舍面积3400平方米,将场地进行出租,每年可为村集体增加收入4万元。村内群众自发成立了莲花县珍顺种养场、明珠农业专业合作社、莲欣鞋面加工厂、宇欢鞋面加工厂等企业,吸纳村民就业100余人。村内集镇全长300余米,有商铺20余户。在产业发展方面,通过入股荷缘农业发展有限公司,将产业资金进行统一管理、统一发展,通过整合集体经济资源,以"抱团取暖"的方式发展,为村级集体经济增收5万元。

基础设施 村内S538公路和X145公路穿境而过。村内生活道路约5千米,路宽3.5~5.5米,主要为沥青和水泥路面。2023年对X145主干道进行铺设沥青道路提升,兼具生产生活功能的集镇段约0.4千米,为沥青路面。西莲江流域楼下村建有桥梁2座,2023年投入约78万元修建了神背桥。建设自来水蓄水池2座,可蓄水100立方米,铺设自来水管道约23千米。村内有路灯160盏,均为太阳能路灯。2024年对垄里的农田水利设施进行建设,新建引水圳道1000米,2022年对华陂里堤坝38米进行了加固,确保群众的灌溉用水。通信网络信号覆盖率100%,宽带网络使用率约80%,有线电视使用率100%,家庭通电率100%。

社会发展 楼下村有幼儿园1所,2018年建设完成,占地4500平方米,现有幼师9人,学生170人;有乡镇卫生院1所,占地4150平方米,有医生10人,护士10人,床位40张。2023年打造居家养老服务点1处,提供休闲、娱乐、餐饮等功能。楼下村设置综合文化服务中心,有青少年活动、老年人活动室。建设室外文化广场2处,包括篮球场、健身休闲广场。楼下村有183人享受社保,53户88人享受低保,28人享受残疾补助。村内实现垃圾分类与垃圾处理标准化,有专职保洁员7名。

特色地情 村内有1座占地面积不足20平方米的小型寺庙,坐落于枧陇桥旁老树下,是村民祈福之地。明成化五年(1469),义士朱奇凤乐善好施,捐赠1000石粮食

楼下村

到广东西部救灾、帮助老百姓，得到赞颂，后被朝廷授为宣义郎。今在朱氏长房祠内挂有宣义堂牌匾。

庙下村

村情概况　庙下村距莲花县城12千米，位于荷塘乡中心，现为乡政府驻地。全村共辖庙下、布田、洲上3个自然村，共9个村民小组，367户1339人，主要有吴、颜、朱、黄四大姓氏，其中吴、颜两姓占总人口的一半以上。庙下村交通便利，商铺林立。总面积3.5平方千米。荷江河主干流南北向贯穿全村。绿化率达55%，主要植被为油茶林、杉木林、桂花树，村内有古樟树4棵。村民自发组建军鼓队3支，经常受邀参加各种庆典和仪式。

经济概况　庙下村主要种植水稻、油茶、油菜、红薯，养殖土鸡、鸭、鹅等。2022年，水稻种植面积约650亩，油菜种植面积约400亩，黑山羊出栏70头。村民成立有富兴龙合作社、宏盛鞋面、莲欣鞋面等企业。村内集镇全长600余米，商铺林立，年营业额达100万元以上商家2家。2023年集体经济收入为15.26万元。

基础设施　萍莲高速贯穿全村，庙罗公路穿境而过，S538省道从村后道横穿全境。村内生产道路约7.8千米，生活道路约10千米，路宽3.5~5.5米，基本为水泥路面。兼具生产生活功能的集镇段约1.8千米，为沥青路面。有桥梁4座，其中小型桥梁3座、涵洞型桥梁1座。村内有路灯180盏，均为太阳能路灯。设有垃圾集中处理处5处。通信网络信号覆盖率100%，宽带网络使用率约90%，有线电视使用率100%。村内有移动、电信、联通营业厅和邮政、菜鸟驿站物流配送点。家庭通电率100%。村民主要生活用水来源于地表水，有2个集中供水点，分别位于横岭上、龙溪山；有4座自来水储水池，可蓄水200立方米，铺设自来水管道约9千米。有龙溪山塘、花园庵塘等闲置山塘3座。建有荷塘乡中心小学及南村中学，九年义务教育覆盖率100%。文化活动场所占地面积约2360平方米，主要是村委会（党群服务中心）约180平方米、新时代文明实践站约400平方米、文化健身广场约600平方米、庙宇约1180平方米。

社会发展　近年来，庙下村的各项事业稳健发展。全力推行巩固脱贫攻坚与乡村振兴有效衔接。坚决落实脱贫摘帽四不摘，吸纳9名脱贫人口担任村公益性岗位，增加了脱贫户收入，解决了脱贫户就业。继续落实外出脱贫就业人口一次性交通补贴33人，产业奖补10户。2024年全力推广"5+2"就业之家平台的应用，前后共解决4

庙下村集镇

名剩余劳动力在"家门口"实现就业。进一步夯实完善村庄基础设施。2023年高标准整治了洲上自然村,共打造两块400平方米的标准化菜园;利用民间捐资,建设了沿河路"口袋"休憩广场,硬化地面180平方米;安装40米不锈钢护栏,4张户外藤椅,2盏太阳能路灯;清理疏通村庄重点区域排水沟480米。

特色地情 龙溪古庵,坐落于本村龙溪山脚下,始建于明朝,系县级文物保护单位。荷花桥,县级文物保护单位,有着100多年的历史。

井下村

村情概况 井下村原名"锦泉村",《莲花厅志》曾记为"甘泉村"。其得名由来是:明弘治年间,朱氏吴郡支十九世孙廷祥公号甘泉,见此地有清泉出自石灰岩裂隙,水源长年不断,水质醇厚甘甜,便从楼下村徙居到此立村,取名"锦泉村"。后村民掘井蓄水,演化为井下村。

井下村地处荷塘乡东部,东与南岭乡圳头村交界,南与庙下村接壤,西邻严塘村,北接万里村,区域面积为9.28平方千米,此外还有在外村的插花田和插花山。下辖11

个自然村组,分别是大岭山、罗山、五问、四问、塘向上、垭上、自水等上、新屋山、草坪、坳背、宁家里。共596户2025人。

井下村属半丘陵半山地地形,地势北高南低,村庄地势坡度变化大,有耕地1057亩,林地8700亩,石灰石矿产资源较为丰富。绿化率70%,主要为油茶林、柏树林、杉树林和樟树林。村民自发成立有三角班伴奏乐队1支,常受邀参加各类晚会表演。

经济概况 井下村主要种植水稻、油茶、油菜、红薯,养殖牛、羊、土鸡、鸭、鸽子、蜜蜂等。2022年,水稻种植面积约1050亩,油菜种植面积约593亩。2023年新引进杂交水稻制种项目,种植面积200亩。肉牛全年出栏25头,黑山羊全年出栏30头。村民自发成立的企业有文武农业专业合作社、龙潭里种养专业合作社、井下汉民种养专业合作社、窖化垅种养专业合作社、宏盛鞋面加工厂、木器加工厂等。村内有商铺10余户。2022年村集体经济收入15.19万元。

基础设施 庙罗公路穿过村庄,均为水泥路面。村内主干道路约1千米,村道约5千米,路宽3.5～4米,主要为水泥路面。有桥梁8座,其中小型桥梁4座、涵洞型桥梁4座。村内有路灯120盏,均为太阳能路灯。建有垃圾集中处理中心11个。通信网络信号覆盖率100%,宽带网络使用率约90%,有线电视使用率100%。村内有移动、电信、联通营业厅和邮政物流配送点。家庭通电率100%。村民主要生活用水来源于山泉水,有2个集中供水点,分别位于宁家里、坳背;有自来水蓄水池3座,可蓄水200多立方米,铺设自来水管道15千米。有草坪山塘、过江坑河道、宁家里山塘、林家塘、窖化垅山塘、狮古塘等具有水利灌溉功能的山塘6座、河道1条,主要采用沟渠引水,可灌溉耕地1050余亩。

社会发展 井下村建有井下小学1所,九年义务教育覆盖率100%。文化活动场

井下村

井下村朱云谦将军故居和广场

所占地面积约4000平方米,包括村委会(含党群服务中心)约600平方米、新时代文明实践站约500平方米、文化健身广场约2000平方米、居家养老服务中心约350平方米。村内建有1所卫生室。

特色地情 井下村是开国将军朱云谦的家乡。朱云谦将军故居占地面积240多平方米,为前后两厅、直身隔廊一进四室的两层楼房。现故居内有朱云谦将军生平事迹展。

金鸡洞位于村东北部,常年有山泉从洞中流出,洞内有一不知年代的无字石碑,村民奉之为水神,每逢旱年,便在此求雨,传说较为灵验。与一般村落祭祀龙王不同,附近有一祠,名为龙姥祠,始建于明代。祠旁有古樟树,树龄800余年。

万里村

村情概况 万里村曾名"湾里村",距莲花县城17千米,地处荷塘乡北部,面积3.7平方千米。设6个村民小组,共402户1463人。属半丘陵半山地地形,地势北低南高,村庄地势坡度变化大,平地少,呈现纵向狭长态势,凫水河支流自北向南穿村而过。煤矿资源较为丰富。绿化率70%,林地面积为2582亩,主要为油茶林、松树林、杉树林和樟树林。村民自发成立有4支军鼓队,主要为村内红白喜事服务。

经济概况 万里村主要种植水稻、油茶、油菜、红薯,养殖土鸡、羊、蜜蜂等。2022年,水稻种植面积约860亩,油菜种植面积约700亩。2023年新引进水稻制种项目,种植面积220亩。黑山羊全年出栏50头。村内有商超2家,小卖部17家,餐饮店1家。2023年村集体经济收入30余万元。

基础设施 庙罗公路和萍莲高速穿村而过。村内生产道路约12.2千米,生活道路约5.1千米,路宽3.5~5.5米,主要为水泥路面,4个村民小组主干道约2.6千米,为沥青路面。村内有路灯140盏,均为太阳能路灯,有污水集中处理站1个。通信网络信号覆盖率100%,宽带网络使用率约90%,有线电视使用率100%。家庭通电率100%。村内有移动、电信、联通营业厅和邮政物流。有5个集中供水水池,分别位于塘边、贺家里、圳边、万里、长坞。有太冲、塘边、冲罗里山塘3座,主要采用沟渠引水,可灌溉耕地400余亩。

社会发展 文化活动场所5处,占地面积约1400平方米。村内建有1个卫生室,有医生常年值班坐诊。2023年度农村医保参保率100%。有471户1482人享受了农房保险;有34户58人享受了农村

万里村高标准水稻制种项目

万里村塘边打鼓岭煤矿

低保。新建停车场6处,设车位100余个。

特色地情 康王庙。位于塘边自然村,为古楚王傩神庙。它坐东南面西北,蓑衣岭邻口处,山虎形踞于后,右有银屏堂,左有村落,是萍乡保存较为完整的一座古傩庙。据考证,此庙由塘边原瑶氏先辈始建于康熙四十九年(1710)。每年逢农历三月二十八日康王生日,本村和村外的村民聚集于此,开桌摆宴,撒桌开大戏,以祈神灵护佑,八方民众望四季平安,五谷丰登。

珊溪村

村情概况 珊溪村位于荷塘乡最北部,为原珊溪、佳山两村合并村。北面与坊楼镇红源村交界,西面与严塘村交界,南面与万里村交界,东邻南岭乡山界。全村区域面积15.8平方千米,下辖14个自然村组,分别是:老屋里、东边、独家坊、双江冲、东岸、蛇坪、下新屋、上新屋、塘冲、太武山、老佳山、乜坞、瓦屋里、老屋场。全材共656户2018人。主要有刘、朱、李、唐、肖、贺、段、胡、赵、曹、黄、蒋、金、颜、杨、张、周、王、黎、欧阳、屈、文、成等23个姓氏。村民自发成立腰鼓队2支,常受邀参加周边的红白喜事活动。珊溪村属半丘陵半山地地形,地势北高南低,全村夹于两条山脉之间,中间村庄地势坡度变化不大,南河圳依山环绕,村内水支流自北向南汇入莲江。铁矿、石灰石等资源较为丰富。绿化率60%,林地面积为23700亩,主要为油茶林、松树林、杉树林、乔木林、竹林和樟树林。

经济概况 主要种植水稻、油菜,养殖猪、羊、鸡、鸭、鱼等。2022年,水稻种植面

珊溪村党群服务中心

双江中三潭映月

积约1500亩,油菜种植面积907亩。2022年新引进水稻制种项目,种植面积228亩。藏香猪、土猪全年出栏400头,黑山羊全年出栏200头,肉牛全年出栏20头。村内轻工业企业有宏盛鞋面加工厂、佳山鞋面加工厂、三元制衣厂等。村民在县城创办的企业有新昌物流公司、贺大娘霉豆腐等。2023年村集体经济收入为20万元。

基础设施 上莲高速公路和庙罗公路贯穿全境,均为水泥路面。村内生产道路约8千米,生活道路约9千米,路宽3.5~5.5米,主要为水泥路面。有桥梁10座,其中小型桥梁5座、高速公路涵洞桥5座。村内有路灯220盏,均为太阳能路灯。建有垃圾分类点1个。通信网络信号覆盖率100%,宽带网络使用率约90%,家庭通电率100%。村民主要生活用水来源于自然深山水,有4个集中供水点,分别位于乜坞、佳山、珊溪、蛇坪;有自来水蓄水池4座,可蓄水160立方米,铺设自来水管道约12千米。农业种植主要引水灌溉,有下阴冲、白水塘、西岭水坝等具有水利灌溉功能的山塘6座,主要采用沟渠引水,可灌溉耕地600余亩。

社会发展 村内建有珊溪小学和珊溪村幼儿园。文化活动场所占地面积约1200平方米。村内建有1所卫生室,村委会为村民提供代缴医保服务,2022年度农村医保参保率达100%。

特色地情　三潭映月。位于双江冲自然村,海拔落差约300米,有连续的三级瀑布自上而下飞瀑入潭,相叠连接形成奇观,白天水雾腾起,彩虹为日照之影,夜晚月影映射于三重潭水之中,因而美其名曰"三潭映月"。景区内有众多古巨木化石,纹理清晰,神形逼真。荷塘"红旗渠"南河圳贯穿景区,走在圳道边沿的卵石游步道上,全村美景尽收眼底。山下还有双江冲潺潺溪流,风景宜人。

文风塔。位于珊溪老屋里自然村,临江而建,原址历史上曾建有治纸亭,2005年由当地村民自发集资重建,共7层,高约21米。

严塘村

村情概况　严塘村由原路边村与严塘村合并而成,位于莲花县荷塘乡北部,东邻井下村,南接庙下村、西与寒山村交界,北与万里村接壤,区域面积12平方千米,下辖6个自然村组,分别为:老严塘、庙边、路边、蛇形上、水家源、茶脚下。共413户1228人,有9个姓氏,其中胡姓村民人数占全村人口的80%。珊溪水自北向南而过,村内赤铁矿、多金属伴生矿储量丰富。绿化率达80%,林地面积为14850亩,主要为杉树林、松树林、杂木林和油茶林。

经济概况　严塘村主要种植水稻、油茶、油菜、红薯,主要养殖土鸡、牛、羊、蜜蜂等,全村农田面积1272.75亩,油菜种植面积约460亩。黑山羊养殖户2户,年末存栏97头;牛养殖户16户,年末存栏261头。村内有江西双云农业科技发展有限公司在村养殖石蛙。2023年村集体经济收入15.19万元。

基础设施　村内生产道路约6.2千米,为简易水泥路。生活道路约9.8千米,路宽3~5米,主要为水泥路面。有桥梁4座,其中小型桥梁1座、涵洞型桥梁3座。村内有路灯150盏,均为太阳能路灯。通信网络信号覆盖率100%,宽带网络使用率约80%,有线电视使用率90%,家庭通电率100%。有2个集中供水点,分别位于老严塘松山里和水家源,有自来水蓄水池2座,容积分别为20立方米和50立方米。文化活动场所占地面积约1025平方米。村内建有1所卫生所(室),服务范围覆盖全村。

社会发展　村民购买养老保险、享受社保共217人,低保人员53户95人。建有老年活动中心1个。村民自发成立有军鼓队1支、舞蹈队2支、锣鼓队3支,常应邀出席周边活动。

特色地情　村内有名有姓的烈士21名。

胡高万，1901年出生在路边村一个穷苦农民家庭，1927年参加革命，中共党员，曾任村支书。1929年冬，胡高万同志在攸县官田村与敌军的战斗中，为掩护其他同志撤退，不幸被捕，壮烈牺牲。

叶善开，大革命时期参加红军，1933年，在反"围剿"战斗于茶陵桐木坳牺牲，年仅22岁。

胡福生，叶善开的表弟，水家源村人，曾任攸县三特区秘书。1932年被捕后，他坚贞不屈，后在文塘万沙洲英勇牺牲，年仅24岁。

严塘村胡氏宗祠

叶凤开，1927年参加革命，红军长征后在湘赣边坚持三年游击战争。1937年参加陇上整编，1938年编入新四军一支队二团，参加过抗日战争和解放战争。解放后曾任江苏陆军学校校长、河南海航四师高炮五团团长、上饶海军学校副校长、九江海军学校校长兼海军某部副司令员，大校军衔。1993年逝世。

胡登高，1931年参加中国工农红军，同年加入中国共产主义青年团，1932年加入中国共产党。参加过反"围剿"斗争、长征、抗日战争和解放战争。1955年被授予少将军衔，1988年被授予中国人民解放军一级红星功勋荣誉章。

寒山村

村情概况 寒山村位于荷塘乡西南，因深山寒冷而名寒山，有毛、李、黄、王、贺、吴、肖7个姓氏。与湖南省攸县接壤，距离莲花县城20千米。辖6个村小组、6个自然村，总面积20平方千米，有耕地510亩（其中水田465亩，旱地45亩），林地28000余亩，

寒山村鸟瞰

森林覆盖率90%。全村共98户388人。

经济概况 寒山村主要种植水稻、油菜、红薯，养殖土鸡、羊、牛、蜜蜂等。2022年，水稻种植面积约400亩，油菜种植面积约86亩，黑山羊全年出栏30头。村民成立有安帮种养合作社。2022年村级集体经济收入21.3万元。

基础设施 S538省道穿过村庄，均为沥青路面。村内生产道路约5.6千米，生活道路约2.1千米，路宽3.5～5.5米，主要为沥青路面。有桥梁6座，其中小型桥梁5座；村内有路灯180盏，均为太阳能路灯。通信网络信号覆盖率100%，宽带网络使用率约90%，有线电视使用率100%，家庭通电率100%。有2个集中供水点，分别位于磨刀、六路江；有自来水蓄水池2座，可蓄水100立方米，铺设自来水管道约1.6万米。主要采用沟渠引水，可灌溉耕地400余亩。文化活动场所占地面积约2000平方米。

社会发展 有1所村卫生服务室，配备乡村医生1名。2023年全村购买养老保险388人。人居环境整治做到门前屋后无垃圾堆放、无污水横流、放弃杂物挡道，日常生产生活物品堆放规范（落实门前三包）。实现垃圾处理设施与方式标准化，有专职保洁员6名，污水收集处理池1座。

安泉村

村情概况 安泉村位于荷塘乡西南端，距莲花县城22千米。区域面积为17.12平方千米，有耕地面积786亩，林地面积24150亩。地处湘赣边界、罗霄山脉，位邻寒山水库,旁有赣江二级支流、禾水一支流凫水河,具有承东启西的区位优势,快捷便利的公路运输网络已经成形。

经济概况 村内农户产业以种植水稻、油菜,养殖鱼、猪、牛、羊、蜜蜂为主。主要粮食作物为水稻,林业以毛竹、药材为主,农业以养殖鱼、猪、牛、羊、蜜蜂为主。2022年,水稻种植面积约500亩,油菜种植面积约120亩,黑山羊全年出栏105头,肉牛全年出栏8头。村民成立有莲花县罗霄山生态农业有限公司、莲花县寒山旅游开发有限责任公司、莲花县寒山塔前种植养殖基地等。2022年村集体经济收入15.03万元。

基础设施 入村道路约4千米,路宽3~5米,全乡村级公路全部水泥化。有桥梁4座,其中小型桥梁2座、涵洞型桥梁2座。村内有路灯60盏,均为太阳能路灯。通信网络信号覆盖率100%,宽带网络使用率约90%,有线电视使用率100%。有自来水蓄水池5座,可蓄水150立方米,铺设自来水管道约16千米。有老虎潭河道水利灌溉,主要采用沟渠引水,可灌溉耕地600余亩。村内建有村级卫生室1所,有值班医生。文化活动场所占地面积约1800平方米。

社会发展 2023年共有112人享受居民养老保险,其中享受农保112人。人居环境整治做到门前屋后无垃圾堆放、无污水横流、放弃杂物挡道,日常生产生活物品堆放规范(落实门前三包)。

特色地情 寒山觅静农旅综合体。面积达500亩,集餐饮、住宿、人文景观、休闲旅游、特色农产品于一体的全方位、多角度、深融合的农旅综合体。园区有采摘园、垂

安泉村药材种植

钓池、农作物体验区、田园风光区、四季花海、餐饮区、特色农产品展示区、贞孝牌坊、精品民宿等。

贞孝牌坊。位于长岭自然村,清道光丁亥年(1827)建成,2006年被列为江西省重点保护文物。地方志记载:贺氏录姑年14岁便许配给茶陵人士李文吉,未婚文吉殁,但录姑誓不改嫁。又因当时母故,父不继娶,两弟幼小和老父全赖录姑抚育和奉养,人皆称其"贞孝",皇帝下旨建贞孝牌坊。

朱家胜(1914—2007)。1929年加入中国共产主义青年团,1932年转入中国共产党,同年参加中国工农红军。土地革命战争时期,历任江西莲花县乡苏维埃政府委员、主席,区苏维埃少先队主任委员、游击队政治委员、警卫营政治委员,红八军第二十四师七十一团宣传干事、连指导员,红六军团模范师政治部技术书记,军团政治部总务处长等职务,参加了棠市伏击战和长征。1961年晋升少将军衔。获二级八一勋章、二级独立自由勋章、二级解放勋章、一级红星功勋荣誉章。

文塘村

村情概况　文塘村位于荷塘乡南部,两山相夹,东面有三峰岭,南面有青狮山,西面有老山岭,北面有狗爬岭,村居深山似塘,村口巨石分峙左右似门,始称"门塘",因"文"与"门"谐音,雅称文塘村。东邻琴亭镇幸福村,南邻神泉乡棋盘山村、周屋冲村,西邻双岭村,北邻安泉村,距莲花县城22千米,距荷塘乡政府7千米。

全村共有5个村民小组,分别为:背屋(上文塘)、上坪里、中文塘、刘家冲、大树下(下文塘)5个自然村,村民以贺姓为主,共148户476人。辖区面积10.1平方千米,有耕地720亩,林地8821亩。

经济概况　文塘村以农业为主导产业,以种植业和养殖业为主,主要特色农产品有水稻、油茶、猕猴桃、八月瓜、莼菜、蜂蜜、肉牛、冷水鱼等。2020年以来,以发展生态、高效、高附加值农业为抓手,引进和设立了以市级农业龙头企业澳丰农业、李佳园合作社、南昌莼菜园种源基地、隆丰农业为代表的8家企业主体,带动发展种植、养殖业。2023年水稻种植面积540余亩(其中有机稻种植100余亩)、油茶种植面积2000余亩(其中有机油茶600余亩),肉牛养殖户存栏300余头、蜜蜂500余箱、八月瓜80余亩等。

2023年文塘村2个主要优质农产品——水稻、茶油通过第三方有机认证,取得优质农产品注册商标2个。2023年村集体经济收入20.54万元。

基础设施 文塘村地处罗霄山脉中段,位邻寒山水库。X204罗(市)界(化龙)县道,荷(塘)神(泉)文塘段公路长5千米穿村而过,全村5个自然村宽3.5米的村组路全部水泥硬化,村主干道全面铺设沥青。全村共有路灯106盏,均为太阳能路灯。通信网络信号覆盖率100%,宽带网络使用率约90%,有线电视使用率100%。有集中供水工程3处,其中李家园集中供水点工程,解决63户216人水源问题;鹅形里集中供水点工程,解决36户117人水源问题;背屋集中供水点工程,解决45户143人水源问题。水源均为山泉水,确保全村村民都有安全饮水。建有刘家冲、石墩下蓄水灌溉山塘、七石里水渠、鹅形里水渠、石墩下水渠、半冲水渠等灌溉渠道,确保全村农田能得到有效灌溉。对上坪里、中文塘大树下等3个自然村进行了人居环境整治点改造,共90户252人受益。

社会发展 文塘村有60岁以上老人75人,占全村人口的18%,空巢老人居多,是典型空巢老人村。利用村贺氏祠堂200余平方米设立居家养老服务中心,并与村卫生室签订了协议,定期为老人们提供免费体检、护理等服务。在村内文体广场投入10余万元设置篮球场。村内设有1个卫生所。共有80人享受居民养老保险;低保人员28人,分散供养6人。生活垃圾每天都会及时运走,文塘村境内建有1个100立方米的生活污水生态处理池。

特色地情 文塘村林地资源丰富,村内古树参天,青山绿水,环境优美。有一棵树龄为980年的重阳木,胸径7米多,树高20多米,为"江西省十大重阳木古树"之一、

文塘村村口

文塘村有机油茶林种植基地

"萍乡十大名木"之一。还有多株有树龄400余年的苦槠树。

清朝年间文塘刘家冲贺善义及其捐资修建的十里青板路"米果路"的故事和谭余保领导湘赣边游击队智取"文塘碉堡"的故事广为流传。有牺牲于大革命和土地革命时期的革命烈士13名。

白竹村

村情概况 白竹村名源于白竹洲,相传这里原有的高山翠竹,因吸纳了白玉精华,逐渐变成了白色的竹身竹叶,成为世上稀有的物种,因此取名白竹洲。

白竹村位于莲花县荷塘乡最西部,坐落于罗霄山脉中段连绵起伏的群山中,东北方向与神泉乡和本乡的安泉村相邻,西南与湖南省的茶陵、攸县交界,辖区面积22.6平方千米,耕地面积726.84亩(其中水田672.84亩,旱地54亩),林地16000余亩。森林覆盖率92%。全村辖白竹洲、枫树下、泥鳅湖、张家里、帽子山5个自然村,7个村民小组,共118户523人。全村主要有李、彭、凌、刘、尹、邓、吴、肖、周、马等18个姓氏。

经济概况 村集体经济来源有公益林资金补助、入股分红、光伏收益等。2023年村集体经济收入23.46万元。

基础设施 村内有入村路9.5千米,铺设沥青路3千米,各自然村均通有水泥路,接通了湖南茶陵外联公路。白竹洲、枫树下、张家里、帽子山都建有新农村点,村内有村级卫生室1所,有值班医生,宽带安装已全覆盖。全村共有110户通电。自2019年起全村实现了集中自来水供应。全村有山塘1口、水域面积约30亩,位于下土里,灌溉农田300亩左右。

社会发展 村里有广场舞队、龙灯队等民间组织。村民购买养老保险、享受社保共有84人,其中农村低保人员16户25人、城市低保1户1人。建设有居家老年活动中心1个。

特色地情 皇帽岭。皇帽岭位于白竹村西边,海拔约1089米,面积约3000亩。山上风光秀丽,盛产野果,每年3月盛开红艳艳的杜鹃花,犹如给皇帽岭披上了一片大红锦缎。

雷打石。位于白竺村张家里自然村的田垄中。大石属花岗岩,经风雨侵蚀,显得异常平滑。传说大石头是被雷劈成品字形,所以人们把这块大石头叫作"雷打石",此石巨大坚硬。唐代时期被雷劈成三块,中间成人字通道,并有一小井,深不可测,井的上端清泉不断滴落,人称仙水。

龙虎长石。位于张家里与枫树下交界处。石长80余米,宽3米,高3.5米,像一座大坝高耸在山窝。石头的一端像龙头,另一端像虎头,因此,人们管它叫"龙虎长石",极为罕见。

古松群。位于张家里的山坡上,大大小小分布有百余株松树,这些松树大多有三四百年树龄。远远望去,这些松树像整齐列队的士兵,又像迎客的仪仗队,十分壮观。

白竹村湘赣边三年游击战争旧址展馆

白竹村跌水崖瀑布

跌水崖瀑布。位于白竺村西南。瀑布长180米,宽20米,瀑布两边峭壁悬崖,下有深潭,深不可测。远远望去,整个瀑布似一条长长的白色飞龙,自天而降,轰鸣如雷,颇为壮观。

奉先桥瀑布。位于西竺寺旁边,气势非凡,雄伟壮观。近观清澈如镜,彩虹时隐时现,似巨幅珠帘下垂,像彩绸飞舞,人如飘浮空中,畅游仙山琼阁;远观飞瀑溅沫,弥漫着乳白色的浓雾,苍茫一片,似虹霓霞雾,轻盈缥缈,如诗如梦。

寨美峰。位于白竺村西边。此处风光秀丽,美不胜收。远处是碧玉池,湖光山色,异常漂亮。脚下群山起伏,峰峦叠翠,云海苍茫,气象万千。峰上有两株五胞同根的大青钩栲,被称为"五子登科",还有成群的杨梅林、猕猴桃林、杜鹃林。站在峰头,纵目远眺可以看到莲花县城,有"鸡鸣两省,马嘶三县"之说。

高洲乡

高洲乡位于莲花县北部,距县城32千米,东与安福县钱山乡和莲花县闪石乡接壤,南与坊楼镇相邻,西和六市乡交界,北和芦溪县张佳坊乡紧连,乡政府驻地在高洲村。全境半山区半丘陵地带,总面积128平方千米,耕地面积16980亩,山林面积12.49万亩,辖12个行政村,人口1.79万人。

清乾隆九年(1744)前属安福辖地,后立莲花厅为上西乡的二十九都、三十都和三十一都下部分,1912年,莲花废厅改县,高洲仍属上西乡的二十九都、三十都和三十一都下部分。

1950年6月,本境分设上塘、苍下、塘下、高洲、严家、高滩六个乡政府;1952年6月,本境属五区、六区,另增设库汤乡;1956年3月隶属高洲乡、罗市乡;1958年8月改为高洲人民公社、罗市人民公社;1974年11月5日撤销罗市公社,并入高洲公社;1984年3月高洲撤公社设乡;2003年11月并为12个村至今。

据《芳洲谢氏宗谱》陈序云:吾里高洲谢氏,其始祖鹏南公自义历徙居高圳,继迁嘉山寮源。子宜高公避元兵乱乃徙今高洲。洲名高者,示不忘宜高公,乃高洲。

2014年9月,环境保护部授予高洲乡2012—2013年度国家级生态乡镇称号,江西省爱卫办授予高洲乡2021年度江西省级卫生乡镇,2022年高洲乡团委获评全省五四红旗团委,2024年高滩村获评全国唯一四星级地质文化村。

自然环境与资源 高洲乡是莲花县森林覆盖率最高的乡镇,森林覆盖率82.19%。全乡平均海拔485米,境内最高峰高天岩,海拔1275.2米,为莲花县第二高峰。乡内村庄遍布，人口集中，地势平坦，交通较便利，土地肥沃，气候温和，境内拥有非常丰富的竹木资源、水利资源和旅游资源，地下还蕴藏着大量镁质黏土、石灰石、硫磺和粉石英等矿产资源。

高洲是莲花和永新的"母亲河"莲江和禾水的发源地，分别发源于高滩杨梅山和黄沙的两条小溪从北至南，流经全境，汇入莲江，直达禾水，无声润泽着沿岸的村庄与城镇。

高洲有全县唯一的省级自然保护区——高天岩，山上奇石林立，风景优美。主要旅游资源有卧牛灵峰、擂鼓谷、妙高台、石仙洞、金蟾拜月、杜鹃林、水云洞等。

高洲有萍乡市海拔最高的行政村——黄沙村，人称"莲花的屋脊"，海拔886米，年平均气温15℃，四面群山环抱，树木葱茏，风景如画，古树参天，一年四季景色各异，是一个天然绝佳的避暑之处。

高洲有全国唯一的四星级地质文化村——高滩村。村内地质遗迹资源丰富多样，历经3亿年地质演变形成的高滩沧海桑田溶洞带，从原来的一片汪洋大海，历经构造断裂、水流冲刷溶蚀、差异风化、重力崩塌等内外地质营力的综合作用，形成了独具特色、令人称奇的岩溶地貌和碎屑岩地貌。高硒背景的成土母质、独特的土壤理化性质造就了高滩丰富的富硒土地资源，利用天然富硒土壤种植的富硒有机大米得到了袁隆平院士的高度肯定。

高洲有全县最大的成片水稻田垄——花甲垄，面积11000余亩。每到春秋时节，万亩油菜花和金色稻田装饰田间，如诗如画、美不胜收。

经济概况 高洲乡规上企业共10家，规上工业4家，分别是江西莱利换热器制造有限公司、江西上品金刚石工具科技有限公司、江西莱利装备能源有限公司、江西鸿业合金材料有限公司。规上服务业企业1家：莲花县碧云天健康管理有限公司。商贸业3家：江西莲鹏家居有限公司、江西赣西医药有限公司、江西吉内得实业有限公司。房地产企业1家：江西广福投资发展有限公司。建筑业1家：江西鑫火建设有限公司。

2023年实现财税入库3957.6万元，同比下降23%，其中税务收入3903.4万元，完成增值税2912.9万元。完成一般预算收入1967.8万元，同比增长2%；固定资产投资2.81亿元，其中工业投资1.67亿元。

基础设施 有小（2）型以上水库3座，其中小（1）型水库1座，为黄沙水库，黄沙水库库容129.2万立方米，根据全乡水系分，形成了2个灌区，分别为塘泥冲灌区和茶冲山塘灌区，大小山塘42座。

境内供电设施全覆盖。全乡共有12个水电站，分别是高滩村的石洞背水电站、路西电站、南岸水电站、清潭水电站、金潭电站、清胜水电站，苍下村的石狮头水电站、苍下电站、叶春电站。严家村的小源冲电站。高洲村的火郎奄电站、白料孔电站。

社会发展 辖区内有1所中学即高洲中学;2所小学,即严家小学、高洲中心学校;3所幼儿园,其中私立幼儿园2所,即东东幼儿园、精晶幼儿园,公办幼儿园1所即高洲乡幼儿园。

全乡文化基础设施配齐配全,设有1个文化站、12个村级文化活动中心。各村均设有休闲娱乐小广场。积极开展各项文化活动,连续开展了两届萍乡市红色马拉松、油菜花节、全省旅发大会等一系列活动。2023年开展了"高洲乡春节联欢晚会"、首届"村BA"贺岁杯篮球比赛,极大丰富了群众的文体生活。有1所卫生院,11个村级卫生室,乡村医生共计18人。

人文地情 高洲乡红色资源丰富、红色历史厚重。高滩是毛泽东领导的湘赣边秋收起义部队进入莲花的第一站。1927年9月24日,毛泽东率领秋收起义部队来到高滩村,并在此召开了行军会议,稳定了部队情绪,鼓舞了革命士气,为引兵井冈的莲花决策奠定了基础。高滩村革命烈士王佐,是秋收起义部队进入莲花的引路人,王佐牺牲后,中共莲花县委遵照毛泽东的指示,将高洲乡命名为"王佐乡",将高滩支部命名为"王佐支部"。王佐支部建设因其党务规范、内容完整,是井冈山斗争时期支部建设的一个典范,至今仍有十分重要的借鉴和参考意义。1935年至1937年,三年游击战争时期为游击区,红军游击队曾多次在黄沙驻扎和战斗过,长征干部戚桂书、谢金山、龚铁、叶凤开、叶善开系本乡人士。高洲乡的历史人物有元长沙府知府王必贤、云南通海县知县严会允等人。

高洲乡万亩油菜田

高洲乡苹果桃园

高滩杀猪菜。1927年9月,毛泽东率领秋收起义部队进入高滩村。起义部队的到来,让村民看到了希望,杀猪宰羊热情款待表示欢迎,之后,部队向莲花县城进军,一举攻下县城,高滩杀猪菜由此流传至今。

高洲臭豆腐。以前的老百姓生活艰苦,没有丰富的菜品,种的豆子会做成各种豆制品,豆子做成豆腐后无法长期储存,老百姓会用柴火熏干提高储存时间,时间久了豆腐干还是会长霉,于是他们把豆腐干泡在加了盐的水里,吃到后面的豆腐慢慢地开始发酵产生刺激性气味,老百姓舍不得扔掉继续烹饪,发现这样的豆腐闻着臭吃着香,这样的做法就流传下来了,成为高洲的一道特色菜。

赤洧村

村情概况 唐朝中期赤洧祖先来此地开基,见有口水塘在早晨阳光照射下水面呈现红色,遂号为赤陂塘,赤洧的地名由此而来。因为赤是红色,洧是水名,故名赤洧。1927—1934年属坊楼区高洲乡。1950年属莲花六区(洋桥)高滩乡,1958年为坊楼人民公社赤星大队,1961年11月为坊楼区严家人民公社赤洧大队,1968年与光辉大队合并为红旗大队,1972年分为下坊大队和赤洧大队,1983年更名为赤洧大队,1984年3月改为高洲乡赤洧村。赤洧村位于莲花县高洲乡西北部,东与朱家村相连,南与严家村毗邻,西与六市乡接壤,北与高滩村交界,面积6平方千米。318乡道贯穿全村,高洲至赤洧村主路已通沥青路,全部自然村已通水泥路。全村村庄偏僻但相对集中,共有3个自然村(坪下、下坊、上坊)8个村民小组。共295户1050人,主要姓氏是王姓,另有李、陈、邓、谢等姓。

土地总面积9000亩,其中耕地1088亩。境内主要河流水源始于春分水源,流经全村,为村民提供主要生产生活用水。赤洧村有2个水源地,分别为玉冲、石脑冲,水量偏少,干旱季节供水紧张。村民自发成立了舞蹈队,节假日会举行活动。

基础设施　村内主干路为柏油路,于2018年初通车。支路主要为水泥硬化路面,将3个自然村与主干路相连。有自来水蓄水池3座,可蓄水150立方米。通电率100%。通信网络信号覆盖率100%,宽带网络使用率约83%,有线电视使用率15%。

经济概况　村级集体经济主要来源为光伏发电,2022年共收益9万元,高天崖种植投资分红0.25万元,山场租金1万元,油榨坊收入0.6万元,田租管理0.7万元。农业产业主要是种植水稻和油菜,全村种植户200余户,水稻种植1088亩,油菜种植900余亩。传统养殖业主要是养殖鸡、羊、牛、猪等。有1户养殖山羊,小有规模。

自然环境与资源　境内河道由文汇江贯穿全村。湿地赤陂小游园占地面积15余亩。有山塘2座,其中玉冲山塘占地5亩,可灌溉水田200余亩;石脑冲山塘占地3亩,可灌溉水田100余亩。

村内有石灰石、钢化玻璃原石等资源。山地面积4300余亩,森林覆盖率90%。其中经济林种植油茶1000余亩。

社会发展　村内文体广场设有1个篮球场。村内有3家小商店,零售日用百货。村内设有1个村级卫生室,内设药房1个,执业医生1名。罗市至高滩公路贯穿全村,公路周边环境改造提升("围墙革命"新建3个小型停车场)。建立了老年活动中心(赤洧王氏祖祠),室内有棋牌室、农家书屋。2023年成立了赤洧村文化事业促进会,主持奖励村内小中高品学兼优的学生。

特色地情　赤陂塘地下水冬暖夏凉,每到冬冻春寒时节由于地下水温高于地表空气温度(8~10℃),湖面上长时间弥漫着一层白色的水雾。每当夏秋酷暑时节,湿热疥毒袭来,很多村民会来陂塘古井取水沐浴。

赤洧王氏族谱和莲

赤洧村村党群服务中心

花县志记载:清朝乾隆年间,曾任广西某县县令的李世辅(莲花县坊楼平溪村人,清乾隆十六年进士)回乡省亲,赋诗《赤陂塘》:"旧传此地白龙栖,湛彻方塘界碧畦。溜杂松涛音上下,岸铺柳色树东西。千山飞瀑和云泻,万井屯膏带雨梨。一鉴横开尘滓净,每分清影到芳溪。"赞美赤陂塘的风景美不胜收。

江畔村

村情概况 明崇祯年间,樊姓村民最先居住于此地,后有罗氏从大安里徙居此地,再后陆续有刘氏从安福上城迁徙小背院背冲,后因地形窄小不利于发展,最终迁于江边落户。甘氏由南京应天府江宁县光泽乡103都板桥村迁徙于此、清康熙年间龙氏由吉安永新迁入此地。因此地有一条小江流过,故名"江边村",中华人民共和国成立前名为六区高洲乡,1956年时属江富村,1958年更名为高洲公社江边大队,因江边大队同本县另一个村同名,1982年更改为江畔村。

江畔村位于高洲乡东部,距罗高公路1.5千米,东与苍下村接壤,南和黄天村为邻,西为高洲村,北与严家村接壤。辖区面积6.7平方千米。有7个村民小组,5个自然村。共239户1134人,主要姓氏有刘、龙、罗、甘、谢、张、严等。

自然环境与资源 江畔村地处山地、丘陵地带,地势东高西低,人口密度小,村庄分散。属亚热带季风湿润气候,四季分明,气候温和,光照充足,霜期短,作物生长期

江畔村党群服务中心

长。境内小河由苍下村叶冲经本村江边、石洲里、三亩里流入坊楼江山将军水库。

经济概况　村内有光伏发电项目,年发电收益在5万元~8万元之间,其中70%的收益用于因病、因残救助及脱贫户分红,30%用于村集体公益事业发展。2023年,村集体经济收入11.2万元。全村流转土地260余亩。建有莲花县高洲乡江畔村股份经济合作社,养殖鸡、羊、牛、蜜蜂等。水稻和油菜种植面积1000余亩,鸡年出栏4000羽,肉牛全年出栏12头,蜜蜂年收获20余箱。

基础设施　村内主干路为柏油路,于2022年初通车。支路主要为水泥硬化路面,将5个自然村与主干路相连,其中生产道路10.67千米,生活道路12.14千米,还建有8座小型桥梁方便村民通行。机钻井1处,河堤衬砌1000余米,村内建有山塘2座、水渠12.8千米,可灌溉耕地面积1600亩;安全饮水蓄水池2座,可蓄水130立方米,铺设自来水管道8000余米,能满足全村村民日常生活需求。家庭通电率100%,通信网络信号覆盖率100%,宽带网络使用率约60%,有线电视使用率100%。全村共有7个垃圾集中处理点,各小组都铺设了路灯,总计150余盏,全部为太阳能路灯。村委会设有图书室,藏书2200余册。

社会发展　在村内文体广场投入60余万元设置篮球场1个。村内设有1所卫生室。2023年共有38人享受居民养老保险;其中享受农保252人,低保人员35人,高龄老人28人。人居环境整治方面,做到门前屋后无垃圾堆放、无污水横流、放弃杂物挡道,日常生产生活物品堆放规范(落实门前三包)。

特色地情　有省级非物质文化遗产江畔龙灯,相传源于村民祈求风调雨顺、衣食平安,庆贺丰收年景。原先采用竹篾扎制,目前主要改用彩布做成,顾盼传神,栩栩如生,一般最少要50个人参与,其中4个舞狮,1个耍绣球,10个伴奏。舞狮因为动作难度大,舞狮者都是年轻人参与,身手灵活矫健。江畔龙灯成为当地村民欢庆节日、开业庆典的吉祥物和活跃城乡文化生活的重要艺术形式。

高洲村

村情概况　高洲村由旧制的整个二十九都、三十都地和二十八都、三十一都各一部分地组成,是高洲乡政府驻地村。村名来源有两说,一是说此处有瑶江,瑶江西岸是冲积的沙洲,谢氏族谱称此沙洲为芳洲,有"芳草萋萋鹦鹉洲"之意,也就是荒洲,无人居住之地。在古时瑶江水流很大,冲积成沙洲,即使在后期,沙洲也会遭洪水淹没,

高洲村党群服务中心

为躲避洪水侵害,古人在高于沙洲的山坡处立村,故名高洲。二是说"谢姓自八都高圳迁此沙洲,为不忘故地而名高洲"。

高洲村地处高洲乡中心,是全乡文化经济政治中心,贯穿南北的罗市与高洲公路直至村中心,仓下至高洲通六市的扶贫公路横贯东西,水泥路环绕乡村小组,乡村公路西北至严家与高滩,东至黄沙。距离乡政府1千米,辖10个自然村15个村小组,共470户2138人。全村总面积9.8平方千米,有耕地2430亩,林地7900亩。高洲村村集体经济薄弱,水稻、油茶种植为主导产业。

经济概况 高洲村主要种植水稻、油茶、油菜,养殖土鸡、牛、猪等。2023年,水稻种植2300余亩,油菜种植1800余亩。2022年村集体经济收入约15万元。

基础设施 高洲村村庄道路网全部形成,交通较为便利。村主干道为沥青路,村通组路已全面硬化。村内有路灯250余盏,均为太阳能路灯。通信网络信号覆盖率100%,宽带网络使用率约90%,有线电视使用率100%。村内有中通、圆通、邮政、顺丰等物流配送点。家庭通电率100%。村民日常做饭烧水使用的能源主要为电能和液化气,极少数家庭使用蜂窝煤、木柴。村民主要生活用水来源于地下引用山泉水,有1个集中供水点,基本满足了全村村民日常生活用水需求。有塘乙冲、水鸭庙等具有水利灌溉功能的山塘2座,主要采用沟渠引水,可灌溉耕地1800余亩。

社会发展 高洲村建有高洲中心小学、高洲中学、高洲公办中心幼儿园、高洲精金幼儿园和高洲东东幼儿园,可满足高洲村及周边村庄学龄前和九年义务教育阶段的就学需求,九年义务教育覆盖率100%。文化活动场所占地面积约3000平方米,主要是村委会(党群服务中心)占地面积约400平方米、新时代文明实践站占地面积约400平方米、文化健身广场占地面积约1600平方米、庙宇占地面积约600平方米。村内建有卫生院,服务范围辐射到高洲乡12个村庄。村委会为村民提供代缴医保服务,2022年度农村医保参保率100%。

特色地情 芳洲谢氏大祖祠。始建于明崇祯八年(1635),三进,上天井檐楼匾曰"五凤楼",中厅左右两厢房,中堂匾曰"惇寂堂",下厅宽阔,前门双狮立音,上坊额匾

"谢氏大祖祠"。

慧日庵。位于登高慧屏下，原庵始建于清乾隆十七年(1752)，这座壁龙活鸢的宝刹坐申向寅，左边是庵，右边是庙，围院客寮，整洁明亮，原先塑有观音、四大天王、十八罗汉、韦驮、福主、土地梅山、伽兰共二十八尊神像，它规模宏大，历史悠久，庵房占地面积200平方米，总占地面积2200平方米。

长明庵，始建于清乾隆十九年(1754)，2002年重新修复。

黄天村

村情概况　黄天村的历史由来，其以黄田村之别名"黄天"而得名。新中国成立前夕属高洲乡。1950年属六区高洲乡，1958年属高洲公社为黄天大队，1968年库汤大队、庙下大队、黄田大队合并改为"三忠于大队"，1974年复为黄天大队，1984年3月改称黄天村。

黄天村地处高洲乡中南部，辖黄田心、庙下、湾里、黄天、库汤5个自然村8个村民小组。东与苍下村毗邻、南通坊楼镇江山村、西与下湾村交界、北接高洲乡集镇，距县城32千米，距高洲乡集镇1千米。全村现有耕地面积1649余亩，山林面积5273余亩。全村305户1343人。

自然环境与资源　黄天村煤炭、镁质土等矿产资源丰富，20世纪时，上路、小山冲、桃山里煤矿曾是高洲乡重点采煤区。村前的禾水是莲江的源头，高洲乡所有的河流在村汇集，水资源丰富。河边上冲积的田地，土地肥沃。

经济概况　自2017年以来，帮扶单位江西省信用社联合社，累计投入产业扶贫资金400多万元建设光伏电站。建设枫树下鱼塘，建设400亩野山枣林基地、100亩油茶林基地。2022年，村集体经济年收入26万余元。

基础设施　红军路从北至南穿村而过，连接高滩和沿背两大红色名村。村西为县道罗高公路，在本村辖区内建有高洲加油站、长途汽车站等交通设施。村组路之间均为宽3.5米以上的水泥路，建有大小桥梁计12座。全村有水陂5座，主要圳道基本上实现了三面衬砌，形成了完整的灌溉系统。有新时代文明实践站1个，图书室1个，医疗卫生室1个，文化广场2个，舞台1个，祠堂2个，苏维埃旧址1个。

特色地情　黄天村有名有姓的烈士有19名。甘露烈士，生于1907年，1924年进入吉安阳明中学读书，同年加入中国共产主义青年团。后受党的委托，回莲花从事革

黄天村鸟瞰

命活动,并加入中国共产党。1928年莲花全县建立了红色政权,甘露任第八区工农兵政府秘书,后调任湘东南少共特委宣传部部长。1931年又先后调南路分委和湘港省委工作。曾任湘港省委委员、省委宣传部部长等职,1932年5月被错杀,后平反。

清风观,坐落于黄天自然村,占地4亩,曾是中共湘东南特委临时驻地。

黄天石拱桥,建于20世纪70年代初,共两孔,桥长50米,宽5.5米,曾经是高洲公社第一座大桥。

黄天村崇尚武术,民间"打师"很多,在黄天村,人人懂点武术,民间活动有武术套路表演、舞龙灯、耍狮灯等。武术表演包括武术套路表演、关公大刀、棍权对打等。

上塘村

村情概况 上塘村位于莲花县城以北,是高洲乡的大门,距高洲乡政府5千米,距莲花县城30千米。东与高洲乡的小贝村接壤,南与坊楼镇的罗市村交界,319国道在村西南角穿村而过,西与六市乡黄桥村、海谭村山林接壤,北和萍乡芦溪县靠近。辖区面积约9平方千米,共有8个村民小组(塘背、冷水冲、井边、金兰山、冲里、官屋前、中心、坳上),全村有361户1519人,以汉族为主。

自然环境与资源　上塘村为丘陵地貌,东西两面靠山,属亚热带季风湿润气候,四季分明,气候温和,光照充足,霜期短,农作物生长期长,整个村庄生活用水及农业灌溉用水靠东西两山山泉水(禾川水系)供应。村中有金兰山古樟、牛形景观石山等自然景观。

经济概况　全村耕地面积1730亩,其中水稻面积1548亩,林地面积5600亩。全村以农业生产为主,种植以水稻、油菜、大豆、西瓜为主,养殖以土鸡、土鹅、淡水鱼、蜜蜂等为主。莲花县尚团生态农业专业合作社是村里的主导产业。2023年村集体经济收入16万元。

基础设施　141县道穿村而过,交通方便,村入组路全面完善,水泥路户户通。通信网络信号覆盖率100%,电信宽带、移动网络安装使用率达90%以上,有线电视使用率100%。每个小组都建有1个蓄水池,供应村民的饮用水及生活用水。全村共建有8座蓄水山塘(万冲山塘、新岸下山塘、后背冲山塘、洋古冲山塘、井花丘山塘、横冲山塘、顺风山塘、山口冲山塘),在天气持续干旱的情况下,亦能保障农田灌溉。

社会发展　村内有4处公共休闲场所,休闲场所内设有篮球场及各种健身器材。设有1个村级卫生室,内设药房1个,执业医生1名。村卫生室建设于2017年,占地面积90平方米,建筑面积90平方米。承担上塘村的基本医疗服务和基本公共卫生服务。上塘村60岁以上老人有320人,全部享受了城乡居民养老保险。持证残疾人83人,享受残补32人。特困供养人员14人。

特色地情　从宋朝开始至1744年,上塘村原属安福县管辖,相传安福县有一粮库

上塘村主干道

上塘村党群服务中心

（万石仓）设在金兰山茅笠坳，其间，粮库的一些职员大都是从安福派驻，为了改善粮库周边及村庄环境，带领村民在粮库周围广植樟树。明末清初战乱时期，粮库一些职员企图发国难财，偷偷将官银埋在茅笠坳十八个地方，并在每一处移栽一棵小樟树，想以后再来取宝。乾隆八年（1743），安福将上西十二个都（即二十一都至三十二都）划为莲花厅管辖，上塘村属二十八都，隶属莲花厅后，粮库撤走。直至前些年，一些不法分子利用探宝仪在夜间盗走铜币，官银的秘密才被发现。前些年村民的环境保护意识不强，一些村民乱砍滥伐樟树，幸好在杨姓长者的阻止下，保留了一些作为村庄后龙山的"掌山树"，这些树距今已有400多年树龄。村东面有丰富的煤炭资源及少量稀土，今已全部停止开采。中心组有一座牛形景观石山在清湖社庙后，传说是牛魔王被追杀逃亡至此地留下了脚印，之后此地所有植物都是从石缝里生长出来，从而形成此景观——石山。2021年上塘树被打造为森林乡村。

小背村

村情概况 小背村位于下湾村之南的山坡上，曾有饶姓、孙姓居，现居王姓，于清乾隆年间迁自安福，今约100户。村前有一条弯曲小溪，故名小江背，简称小背，《莲花厅志》记为田背；《王氏族谱》中记载该地原名为小补，实是小布的谐音，以有山泉小溪布水荫田而爱称之，也佐证小背确由小江背简称而来。小背村位于高洲乡南部，距离高洲乡人民政府4千米。辖区6个自然村6个村小组，总计219户873人。全村总面积约6.5平方千米，有耕地面积829.47亩，林地面积4275余亩。共有16个姓氏，其中刘、雷、沈、姜、吴、张、朱、周、肖、孙姓村民人数均超过100。

经济概况 小背村主要种植水稻、油茶、油菜，养殖土鸡、牛、猪等。2022年，水稻种植829亩，油菜种植373.34亩，生猪出栏78头，肉牛出栏4头。土鸡、牛、蜜蜂等皆为家庭散养，未形成规模。为促进农业生产，村"两委"鼓励村民采取资金资产、土地、劳动力等灵活多样的入社或入股方式成立农业发展专业合作社。目前规模较大的合作社有华华农业专业合作社、莲花县木舟塘渔业养殖专业合作社、莲花县惠龙种植专业合作社。2023年村级集体经济收入约7万元。

基础设施 村内生产道路约6.8千米，生活道路约6.8千米，路宽3.5～4.5米，主要为水泥路面。村内有路灯187盏，均为太阳能路灯。建有光伏发电站1个。通信网络信号覆盖率100%，宽带网络使用率约90%，有线电视使用率100%。村内有邮政物流配送点。有变电器6台，总功率2000千瓦，家庭通电率100%。有6个集中供水点，分别位于田垅里、小背、九母、张家苓、坡里、检山里；有自来水蓄水池10座，可蓄水240立方米，铺设自来水管道约1.8万米。有甘家山、斜塘、乐马下、牛塘里、坡里、流沙塘、陈家坊等具有水利灌溉功能的山塘7座，主要采用沟渠引水，可灌溉耕地1200余亩。

社会发展 在村设置篮球场3个，娱乐休闲场所3个，村内设有1个卫生所，村里有龙灯队。村民享受养老保险120多人，购买职工社保300人。农村医保参保率99%。

特色地情 观音庵。始建于200多年前，庵坐南朝北，砖木结构，面积约150平方米。面阔大殿1间，内设阁楼，阁楼与神台上摆放有关公、十八罗汉、土地公公、玉皇大帝、如来佛祖、观音娘娘等。2015年改建。

小背村观音庵

严家村

村情概况 高洲乡严家村位于莲花县高洲乡东部,东邻朱家村,南连江畔村,西靠高洲村,北依高滩村。381乡道贯穿全村,高洲乡至严家村两条主路已通沥青路,全部自然村已通水泥路。全村村庄偏僻分散,共有9个自然村(小水、桥上、郎上、下屋、砂头、田太、洲里、江古边、小元冲),14个村民小组。共510户1843人。农作物以水稻、油茶、蔬菜为主。山上主要植物有杉树、松树、茶树等。全村耕地面积2810亩,林地面积10600多亩。由黄沙水库至南岸电站为本村的主要自来水水源。严家村有2个水源地,即南岸电站和小元冲电站。

经济概况 村集体于2018年投入扶贫资金30万元,20万元用于高天岩铁皮石斛种植,10万元入股江西吉内得实业有限公司,年收入计3.6万元。农业主要是种植水稻和油菜,种植面积2400余亩。小水、小元冲2个自然村依靠山下的地理优势养牛、养羊,发展较好。

基础设施 村内具有山塘1座,水渠48千米,可灌溉耕地面积2810亩;自来水蓄水池3座,可蓄水280立方米。村民家庭通电率100%。通信网络信号覆盖率100%,宽带网络使用率约60%,有线电视使用率100%。

社会发展 严家村设有严家小学,生源主要为朱家村和严家村儿童。村内设有1所村级卫生室,执业医生1名。村内有篮球场,周边有各种健身器材。成立有文艺队,经常在重大节假日开展活动。

洲里新农村建设

朱家村

村情概况 明朝敕授安远大将军朱沛裕任镇江西洪都,任满由南京应天府徙安福县城铁冶巷定居,由安福县城铁冶巷徙佈溪定居繁衍生息,后佈溪改为朱家村。朱家村位于高洲乡东北部,高天岩省级自然保护区内。2002年春,朱家村与李家田村合并为朱家村。东与黄沙接壤,南面与严家村为邻,北连高滩村。全村共有7个自然村,分别是朱家、木义台、李家田、磨刀石、关山脑、胡家、周家屋,共有11个村民小组,全村共342户1199人,居住人口中以汉族为主,主要姓氏有朱、严等姓。土地总面积约4.72平方千米,其中耕地947亩,山林面积6131亩,水域面积10亩。柿岭楼木岭是朱家村境内主要水源,上游流经李家田,穿过木义台、朱家自然村,在村内长4千米,为村民提供主要生产生活用水。

经济概况 主要收入来源为土地流转和光伏发电项目。土地流转项目正处于发展阶段;光伏发电项目,年发电收益在14万元左右,其中60%用于脱贫户分红,40%用于村集体公益事业发展。近3年,村集体经济年均收入15.1万元,人均分红2615元。全村流转土地300余亩,承包土地100余亩,在农户自愿的基础上,鼓励和引导农民参

朱家村光伏电站

与莲花县高洲乡朱家村股份经济合作社,采取资金资产、土地、劳动力等灵活多样的入股方式,带动52户村民参与。农业产业主要是种植水稻和油菜,种植面积1219余亩;养殖业主要是养殖鸡、羊、牛、蜜蜂等。村民成立的赣中黑山羊养殖基地以养殖肉山羊为主,年出栏量30头。另有养蜜蜂1户,年收获30余箱。

基础设施 村主干路为柏油路,于2023年初通车。支路主要为水泥硬化路面,将各个自然村与主干路相连,其中生产道路15.67千米,生活道路19.14千米,老旧路面已修缮完毕。村内具有小山塘1座、水渠18千米,可灌溉耕地面积1219亩;自来水蓄水池3座,可蓄水150立方米,铺设自来水管道15千米。家庭通电率100%。村民主要使用煤气灶满足日常做饭烧水的需求。通信网络信号覆盖率100%,宽带网络使用率约70%,有线电视使用率100%。

社会发展 村内建有村级卫生室,有值班医生坐诊。设置综合文化服务中心,有青少年活动室、老年人活动室,建设室外文化广场5处,包括篮球场、健身休闲广场。村委会积极开展精神文明建设工作,依托党群服务中心、农家书屋、活动广场,定期开展送戏下乡、电影下乡等文化活动。组建了8人的军鼓队,12人的舞狮队,村民组织文艺团体表演,丰富群众文化生活。

特色地情 朱家村布溪朱氏祠。位于朱家村中心组,始建于明成化二十三年(1487),距今已有500多年历史。朱氏祠为三进式土木结构,上坊匾曰"布溪朱氏族祠",其门匾额"紫阳世第",中堂匾曰"祖训恪循",寝堂上曰"崇伦堂"。

莲花朱家乡村森林公园。位于高洲乡朱家村,规划面积为18.76公顷,林木绿化率达89.1%。目前的设施建设有休闲广场约1300平方米,融入茶文化和莲文化元素,突出本地资源特色和古朴的乡村特征。两侧有文化墙、鹅石徒步路,长约1500米。

黄沙村

村情概况 黄沙村位于高天岩省级自然保护区境内,地处莲花县北端,坐落在高天岩峰下,海拔886米。四面环山,中间一块小盆地,东与安福县接壤,北与芦溪县相邻,是两地三县的交会处。距县城48千米,是莲花县地势最高的行政村。全村现有4个村民小组,共108户358人。总面积农田面积391亩,森林面积29300亩,森林覆盖率95.8%。有4个自然村:马扫帚、墨斗冲、梨树下、狮子岩。

经济概况 黄沙村村集体经济薄弱,主要经济来源为产业分红,2023年收入6.25

高天岩（李祖莱 摄）

万元。种植业以种植水稻为主，种植面积390余亩。传统养殖业主要是养殖鸡、羊、牛、猪、蜜蜂等。马扫帚、狮子岩2个自然村依靠地势优势，发展养牛、养羊，发展较好。

基础设施 村内主干路为水泥路。有山塘5座、水库1座、水渠23千米，可灌溉耕地面积391亩；自来水蓄水池3座，可蓄水180立方米。家庭通电率100%，通信网络信号覆盖率100%，宽带网络使用率约60%，有线电视使用率100%。村内建有村级卫生室1所，有医生值班坐诊。

特色地情 黄沙村境内环境保护良好，森林资源丰富。这里的环境适宜于多种蔬菜的种植和药材的栽培。江西莲花高天岩省级自然保护区在村境内，地处武功山脉南端的莲花、安福、芦溪3县交界处，总面积71700亩，属森林生态系统类型的自然保护区。区内有卧牛灵峰、妙高台、石仙洞、金蟾拜月、杜鹃林、黄沙生态村等景点。已查明有高等植物1426种、脊椎动物261种，保存有南方红豆杉、云豹、白颈长尾雉、猕猴、穿山甲、豺、水獭、白鹇等国家重点保护动植物物种，分布有成片的南方红豆杉、八角莲、香樟等珍稀植物群落，并有800余年树龄的重阳木、500余年树龄的杉木、200余年树龄的银杏等众多珍稀古木。

高滩村

村情概况 高滩村古称金滩,南宋安城郡由袁州迁徙浯源再迁金滩后改名高滩,位于莲花县高洲乡最北部,东与黄沙村、朱家村相连,南和严家村、赤洣村田比邻,西接六市乡太沙村,北连萍乡市芦溪县张佳坊杂西村。辖10个自然村、14个村小组,共364户1605人,居住人口以汉族为主,主要姓氏为王、谢等姓。高滩村是中组部红色美丽村庄建设试点村,全国唯一一个"四星"级地质文化村,全国"一村一品"示范村镇,省级红色名村和省级水生态文明村。

自然环境与资源 高滩村地处丘陵地带,太祠东边自然村和太祠西边自然村人口密度大,其他自然村人口分布较为疏散。属亚热带季风湿润气候,四季分明、气候温和、光照充足、霜期短,农作物生长期长,境内禾下河一路向下至莲江河。

经济概况 高滩村山林面积2000余亩,水田耕地面积2200亩,全村以农业种植为主,油菜和蔬菜种植为辅,有南杂小商店4家,餐饮饭店3家,以及江西吉内得实业有限公司为旅游观光、特色产业、休闲农业为一体的省级企业。2023年村集体经济收入51万元。

基础设施 高滩村基础设施建设近年来完成村主要道路沥青铺设2400米,硬化道路2800米,全村除春分、浯源自然村外,全部为沥青道路。2023年新建污水处理排水设施1座。实现宽带安装和供电全覆盖。2023年改造平江里至禾稼陂河道,投资近1000万元,兴修水渠4000多米,有效灌溉面积1800多亩。2020年至2023年实施村庄环境整治8个,320户1350人受益。

社会发展 高滩村现有红色教育基地(研学馆),于2022年创办,占地面积8000多平方米,每年接待红色教育培训200余次。2024年新建"一老一小"幸福院,占地面积约1500平方米,院内设有篮球场、棋牌室、厨房、卧室,各项功能齐全。村内有卫生室1所,每天有医生坐诊。2023年共有456人享受居民养老保险,其中享受农保260人,低保101人。人居环境整治方面,做到门前屋后无垃圾堆放,日常生产生活物品堆放规范。

特色地情 王佐支部。1928年6月,王佐不幸被捕牺牲后,遵照上级指示,莲花县委将王佐所在的高洲乡命名为"王佐乡",高滩党支部命名为"王佐支部"。王佐支部的《支委决议案》中,详细记录了1931年全年支部召开20次会议,其中7次研究扩红,7次讨论表决支部干事任免,5次研究发展党员,还有研究购买公债券、举行募捐、贮藏

万亩油菜风光

粮食、处理违纪党员等,可以说是如今支部"三会一课"制度的雏形。

高滩红色教育研学基地。总投资约1300万元,占地面积8645平方米,总建筑面积4209平方米。建筑共分为3层,一层设置"坚强的战斗堡垒"展示大厅、230人多功能厅及接待大厅;二层设置200人培训餐厅及配套厨房,电教室5间,学员客房11间;三层设置学员客房8间。基地划分机动车泊车位39个,大巴停车位4个,非机动车停车位135个。

吉内得国家稻田公园。核心区域占地面积11000多亩,分为有机种植区,绿色种植区,稻鱼共生区,2017年被授予"全国就业扶贫基地"。

下湾村

村情概况 下湾村位于莲花县北部、高洲乡南部,距县城32千米,距乡政府所在地2千米,东临黄天村,南接小贝村,西靠六市乡海潭村,北依高洲村。地处高山地带,平均海拔高度368米,其中牛岭海拔高度486米,319省道西沿,141县道经荷家、禾溪树下、下湾、塘下自然村穿境而过,距离茶吉高速莲花县互通口38千米。共有8个自然村(塘下、下湾、岩下、等上、禾溪、荷家、仓背、老山)8个村民小组,共491户2069人。

土地总面积15平方千米，其中耕地2274亩（水田2146亩），山地面积6646亩，森林覆盖率70%。其中，杉、松、杂用材林4620亩，经济林2026亩。村集体经济薄弱，为"十四五"省帮扶重点村，全村农业以种植蔬菜、油菜、水稻为主。

自然环境与资源 下湾村为丘陵地貌，两面环山绕水。人口密度大，村庄密集。属亚热带季风湿润气候，四季分明，气候温和，光照充足，霜期短，作物生长期长。

经济概况 村集体于2018年底成立了莲花县高洲乡下湾村股份经济合作社，2018年入股10万元投资江西省吉内得实业有限公司种植大米项目，按12%的固定分红进行分配；2018年入股10万元投资莲花县高天崖种养专业合作社种植铁皮石斛种植项目，预计按不低于10%的固定分红进行分配；2021年国家投入扶持资金50万元用于发展村肉牛养殖项目。2022年入股70万元投入莲花县穗莲农业科技有限公司，每年按不低于投入资金的6%利率分红，2022年追加资金项目10万元用于牧草种植。2023年村级集体经济收入15.6万元。

基础设施 罗高公路穿过村庄，均为沥青路面。村内生产道路约8.2千米，生活道路约9.1千米，路宽3.5~5.5米，主要为水泥路面。有中小型桥梁5座、涵洞型桥梁3座。村内有路灯130盏，均为太阳能路灯。通信网络信号覆盖率100%，宽带网络使用率约90%，有线电视使用率100%。家庭通电率100%。有3个集中供水点，分别位于狮子石、牛岭、上山冲；有自来水蓄水池3座，可蓄水130立方米，铺设自来水管道约12千米。有牛岭水库、上山冲水库、野猫塘等具有水利灌溉功能的山塘7座，主要采用沟渠引水，可灌溉耕地2400余亩。

社会发展 村里有民乐队、广场舞队、腰鼓队等民间组织。村民乐队曾代表高洲乡参加莲花县老年大学活动比赛并获一等奖。

村内有1间诊所，医疗保障齐全。村民购买养老保险、享受社保共350人，其中购

下湾肉牛养殖场

买失地农民保险135人。建设老年活动中心1个、幸福食堂1个。

特色地情 下湾村牛岭相传像牛形而得名,此处群山叠嶂、风景秀美,在牛岭通往长岭路上,有一座古石拱桥,为明万历年间(1573—1620)所建,距今已有400余年。

苍下村

村情概况 苍下村位于莲花县北部,高洲乡东部,离县城40多千米,东邻安福县,南接闪石乡和坊楼镇,西连黄天村和江畔村,北与严家、朱家相连。380乡道贯穿全村,高洲至苍下主路已通沥青路,全部自然村已通水泥路。自然村偏僻分散,共有8个自然村:苍下自然村、高鲜、独立山、冲里、坳上、圳上、练石背、老虎塘,总共有15个村民小组。有农户424户,人口1875人,其中男性972人,女性903人。居住人口中以汉族为主。全村主要姓氏为谢姓,占全村人口35%。

自然环境与资源 苍下村地处平原地带,地面平坦,人口密度大,村庄密集。属亚热带季风湿润气候,四季分明,气候温和,光照充足,霜期短,作物生长期长。火龙口水库至高鲜河道是苍下村境内主要河流,水源始于火龙口水库,穿过合立山、中心组,流经高鲜,流入黄天村。苍下村土地总面积30600亩,其中耕地面积2383亩,林地面积15000多亩。

经济概况 苍下村村集体经济薄弱,主要经济来源为光伏发电,2023年收益97326元;火龙口水库承包费2200元/年;苍下电站承包费10000元/年。村民日常农业经济作物有水稻、油菜等,种植面积1100余亩。老虎塘自然村有苹果桃种植基地,桃树约有5000棵,占地面积约130亩。村内有莲花富崎山生态农业科技专业合作社,承包农户土地100多亩,投资200多万元,种植火龙果、桃树等,包括桃树70多亩,西瓜20亩。村内有村民成立的莲花县高洲乡苍下村农业专业合作社,专业养殖基围虾,每年利润可观。

基础设施 村内主干路为柏油路,穿村而过。支路主要为水泥硬化路面,将8个自然村与主干路相连。村内有山塘2座、小水库1座、水渠46千米,可灌溉耕地面积2383亩;自来水储水池6座,可蓄水320吨。村民家庭通电率100%,通信网络信号覆盖率100%,宽带网络使用率约60%,有线电视使用率100%。近几年已完成对老虎塘、合立山进行新农村点的改造,154户513人受益。

社会发展 苍下村设有苍下小学,于2024年上半年合并至高洲中心小学。村内

苍下村党群服务中心

建有村级卫生室,有值班医生坐诊。在村内文体广场投入15万元,设置运动场所5处。2023年共有359人享受居民养老保险,低保人员77人。

特色地情 村民自发成立了冲里采莲船花灯队,一般于元宵节表演。采莲船的船身是用竹木制作而成,下方为船形,上方则是宝塔亭阁型盖顶,并且整个船身都是用彩纸裱糊而成,非常别致。采莲船花灯表演时一般有六到七人跑船,船中有一位少女或者青年男子,装扮成采莲女,船头一位男子扮作艄公撑篙。采莲船表演先由撑篙艄公即兴创作的四句开场,然后撑篙艄公与姑娘对唱,其内容多为民间爱情故事。

知青之家——牛岭自然村,相传因像牛形而得名。此处群山叠嶂、风景秀美,原居刘姓,后迁塘下。1965年萍乡市区27名知青下放于此,43年后,当年的知青人人两鬓白发,怀旧之心在涌动,牛岭情结在召唤,这群人又回到了牛岭,树起了"知青之家"的牌匾。

六市乡

六市乡地处罗霄山脉中段,位于莲花县西北部,北连芦溪,西接攸县,东临高洲,南靠坊楼,乡政府驻地距萍乡43千米,距县城36千米,交通便利,萍莲高速、319国道自北向南贯穿全境。全乡以山地丘陵为主,地势北高南低,是莲花北大门、萍乡后花园。土地总面积109.96平方千米,耕地面积9860亩,山林面积136800亩。

六市乡因原为"六公陂",后成为大米交易之市,得名"六市"。清乾隆年间莲花设厅分治,六市为第二十八、三十、三十二共3个都。1912年后,为海潭乡。中华人民共和国成立初,属莲花县九都区。1956年,设六市乡。1958年,撤乡,由11个高级农业社合并为六市公社。1972年,将黄桥、黄民、三联划归罗市公社。1975年,撤销罗市公社,将黄桥、黄民、三联重归六市公社,将黄民改为山口,三联改为山背村。1984年4月,撤社建六市乡。六市乡方言属赣语吉茶片的"莲花话",因与湘东区、芦溪县交界,大部分村民又会讲市区的"萍乡话",形成了独特的六市语言特色。

六市乡现辖8个行政村,分别为六市村、太沙村、垭坞村、海潭村、山口村、山背村、黄桥村、西坑村。截至2022年底,共有2975户8656人,其中党员442人。

六市乡先后荣获全国环境优美乡镇、全省卫生乡镇、江西避暑旅游目的地、省级森林康养基地、全省无邪教创建示范乡镇(街道)、全市安全生产先进单位、市域"点线面带"工程和乡镇"十个一"标准化体系建设线带巩固提升先进乡镇、连续两年获得"全市五四红旗团委"称号,黄桥村获评省级水生态文明村,垭坞村获评市级民主法治示范村、全市"红色堡垒"基层党组织、全市乡村振兴模范党组织及全县"王佐支部"等称号。

自然环境与资源 六市乡是水源之乡。境内属湘江水系,有锅底潭和河江水库两座中型水库,是湘江攸水、渌水以及赣江禾水的发源地,素有"三把仁义水"发源地的美誉。境内河道长45千米,流域面积57平方千米。径流总量7.6亿立方米,境内最大河流水河境内长18千米,流域面积24平方千米。

六市乡是生态之乡。地处罗霄山脉中段,地势呈北高南低,西高东低。境内有棋盘石、三鼓坳、仙峰岩、耙齿岭等山。最高点棋盘山,海拔1159.6米,最低点海拔586米。环乡皆为山岭,村庄分布在带状的崇山峻岭中,丘陵占四分之一,山地占四分之三,森林覆盖率达84%,有瑶山古杉,胸高直径为101厘米,高35米,树龄约400年,树干材约16立方米,至今仍葱郁成荫。黄桥古银杏为稀有树种,胸径5.15米,树冠东西20米,南北17米,树高29米,树龄约800年,还有千年红豆杉、千年银杏树、椤木石楠、连体古皂角树等五种全省罕见的古树。境内自然资源丰富,有铁矿石、石灰石等矿产资源,其他自然资源有地下水资源,可利用量为26万立方米。

六市乡是康养之乡。全乡属亚热带季风湿润气候,四季分明,雨量充沛,光照充足,无霜期长,夏季凉爽,山清水秀,是避暑旅游的好地方。在夏季,因海拔较高,日常气温比市区低3℃~5℃,不少市民选择来到锅底潭水库周边避暑度假。春季雨水多冷,夏季雨量集中,秋季温和凉爽,冬季干冷少雪。多年平均气温15.6℃。1月平均气

六市乡集镇鸟瞰

温6.4℃,7月平均气温28℃。生长期年均216天,无霜期约210天,年均日照时数1480小时,年降水量1540毫米左右,降雨主要集中在每年的4—6月,5月最多。

经济概况 六市乡有瓜果之乡的美誉,依托独特的自然资源和生态禀赋,大力发展果业经济,重点打造蜜梨、桃子、杨梅、西瓜等瓜果产业,建设了以卓氏果园为代表的瓜果产业基地,打造了"卓氏蜜梨"等一批果业品牌。2022年,全乡共种植各类瓜果3620余亩,主要瓜果种植品种有蜜梨、黄桃、杨梅、布朗李、黑布丁,瓜果产量约400万斤。其中,海潭村享有赣湘边界的瓜果之村美誉,打造了海棠湾专业合作社等连片瓜果基地,形成了十里优质水果长廊。海潭"卓氏蜜梨"获得农业农村部无公害农产品产地认定证书、无公害农产品证书和中国农产品质量安全中心无公害产品标识使用权。

有规上工业企业3家,分别是江西三合环保材料科技有限公司、江西省陛快管道科技有限公司、江西思蓝新材料科技有限公司。有规上商贸业企业3家,分别是莲花县六市宾馆餐饮有限公司、莲花县湘里人家餐饮有限公司、莲花县亿湘缘餐饮有限公司。有规上建筑业企业2家,分别是江西省壹号建设有限公司、江西省希阔建设有限公司。

2022年完成财税总收入5662万元,同比增长6.2%,一般预算收入2163万元,全年争取项目超20个,资金达990余万元。

基础设施 六市乡境内有萍莲高速、G319国道两条国家级主干道穿境而过,其中G319国道境内长13千米,双向2车道。萍莲高速公路是省道S89上莲高速公路的南段,是萍乡市"三横一纵"高速公路网"一纵"中重要的组成部分,是交通运输部"2018—2020年品质工程桥梁预制构件质量提升攻关行动"江西唯一试点项目,按双向四车道高速公路标准进行设计,路线全长约75.29千米。萍莲高速在六市乡境内6.73千米,设有六市互通、六市服务区。

六市乡辖区内还有省道231穿过,境内长度4.8千米;县道2条,境内长度17千米;乡村公路19条,共计82千米。

辖区内供电设施全覆盖,共有10千伏线路101.8千米,0.4千伏线路182.6千米,年供电量175.56万千瓦时。全乡共有4座小型水电站,分别是山口村的山口水电站、太沙村的河江背水电站、六市村的全胜水电站及山背村的山联水电站。各村均修建了灌溉水渠设施,共有4个生活污水处理设施。

社会发展 辖区内有1所中学,为六市中学;2所小学,其中村小1所(黄桥小学)、中心小学1所(六市乡中心学校);1所幼儿园,为六市乡中心幼儿园。

全乡文化基础设施配齐配全,设有1个文化站、8个村级文化活动中心、3个老年活动中心、3个灯光球场。各村均设有休闲娱乐小广场。依托新时代文明实践站和童心港湾,创新开展"微"网格+"心"服务志愿服务,垭坞村童心港湾关爱留守儿童志愿服

六市乡红叶石楠

务项目获评全省首届文明实践社会化志愿服务项目大赛"优秀项目(二类)"。

脱贫攻坚取得全面胜利,六市乡按照中央和省、市、县政策部署,聚焦"两不愁三保障",通过产业帮扶、就业帮扶、教育帮扶、综合保障等方式,实现整体脱贫。全乡有建档立卡贫困户404户1505人,"十二五"脱贫村3个,"十三五"脱贫村4个,深度贫困村1个,省定"十四五"重点村1个,均已全部脱贫。其中:2014年脱贫9户41人,2015年脱贫65户249人,2016年脱贫106户453人,2017年脱贫134户528人,2018年脱贫38户116人,2019年脱贫34户83人,2020年脱贫15户35人,与市、县同步完成脱贫攻坚摘帽任务,同步全面建成小康社会。

乡村振兴工作有力推进,推行"党建引领+监督护航"模式,村级集体经济多元化发展,依托肉牛养殖、瓜果种植、农旅休闲产业等,全乡8个村的村级集体经济经营性收入均超15万元。

生态环境愈加靓丽,通过"拆、清、绿、管"四方发力及景村融合建设,人居环境整治工作成效显著,人居环境整治和景村建设工作在全县年终综合评比中双项均获第一。创新探索"检察蓝+生态绿"环境保护工作机制,通过与县检察院、县资规局、县林业局等多部门联合开展整治行动,绿色生态持续优化,相关做法获《江西改革工作简讯》刊发,被评为全市十佳改革案例,时任市委书记批示肯定该创新模式并指示总结推广。

人文地情 六市乡文化灿烂,人才辈出,可谓钟灵毓秀,人文蔚起。乡西南的勤王台,在《莲花厅志》和《吉安府志》中都有详细记载,勤王台是清乾隆年间为纪念南宋爱国志士吴希奭而修复的,当时规模颇为宏伟壮观,碑石高耸林立,刻有词文诗赋,现存两块石碑,其一刻有"勤王台"和当时厅同知李其昌所写诗文,字迹清晰可辨。张天洞是六市的革命纪念地之一,当年在萍乡从事地下活动的革命烈士张子铭烈士曾避难于此,并写下两首七绝咏志诗,至今遗迹犹存,是对后代进行革命传统教育的生动教材。还有婆婆岩、西坑庵等名胜古迹,六市乡是莲花血鸭、茶灯舞的发源地,有龙灯舞、民间乐鼓、秧歌等民俗文化,具有浓郁的民俗风情。

近现代有不少杰出人物,如民国时期的戴丙清、戴明轩、严奉琦、杨益如等,现代的中国科学院南京土壤研究所研究员张俊民,台湾大学教授严奉琰、李芳龄等,近年来还涌现了全国道德模范王振美,全省道德模范林义、卢江、卢勇,全省优秀共产党员温绵传,全省最美扶贫干部张健万,江西好人曾柱娇等一大批先进典型。

六市乡旅游业态丰富,有垭坞森林滑水、海潭人家、六市壹号田园综合体、山背文化产业园、山口吉鼎振兴牛产业基地等,成功举办了"千里跑赣鄱"中国(江西)美丽乡村马拉松联赛(莲花县站)、首届美丽乡村音乐节、首届农民丰收节暨山背村"莲花血鸭"千鸭宴等活动。

海潭村

村情概况　海潭村位于莲花县六市乡的东南部,东邻高洲乡,南连坊楼镇,西与西坑村、垭坞村毗邻,北与太沙村接壤。辖区8个村小组,全村有村民451户1250人,耕地面积1688亩,林地13210亩,区域面积22平方千米。

全村有果园2000多亩,森林覆盖率85%以上,生态优良,属喀斯特地貌,自然资源丰富,是江西省AAAA级乡村旅游点美丽乡村"海潭人家"所在地、张子铭烈士生前生活和战斗过的地方、省级森林康养基地、国家森林乡村。属亚热带季风湿润气候,海拔较高,有着得天独厚的地理和气候条件,日照充足,早晚温差较大,虫害较少,夏季凉爽,山清水秀,除了是养生避暑的旅游休闲康养胜地,更是生态农业的发展宝地,也是小有名气的瓜果之村,所种植的农产品有着独特的口感,瓜果种植业也已经成为了海潭村的支柱产业和农民增收的重要来源。

自然环境与资源　上水古松群。该古松群坐落在上水自然村,由16棵古松紧挨生长而成,占地面积100平方米。古树苍郁,高大挺拔,观光价值较高。

黄家里千年红豆杉。该古杉高近30米,树冠5米多,主干围径2米多,生机勃勃,婀娜多姿,红果实点缀着苍绿,令人叹为观止。

鸡子寨。海拔800米,山脚下是有着百亩绿色果品采摘园,往上半山腰有螃蟹洞。位于村内鸡子寨的小崖里,洞内有张子铭烈士生前生活、战斗过的遗址,先烈们留在洞壁上的诗句,字迹清晰,语又豪迈,催人奋进。

千亩蜜梨果园。海潭蜜梨远近闻名,每年酷暑季节,正是蜜梨果熟叶茂时节,园内果香凉爽,格外舒适,游人可采摘喜爱的果实,体验丰收的喜悦,在树下纳凉消暑,是避暑胜地。

樱花茶园。海潭村有绿茶3000余亩,樱花树1000余棵,每年开春,嫩芽初发,既是采茶季节,也是踏青时节,这时群山与茶园浑然一体,蓝天与绿茶交相辉映,茶园步道沿路补植盛开的粉色樱花与翠绿的茶园形成一个粉绿的世界,极为壮观,令人流连忘返。

经济概况 海潭村拥有江西省AAAA级乡村旅游点"海潭人家"景区、1000亩樱花茶园、5000亩果园、六市壹号乡村振兴田园综合体、觅野繁花140亩民宿营地,海潭村注重因地制宜、科学规划,大力发展特色产业,以"百亩樱花+千亩茶园+万亩果园"示范产业基地为龙头,推行"公司+基地+合作社+农户"经营模式,扶持壮大海潭农产品专业合作社、绿色林果业协会等新型农业经营主体,建立完善产业联农带农利益联结机制,发展壮大村集体经济,带动380余名劳动力家门口就业(脱贫人口120余人),人年均增收2万余元。在百千万示范产业基地的引领带动下,重点打造了海潭滨水人家乡村民宿、六市壹号田园综合体、觅野繁花民宿营地、田园景观和农耕文化园、绿色生态茶园观景区、海潭湾果园、卓氏果园等丰富产业业态,农旅融合新业态相得益彰,

海潭村茶园

实现产村融合互促发展。"海潭翡翠"绿茶2000年获"国际名茶金奖"。

全村共种植各类瓜果5000余亩，主要瓜果种植品种有蜜梨、黄桃、杨梅、布朗李，发展模式主要以家庭果园为主，果园大部分都分布在319国道沿线，形成了十里优质水果长廊。

"海潭人家"景区是江西省AAAA级乡村旅游点，自然环境十分优美，是以"茶园生态环境+乡村美丽建设+绿色生活方式"为主要内涵而着力打造的集文化创意、民俗展示、体验观光、娱乐休闲于一体的乡村旅游点精品区。2016年正式启动发展乡村旅游产业，2017年正式对外营业并接待游客8万余人。景区旅游资源十分丰富，有占地近千亩的茶园，主要生产"海潭翡翠"绿茶。景区有江西省非物质文化遗产第二批申报批复保护项目《莲花茶灯舞》、有富有浓厚地方特色的婆婆接龙。2018年以来，相继成功举行了"千里跑赣鄱"中国（江西）美丽乡村马拉松联赛、莲花县首届美丽乡村音乐节、莲花县首届农民丰收节暨山背村"莲花血鸭"千鸭宴等大型活动。

六市壹号乡村振兴田园综合体是2018年由返乡创业青年杨林及其合伙人发起创建，2021年8月建成开始营业。综合体有采摘观光园，种有50亩的蜜梨、黄桃，既让游客可以从中体验采摘收获乐趣，又可以实现果农增收致富。建有综合服务区，是一个集生态餐饮、生态超市、票务中心、宣传、推介、科普、研学、游学、咨询等一体的综合型服务中心。

基础设施 海潭村区位狭长，8个村民小组有5个村民小组沿319国道两边分布，交通便利，村主道全面完善，户户通水泥路。2021年对全村两处进行新农村点改造。全村城乡供水一体化建设已在布管安装中，预计2025年可投入使用。6个村小组均开展了新农村建设，2023年黄家里网格景村建设，投入资金约120万元，44户130人受益，获莲花县景村建设考评第一名，并成功申报创建2024年全市乡村振兴示范村。

社会发展 六市乡中心幼儿园、六市乡中小学位于六市村集镇，海潭村距离六市村5分钟车程，拥有完善的教育配套资源。有标准的村级卫生服务室，六市乡卫生院距离本村5分钟车程。拥有六市壹号乡村振兴田园综合体、海潭人家景区休闲广场和莲心广场2座，占地面积3000平方米。居家养老中心1个，拥有餐位60位，占地200平方米，配套设施齐全。

特色地情 张子铭，字俊岳，莲花县六市乡鸡冠石村人，1906年生。小学毕业后，考入萍乡达成师范学校，受时为共产党员的校长段思召、教导主任张宗和的影响，积极追求革命。他思想进步，学习成绩优良，是第一批加入共产党的同志，并且是达成师范党小组的实际负责人之一。为培养家乡的教育人才，在学生中物色对象，培养入党，张子铭发现王佐有着憎恨社会黑暗、同情贫苦工农的正义感，又喜爱阅读进步书刊，便有意培养这个同乡师弟。1926年9月，在张子铭的介绍下，王佐在达成师范加入了中国

海潭村六市壹号乡村振兴田园综合体

共产党。1927年2月,张子铭当选为萍乡县总工会执行委员兼青年部部长,后兼任调查部部长。大革命失败后回乡,以教书为掩护,进行革命活动,本村的张天洞就是张子铭宣传革命思想的重要场所,并成功建立起上溪区域第一个党支部——海潭村党支部。他组织农民自卫军参加秋收起义。1928年秋,在株洲被捕。狱中,仍坚持革命活动。1930年红五军解放株洲时出狱,后留部队工作,任团政治委员。1931年,在攻打吉安的战斗中壮烈牺牲。

黄桥村

村情概况 黄桥村位于六市乡南部,距县城30千米,距乡政府8千米,萍莲高速六市出口、319国道在村域范围内通过,六市通往湖南攸县公路在村中心经过,是早先湘赣两省交往的重要古道之一,全村面积14.2平方千米,其中,耕地面积935亩,林地面积9600亩。全村有5个行政村小组8个自然村(桥仔头、石背、后屋、新屋里、高业、业皇岭、坳头、马脑下),共213户793人。居住人口中以汉族为主,主要姓氏为杨姓。

自然环境与资源 黄桥村地处丘陵地带,因地势、气候等原因,农村经济主要以水稻、瓜果、大豆、油菜种植为主,部分为油茶林和小量禽畜饲养。

经济概况 全村以农业为主,蔬菜种植为辅。有各类小型商店4家,饭店1家,经营1家手袋厂，1家钢瓶检测站。2023年村级集体经济收入11.67万元。

基础设施 黄桥村境内有萍莲高速六市出口，319国道在村域范围内通过，六市通往湖南攸县公路在村中心经过。交通便利，村主道全部为沥青路，户户通水泥路。2017年建设美丽乡村，投入资金100余万元，176户786人受益；2022年进行景村建设，投入资金100余万元，213户793人受益；2023年业皇岭新农村建设，投资20万元；2024年坳头新农村建设，预计投资20万元。

社会发展 黄桥村现有一所黄桥小学。1982年创办，占地面积3000平方米。有师资8人，学生100余人。在村内文体广场设置有篮球场。村内设有1个卫生所。2024年共有151人享受居民养老保险，失地农民13人，低保人员34人。

特色地情 全村有古树4棵，千年银杏古树坐落于村中心，2015年8月该树被列为国家一级保护古树，是省内有名的银杏王树，高40米，阴影盖地约400平方米。槐树位于桥仔头河边，树龄300多年，树高28米，胸径4米，冠幅14米。檀树位于黄桥村，树龄350多年，树高35米，胸径2米，冠幅6米。枫树位于黄陂，树龄150多年，树高26米，胸径3.3米，冠幅12米。

1928年7月，彭德怀、滕代远和黄公略等率领红五军发动平江起义，要与湘赣边朱毛领导的红四军连成一片。敌金汉鼎部三个团进入永新，与萍乡、莲花靖卫队联合阻挡两军会合。毛泽东、朱德得信后，命何长工率新收编的张威、毕占云特务营、独立营

黄桥村鸟瞰

和莲花赤卫大队先期到达黄桥村黄陂,并与驻扎在马家坳的莲花县委朱亦岳取得联系迅速横向运动,出击萍乡、莲花靖卫队、红五军进入莲花扫清障碍。1928年11月底,红五军从萍乡、莲花交界的三鼓坳进入莲花厅三十一部(今六市太沙,旧与高洲高滩同一个部),在进入黄桥山口处两军先头交火,经过一个多小时试探,两军终于会合。

黄桥古桥

六市村

村情概况 六市村位于六市乡的中北部,是六市乡行政机关所在地,原属六市、横塘两村的合并村,现辖有瑶山、杉树下、六工陂老街、集镇新街、徐家陂、周家屋、横塘7个小组,全村总面积15平方千米,其中,耕地面积1145亩,林地面积11980亩。全村共282户1204人。全村张姓人口占的比例最多。辖区内有六市宾馆、文琦鞋厂、希米聚纵箱包厂等多家小微企业。六市民间文化底蕴深厚,尤以"茶灯舞"为著,彰显淳朴民风、和善民情。

自然环境与资源 六市村地处罗霄山脉中段,地势呈北高南低,西高东低。东与高洲乡接壤,南与坊楼镇和湖南省株洲市攸县柏市镇为邻,西邻萍乡市湘东区白竺乡,北接芦溪县南坑镇张家坊乡。辖区东西最大距离3.2千米,南北最大距离34千米,距县城36千米。村庄分布在带状的崇山峻岭中,丘陵占四分之一,山地占四分之三,森林覆盖率达84%,有瑶山古杉,胸径为1.01米,高35米,树龄约400年,树干材约16立方米,至今仍葱郁成荫。

六市村文化活动中心

经济概况 中央扶持发展壮大村级集体经济资金50万元建设标准羊舍、料房库、生活区、兽医间、防污染设施等2000余平方米。与江西吉内得有限公司合作经营,每年可分红8.4万元。充分利用好县文广新旅局文化活动中心建设资金27万元,建设文化活动大楼1000余平方米,盘活一楼面积400余平方米,每年租赁可为村集体经济增收4.5万元。通过整合资源,安装村级光伏电站100千瓦,每年可为村集体经济增收10万余元。

基础设施 六市村为六市乡中心村,交通方便,有319国道经过,在集镇有六市中小学、六市中心幼儿园、六市卫生院、六市乡政府等机构,村民办事出行都方便。近几年六市村的环境卫生大有提升。2024年组织人员开展环境整治30余次,完成厕所整改2户。村内每个小组都建设了健身广场,方便村民休闲锻炼。有5个村小组进行了新农村建设,老街新建了沿河路,有很多村民会到此处散步游玩。

山背村

村情概况 山背村曾名"三联大队",古属吉安安福地区。经过多次的乡村级区域重组,1984年3月改人民公社为乡,生产大队为村,三联大队改为山背村隶属于六市乡。山背村位于六市乡政府驻地南面偏西8.7千米处的山冲内,为赣湘边境村落,北接西坑、黄桥村,东临山口村,南面和湖南攸县富头村接壤,是"十三五"期间的省级深度贫困村。全村总面积24000亩,其中耕地面积860亩,林地面积9730亩,农民以种植水稻、油菜、油茶为主体。特色产业有桑葚、布朗李、水蜜桃、莲花血鸭。辖区3个村民小组:一组上山背、二组下山背、三组八斗里,七个自然村组:江边、老屋里、下山背、凡

山背村勤王台文化产业园

冲、八树下、下榨、八斗里,共231户721人,其中脱贫户40户148人,监测户2户7人。村内以杨、吴二姓为主。

自然环境与资源 山背村境内多山地丘陵,地势北高南低,西高东低,村庄地势坡度变化大,平地少,呈现纵向狭长态势。石灰石矿产较为丰富。上山背汪家陂处百年槐树1棵,下山背庙山下陂处百年槐树2棵。

经济概况 山背村主要种植水稻、油茶、油菜、红薯,养殖黄牛、土鸡、羊、猪等,家家户户到年底都制作莲花"老冬酒"。本村思雨养殖合作社法人吴树生发挥致富带头人的"头牛"效应,引领其他六户村民养殖黄牛,现存栏黄牛共有170余头。2018年脱贫户杨建昌建立山背伞厂,主要加工伞骨架。车间共吸纳劳动力20余人,其中脱贫人口5人,均来自本村及邻村村民,每人每年可增收1万到3万元。2023年引进萍乡市希米聚纵箱包有限公司在山背村下山背建立分厂,共吸纳劳动力15余人,均来自本村及邻村村民,每人每年可增收1万到3万元。2022年依托光伏产业、桑葚产业、销售"勤王台"莲花血鸭为村集体经济增收23.28万元。2023年依托光伏产业、桑葚产业、销售"勤王台"莲花血鸭、土地流转为村集体经济增收17.87万元。

基础设施 山背村庄道路形成环村水泥道路网,交通较为便利。X412乡道穿过村庄,均为沥青路面。村内生产道路约3千米,生活道路约6.3千米,路宽3.5~6米,主要为水泥路面。有桥梁4座,其中大型桥梁1座、小型桥梁2座、涵洞型桥梁1座。村内有路灯140盏,均为太阳能路灯。建有垃圾集中收集点8个。

山背村已接通4G网络,全村电信光纤线缆全覆盖,通信网络覆盖率为100%,但通信基站不足,部分移动设备存在信号差的问题。

家庭通电率100%。村内未接入天然气管道,村民日常做饭烧水使用的能源主要为蜂窝煤、液化气,少数家庭使用木柴、电能。村民主要生活用水来源于山泉水,有4

个集中供水点,分别位于上山背、下山背、下榨、八斗里;有自来水储水池4座,可蓄水180吨,铺设自来水管道约12千米,基本满足了全村村民日常生活用水需求。大汉源具有水利灌溉功能的山塘,主要采用沟渠引水,可灌溉耕地400余亩。

社会发展 文化活动场所占地面积约2200平方米,主要是村委会(党群服务中心)约600平方米、新时代文明实践站约800平方米、文化健身广场约800平方米。村内建有一所卫生室,服务全村村民,村委会为村民提供代缴医保服务,2023年度农村医保缴纳达100%。有37户48人享受了农村低保,五保户1户1人。2020年,在上山背小组,筹资15万元建设居家养老服务中心,占地约500平方米,中心配备休息室、图书阅览室等休闲娱乐设施,提供居家养老服务。

特色地情 山背村历史文化底蕴深厚。700多年前抗元英雄吴希奭,响应南宋丞相文天祥号令在山背村集师勤王,勤王台是宋末吴希奭起兵勤王誓师之地,全家殉国,勤王台成了墓地。清乾隆二十五年(1760)莲花厅同知李其昌重修并树碑颂扬。1984年,勤王台被列为县级文物保护单位,后又被定为萍乡市德育教育基地。

太沙村

村情概况 太沙村位于六市乡东北部,村委会距乡政府10.5千米,面积32平方千米,太沙村与河江村合并。全村现有12个村民小组,7个自然村,分别是腰沙、沿背、新棚下(包括年塘和晒禾岭)、河江背、新村、河背等,共352户1383人。居住人口均为汉族。主要姓氏分别为王、严、刘、张等。耕地面积1453亩,水塘面积约28亩,山林面积2700余亩。

自然环境与资源 太沙村属丘陵地形,林地面积为2700亩,主要为杉木和松林、毛竹及部分红豆杉珍贵树木,地形自然条件好,山上野生动物较多,如野猪、野鸡、野兔等。

经济概况 全村以种植水稻、油茶、油菜、黄豆为主,其中水稻种植面积约1200亩,毛豆种植面积约400亩,油菜种植面积约700亩。全村有5户养殖大户,主要养殖黑山羊、猪、牛等。果树种植大户1户,以种植水蜜桃、西杨梅为主。村内有小卖部3家,邮政快递取件点1个。村里有手袋加工厂,带动农户就业20人,带动农户增收约40万元。村集体收入约20万元以上。

基础设施 主要村组路共12条,里程约10.5千米,全部铺设沥青。全村供电用户

太沙村集镇

352户。自2021年起全村实现了自来水网全覆盖。建有水渠12个、水坝1个、水库1个、山塘1个,水域面积500亩,分布在严塘、河江,灌溉农田1200亩左右。建设了6个新农村点,全村安装太阳能路灯260盏,建设两座村级公墓山。网络信号覆盖率100%,宽带网络使用率约85%;邮政快递代办点1个。建有自来水蓄水池6座,可蓄水400吨,铺设自来水管道约2.5万米,建设2个农饮改造工程,改造水圳10.6公里,河道治理建设2千米。

社会发展 村里有广场舞队和大鼓队。建设老年活动中心1个。文化活动场所占地面积约1700平方米,主要是村委会(党群服务中心)约500平方米、篮球场约400平方米、文化健身广场约800平方米。村内有1间卫生室,医疗保障齐全。

特色地情 王振美(1925—2020),男,汉族,2016年4月加入中国共产党。1944年小学毕业后回太沙村在太沙小学任教,1965年以来,王振美崇德行善,爱心助学,扶贫济困,反哺乡梓。耄耋之年毅然捐出50万元成立"振美教育基金",助力家乡脱贫攻坚和教育事业。2018年4月,获评全国脱贫攻坚先进个人;6月,入选"中国好人榜"助人为乐好人;9月,当选第二届"感动江西教育年度人物";2019年9月,获得第七届全国道德模范"全国助人为乐模范"。

王增林,1982年永新师范学校毕业,分配至六市乡太沙小学任教。几十年来坚持在乡村一线任教,随着社会变迁,学校规模逐渐缩小,王增林一人身兼数个教职,把每一名孩子当成自己的孩子一样看待和培养,无私为学生辅导功课,所带班级常年位列六市乡同级排名第一。担任校长后多处争取资金,对学校进行翻新。获江西省教育厅颁发的"优秀乡村教师"荣誉称号。

西坑村

村情概况 西坑村地处吴头楚尾，湘赣边界，自古以来是边关要地。西坑坐落于六市乡的西南部，地势呈丘陵形状，山坑中旧有西天庵，故名西坑。西坑村由仓头、铁坑、王家岭、沙湾、木梓坪、西坑屋场、高灯树下、仓下、吊田、瑶仔岭、元楼下、桐林背等依山逢水而建的12个自然居民点组成。位于六市乡西南部，总面积15平方千米，距莲花县城30千米，距319国道5千米。东邻黄桥村，南连山背村，西与湖南攸县柏市为界，北接海潭村、垭坞村。辖8个村民小组，共有245户1038人。居住人口中以汉族为主，还有彝族、仡佬族等少数民族。主要姓氏为杨姓，还有陈、谢、朱、刘、黄、张、罗、邹等21姓。

自然环境与资源 西坑村属丘陵地形，地势北高南低，村内有一条攸水河段自北向南穿村而过。林地面积为11000亩，主要为杉木和松林及少数珍贵树木，地形自然条件好，环境优美。村级境内土地矿藏主要是岩石和铁矿，岩石分布在漕基坡岩石岭；铁矿分布在与湖南柏市交界的罗霄山。村内自然条件优越，海拔高低悬殊，树木垂直分布层次分明，森林植被呈现出普遍性与多样化的特点，属国家一级保护植物有南方红豆杉、水杉、秃松等。动物有野猪、兔子、山羊、野山鸡等。山林风景资源有溶洞1个，石林2个，山塘5个。

经济概况 全村以种植水稻、油茶、油菜为主，其中水稻种植面积约1061亩，油茶种植面积约500亩，油菜种植面积约600亩。全村有3户养殖大户，主要养殖黑山羊、猪、鸡等。果树种植大户2户，以种植黄桃、布朗李为主。村内有小卖部4家，餐饮1家，还有1家赣商爱心健康卫生服务室，邮政快递取件点1个，包袋加工厂1个。2023年村集体经济收入20万元。2024年利用白鹅养殖基地2000平方米场地，向上级申请资金由"股份经济合作社+农户经营"合作模式养殖4万只土鸡。

基础设施 村内生产道路约6.2千米，生活道路约5.7千米，村主路宽6米，为沥青路面；通组路宽3.5米，为水泥路面。建设有文化活动中心和文化活动广场，建设5个新农村点，修建沿河路及危桥改造，修建3.5米宽通组公路共计9.2千米。全村安装太阳能路灯186盏，建设2座村级公墓，建设4套"交钥匙"工程，对4户无房户实行集中安置。全村建有自来水储池4座，可蓄水200吨，每户都安装了自来水。2023年再铺设农村饮水一体化工程水管，铺设自来水管道约1.6万米，建设3个农饮改造工程，基本满足了全村村民日常生活用水需求。改造水圳10.6千米，河道治理建设1千米，完成2

西坑村贞孝祠

座水毁水坝重建,2个山塘加固整治工作。

社会发展 2016年建有1个医疗服务室,服务范围主要是为西坑村全体村民及相邻村,群众小病不需出村。建有2个篮球场900平方米。2022年投入30万元用于人居环境整治;2023年投入30万元用于人居环境整治,安排公益性保洁岗位3人,对全村范围进行保洁。目前人居环境群众满意度达96%,2022年度全县人居环境考评第一名,2023年度全县人居环境考评第二名。

特色地情 清泉山寺(西坑庵)。位于湘赣边界罗霄山脉的一座山坳里,环境幽雅,古树参天,清泉碧澄。从黄庭坚留宿题诗清泉寺看,寺当建于北宋之前,应为唐代古寺,唐宋时官员过境多宿官府所建寺院。古时寺庵有别,有佛像、经书、住持僧,三者皆备可定为寺。庵则等而下之,后世称西坑庵应为俗称,也与清泉寺遭兵乱后萧条有关。红军时期为莲花、攸县地下交通站。1927年7月成立了鸡冠石党支部,是党支部秘密开会地点及红军联络站,历来是莲花佛事活动的中心,也是萍乡宝积寺在莲花开展佛事交往的纽带。目前香火旺盛,更是夏日避暑的好地方,每年本地游客达5000人次以上。

西坑贞孝祠。清光绪年间,西坑村杨氏眷姑留家侍父尽孝终生,感动一方,朝廷颁旨旌表,地方建祠纪念。贞孝祠位于西坑屋场内,原有石狮一对,"文化大革命"时毁。2015年被莲花县文物办列为重点文物保护单位。

垭坞村

村情概况 垭坞村,原名"安湖",寓意为"安居于湖岸之旁的村落"。在古代,此地原为湖塘地貌,后因湖水退去,地貌演变为山坞之状,因此更名为坳坞村。随后,与探究坊村进行合并,遂定名为垭坞村,沿用至今。垭坞村位于六市乡北部,村委会距六市乡政府、莲花县城、萍乡市区分别为1.6千米、28千米、31千米,距六市高速出口8千米。辖区面积12350亩。有12个自然村(功德山、园里、田东、龙潭背、坞圻、萍矿、上屋、庙背、下屋、垄上、探家坊、锅底潭),共330户1384人,居住人口中以汉族为主。全村姓氏中以谢、严、刘姓居多。

经济概况 垭坞村耕地面积共计1350亩,主要农作物包括水稻、油菜及蔬菜等。在经济发展方面,垭坞村以农业为主导产业。村内设有各类小型商店共计3个,矿泉水厂1家,竹产品加工厂1家以及生态农旅景点1处,同时提供民宿3家和农家乐10家,以满足游客和村民的多样化需求。2023年,村级集体经济收入32.55万元。

基础设施 垭坞村交通便捷,319国道及萍莲高速贯穿全村,村主道已全面升级完善,实现水泥路面户户通达。在通信方面,电信宽带已覆盖160户,移动网络服务安装户数达到170户,全村供电用户共计330户。此外,村内基础设施完备,建有沙田水

垭坞村穿村国道

垭坞村锅底潭水库

渠、井背上渠、垄上水渠、院下水渠等水利设施，自来水管网已安装至每户。

社会发展　垭坞村共有未成年人345人，其中留守儿童57人。为关爱青少年成长，垭坞村在2021年10月开设"守望之家"义务支教班，覆盖6—15岁中小学生，由萍乡学院在校大学生组建"小老师"团队，于每周六在垭坞村开展心理疏导课、交通安全小课堂、书画培训课、兴趣爱好课等形式多样的辅导课程。不定期开展课外拓展活动，参观红色教育基地，学习革命先烈英勇事迹。2022年开展"情暖六一""夏令营""未成年思想道德建设""沉浸书海"等活动。垭坞村是莲花县的长寿之村，最年长的老人107岁，60岁以上的老人260人，占全村比例20%。为能更好地关爱老年人生活，申请建立了居家养老服务中心，位于严氏祠堂，占地面积约450平方米，合理安排生活、休息、活动等功能分区，为村辖区内留守的空巢老人以及生活半自理老人生活提供了便利条件。

特色地情　垭坞村充分利用锅底潭水库资源，精心打造了一处名为"垭坞森林滑水"的文旅景点。该景点占地面积达220亩，总投资达1.1亿元，坐落于风景秀丽的莲花县六市乡垭坞村十一组。是一个集文化旅游、餐饮、住宿、康养、夜游等多功能于一体的综合性乡村振兴文旅项目。

山口村

村情概况 山口村位于六市乡南端,因是进入山背村所在山冲的入口,故名。山口村位于六市乡的最南端,萍莲高速贯穿本村境内,距319国道4千米,离集镇10千米,东与坊楼镇罗市村大路边组交界,南连坊楼镇红源村,西与湖南省攸县柏市镇石桥村接壤,北与本乡的山背村和黄桥村相邻,全村面积约为16平方千米。下辖7个自然村组,分别是山口、中村、清水、分水坳、马牯脑、庵子里、返上。全村辖7个村民小组,共有248户886人。共有20个左右的姓氏,其中杨、刘、张、彭、易、姚、陈、李、成姓人数较多。村民常年的经济来源主要靠种养业,青壮年大部分在外务工。

自然环境与资源 山口村属半丘陵半山地地形,拥有独特的地理环境和人文风情。这里的山峦起伏,河流纵横以及丰富多样的自然资源,赋予了这个地方独特的魅力和吸引力。绿化率达85%,耕地面积1120亩,其中水田1020亩,旱地100亩,森林面积12500亩。

经济概况 山口村有全县规模最大、功能最全、标准最高的规范化肉牛养殖产业基地之一,存栏量达400头,结合养牛时间节点,提前谋划布局牧草构树种植、秸秆回收、饲料加工等附属产业链,是全县首个实现粗饲料自给自足的养殖基地,推动了肉

山口村吉鼎生态"振兴牛"养殖基地

山口村中村移民区实行规范化建房

牛养殖、构树牧草种植及秸秆综合循环利用,实现"三产融合",产业带动贫困户就业10余人,为村集体经济经营性收入增收近20万元。2023年引进一家企业与村集体合作种植藠头500亩,2024年扩大种植达到1000亩,利用一产带动二产,引进设备,建冷藏库、深加工设备,制作成藠头罐头,产品远销韩国、日本及东南亚国家,带动脱贫户30人就业,为村集体经济经营性收入增收20万元。山口村2023年光伏扶贫扩面工程(村级电站)建设资金由县统筹安排,相应收益在扣除运营成本后,2023年收益9万元左右。

基础设施 山口村庄道路网基本形成,交通较为便利。207县道穿过村庄,均为沥青路面,长度2.7千米,硬化田背上业产业路1千米。村里有辆公交大巴,方便村民出行。村内有路灯200盏,均为太阳能路灯。通信网络信号覆盖率100%,宽带网络使用率约90%,有线电视使用率100%。村内有移动营业厅和邮政物流配送点。家庭通电率100%。村内未接入天然气管道,村民日常做饭烧水使用的能源主要为电能和液化气,少数家庭使用蜂窝煤、木柴。村民主要生活用水来源于深井水和自来水,满足了全村村民日常生活用水需求。有西冲山塘、萝卜井、坳上山塘、马古脑山塘等具有水利灌溉功能的山塘4座,主要采用沟渠引水,可灌溉耕地1000余亩。

社会发展 文化场所占地面积约5450平方米,主要是村委会(党群服务中心)约480平方米、文化健身广场约1500平方米。江西职业技术学院为村里的留守儿童提供了暑期教育。创办了山口村第一届"梦飞山口,助力成长"公益培训班。村里还组织了老年大学。村内建有1个卫生室,村委会为村民提供代缴医保服务,2022年度农村医保缴纳达100%。山口村有2户6人享受了失地农民保险;有42户71人享受了农村低保。2020年成立山口村居家养老服务中心,荣获江西省第一批"党建+农村互助养老服务"省级示范点。

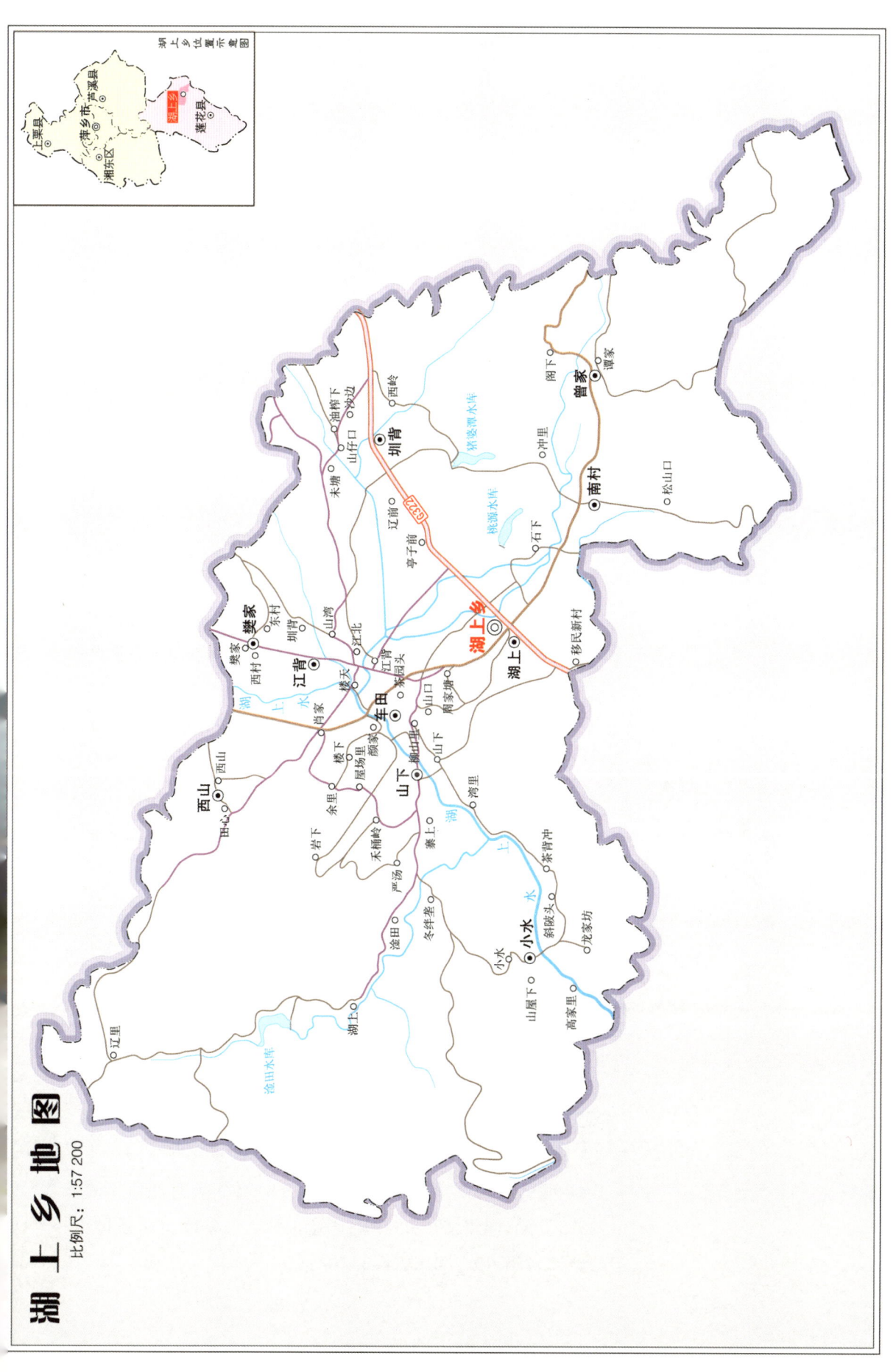

湖上乡

莲花县湖上乡处于罗霄山脉中段,井冈山北麓,东连路口镇、南临良坊镇、西接坊楼镇、北接闪石乡。1949年置复礼乡,1950年更名湖上乡,1958年改公社,1984年复改乡。全乡面积42.16平方千米,辖10个行政村,57个村民小组,3499户1.5万人。

湖上乡先后获"江西省卫生乡镇""2021年度全省红色退役军人服务站""江西省森林乡村""2022年萍乡市党管武装先进单位"等称号。

自然环境与资源 莲吉公路穿乡而过,湖闪路与临乡互对接。境内有丰富的石灰石资源,耕地面积11025亩,水田面积9075公顷,森林面积2867公顷,森林覆盖率达68%。全境地势东南略高,西北较低,境内以丘陵、山地为主。属于亚热带季风湿润气候,气候温和,雨量充沛,日照充足,干湿明显。年均温为17.7℃,年降水量1600毫米,年均日照时数1526.4小时,无霜期278天,山区日照偏少,适应水稻和多种经济作物的栽培。本乡的粮油作物一年可以三熟:一茬油菜(或小麦)两季水稻。全乡经济以农业为主,林业为辅,水稻栽培占绝对优势。

经济概况 湖上乡2022年全年累计完成财税5354万元,同比增长15.9%;一般预算收入完成2311元,同比增长23.1%;规上工业增加值13082万元,同比增长26.9%;服务业营业收入1201.2万元,同比增长19.1%;建筑业总产值完成2515万元,同比增长128.8%;固定投资入库累计14个项目,完成25456万元,同比增长32.6%。

有规上企业15家,分别是江西莲雄实业有限公司、江西臻宏科技有限公司、江西智奇压缩机有限公司、莲花县恒义混凝土搅拌有限公司、江西阿诺玛科技有限公司、莲花县莲江食府、莲花县红色教育培训服务有限公司、莲花莲江大酒店管理有限公司、莲花县莲职餐饮有限公司、萍乡市中伟建材有限公司、莲花县诺盈建材有限公司、江西联中建设有限公司、江西晟杰建设有限公司、莲花县云匠人力资源有限公司。

打造莲花县乡村振兴"三创"园湖上示范基地,利用闲置场地结合湖上乡就业帮扶车间建设,引进客商进驻,依托童装品牌,打造童装生产基地。该项目一期2440平方米的2栋厂房建设已经完成,吸纳务工劳动力150余人并正式生产。同时,建成2500平方米水麻鸭养殖基地、圳背水循环生态养殖基地,即将投入使用;乡裕葡萄种植基地、鑫盛农林果业基地、鑫峰农业中药材基地等持续发展壮大。

基础设施　322国道贯穿境内,现有县道1条(湖闪路),乡道共计23条,合计19.836千米;村道共计100条,合计11.515千米。

有小(2)型以上水库3座,分别为淦田水库、桃源冲水库、猪婆潭水库,淦田水库库容45.5万立方米,桃源冲水库库容42.2万立方米,猪婆潭水库库容35.5万立方米,根据全乡水系分,形成了6个灌区,分别为木里陂灌区、桃源冲水库灌区、小陂灌区、岩柱陂灌区,猪婆潭水库灌区、江边灌区,大小山塘64座。

完成城乡供水一体化工程项目,铺设水管18.5万米,保障2735户农户自来水供给;新建标准化就业帮扶车间1个,提供就业岗位129个,有就业帮扶车间8家,有效解决脱贫户60余人就业。

社会发展　辖区内有1所中学为湖上中学。有3所小学,其中村小2所,中心小学1所;4所幼儿园,其中中心幼儿园1所(湖上小学中心幼儿园)。

湖上乡鸟瞰

湖上乡周公塘文化公园

全乡文化基础设施配齐配全,设有1个文化站、10个村级文化活动中心、4个老年活动中心、3个灯光球场。各村均设有休闲娱乐小广场。

有公有制卫生室10个,其中公有产权卫生室8个,乡村医生共计12人,其中注册乡村医生8人,执业医师3人。

人文地情　湖上乡历来人杰地灵,有后晋溪州刺史彭彦晞,清举人彭国鳌、朱骏辛、朱安信,中华人民共和国开国中将、中国民航总局首任局长朱辉照出生于湖上乡南村村,固沙造林学家李鸣岗,为大地做"彩超"的科学家李向阳等为湖上乡当代优秀人才的杰出代表。

作为传统古村落的传承者,湖上乡至今保留着丰富的传统礼仪和具有乡土特色的习俗文化。吃新过节,吃新节又称尝新节,该节与汉族农耕民族的传统文化息息相关。吃新节和其他节日不同,没有固定的日期,在开镰收割前举行。吃新这天,男女均不外出劳动,家家户户张罗着过节。男丁到稻田,摘取饱满成熟的稻穗,供于祖坟、祠堂、神龛等处;妇女则将新谷舂成白米,煮成新米饭。节日的菜肴有鸡、鸭、鱼、肉和新上市的蔬菜,全部黏上米粉蒸熟。饭前敬五谷神、土地神。家里俗语:过得年好管上半年,吃得新好管下半年。

车田村

村情概况 车田村地处湖上乡西北部,与西山、山下、湖上村相邻,距县城约21千米。全村395户1226人。村辖6个村民小组7个自然村,共有耕地面积800余亩,旱地种植面积45亩,山地面积3000余亩。本村党支部有党员43名。

自然环境与资源 车田村村属半丘陵半山地地形,地势北高南低,村庄地势坡度变化大,平地少,村内有河流自东向西沿村而过。水资源较为丰富。

经济概况 车田村主要种植水稻、油菜,养殖土鸡、麻鸭、羊、白鼠等,其中油菜、麻鸭、米酒是家喻户晓的"村宝"。2023年,水稻种植面积约800亩,油菜种植面积约400亩。2022年山羊养殖户1户,年末存栏10头。土鸡、羊、麻鸭等皆为家庭散养。

基础设施 车田村庄道路网基本形成,交通较为便利。湖闪公路从村庄旁经过,均为沥青路面。村内生产道路约0.7千米,生活道路约0.7千米,路宽约4米,主要为水泥路面与沥青路面。有桥梁3座,其中小型桥梁2座。村内有路灯130盏,均为太阳能路灯。通信网络信号覆盖率100%,宽带网络使用率约80%,有线电视使用率100%。村内有邮政物流配送点。有变电器6台,总功率12000千瓦,家庭通电率100%。村内未接入天然气管道,村民日常做饭烧水使用的能源主要为电能和液化气,少数家庭使

车田村秀美乡村

车田村鸟瞰

用蜂窝煤、木柴。村民主要生活用水来源于城乡一体供水及村内供水站,有1个集中供水点,位于车田村山腰,有自来水蓄水池1座,基本满足了全村村民日常生活用水需求。有淦田水库等具有水利灌溉功能,主要采用沟渠引水,可灌溉耕地800余亩。

社会发展　车田村文化活动场所占地面积约2950平方米,主要是村委会(党群服务中心)约150平方米,新时代文明实践站户外活动场所约300平方米,文化健身广场、公祠、文物保护单位约2500平方米。村内建有卫生所(室),服务范围辐射到本村及山下村庄。村委会为村民提供代缴医保服务,2023年度农村医保缴纳比例达100%。

特色地情　文林郎第,元朝时所建。文林郎是车田村金陵李氏第十二世嗣孙李孔叔公的官衔。孔叔担任翰林院侍讲、青宫侍讲,兼修国史。元朝至元戊寅年(1278)前后,御赐"文林郎第"。经魁公祠,始建于1538年左右,占地面积约为300平方米。经魁公祠原是景初公孔叔公的府邸,旁边还有舍屋,后因孔叔公长期在朝廷工作,其后代迁徙在湖南长沙,车田村的后裔到了第二十世,有经魁公的后代贤耀、贤炯、贤燉等人把原府邸改造成"经魁公祠"。

凡家村

村情概况 凡家村旧属二十三都地,因樊姓曾居此得名樊家村,后改为凡家村。位于莲花县湖上乡北部,东邻湖上乡圳背村,南接湖上乡江背村,西与闪石乡渭下村交界,北与闪石乡江南村接壤,面积约1平方千米,下辖6个村民小组。房屋集中,以老湖闪公路为界分为东、西两个自然村。共231户1004人,其中以刘、李、彭、吴、颜、朱、周等姓居多。2022年集体经济收入12.4万元。

自然环境与资源 凡家村为丘陵地形,坐落在矮山之下,村内地势平坦,西面有条渭溪河自北向南流过。绿化率达60%,林地面积为1320亩,主要为杉树林、油茶林、松树林。

经济概况 凡家村主要种植水稻、油菜、红薯,养殖牛、猪、鸡、鸭、蜜蜂等。2022年水稻种植面积561亩,种植户218户;油菜种植面积约350亩,种植户111户。牛养殖户2户,年末存栏8头,全年出栏6头;生猪养殖户1户,年存栏20头,全年出栏50头。土鸡、鸭、蜜蜂等皆为家庭散养,未形成规模。工业方面有一家佶亨鞋面有限公

凡家村鸟瞰

凡家村千年古树

司属私营企业,在凡家村标准化厂房中运营,凡家村委会每年收取租金1.2万元,安排了30多名村民就业。凡家村村民擅长孵鸭崽。每年上半年农闲时节几乎每户都有人到湖南、湖北等地孵鸭崽。此项为本村主要经济来源,占总收入的40%。

基础设施 凡家村庄道路网基本形成,交通较为便利。湖闪公路穿过村庄,均为沥青路面。村内生产道路约3.2千米,生活道路3.1千米,路面宽3.5~5米,生产道路为水泥路面,生活道路大多为沥青路面。安装太阳能路灯285盏。移动、电信、联通的通信网络信号覆盖率100%,宽带网络使用率90%,有线电视使用率100%。家庭通电率100%。村内未接入天然气管道,村民日常做饭烧水使用的能源主要为电能和液化气、蜂窝煤、木柴。村民主要生活用水为自来水,满足了村民日常生活用水需求。有山塘3口,大陂1座,小陂1座,主要采用沟渠引水,可灌溉耕地500余亩。

社会发展 凡家村文化活动场所占地面积约1300平方米,主要是村委会(党群服务中心,包括新时代文明实践站、图书馆)约200平方米,文化健身广场约1100平方米,为群众提供一个良好的学习娱乐场所。有39户74人享受了农村低保。

特色地情 屋背自然村有三棵枫树在西北方向,西南方向和东边各有一棵。这几棵大树整体形状像一把撑开的巨伞,树冠直径30多米,树干五个人合围都不够。2005年被评为"古树名木"。

湖上村

村情概况 湖上村又名湖头,坐落于江西省萍乡市莲花县东北部,322国道穿境而过,距离莲花县城18.5千米,交通较为便利。村内姓氏以彭姓为主,为"生态名村,尚义人家",是"中国传统村落""江西省水生态文明村""江西省森林乡村"。湖上村全村

585户2482人。全村面积15561亩,共有耕地面积约1559亩,山地面积7800余亩。村辖兴湖区、茶园头、土岸岭、山口、周公塘、中路、北路等7个村民小组。

自然环境与资源 湖上村北临武功山、南面禾山,村域内多丘陵和小山脉。湖溪流经本村,总属莲江水系,其主源发源于武功山脉的五里山。地质属于石炭系石灰岩,表土为红黏土。地貌由丘陵、山地和山间盆地组成。植被包括杉树、松树、樟树等树木和各种花草及蕨类植物等;野生动物有藏酋猴、野猪、野兔、獾子、山羊等,其中藏酋猴等为国家二级保护野生动物。绿化总面积7800亩,退耕还林(草)面积258亩;杉树、油茶树等主要林木总面积7000亩。

经济概况 湖上村以种植业和养殖业为主,其中种植品种包括水稻、油菜、油茶树等,养殖品种包括肉牛、藏香猪等,目前均未形成企业规模。2022年,湖上村的村集体经济收入为15万元左右。为壮大村级集体经济,带动群众增收致富,湖上村引进藏香猪产业,2022年养殖藏香猪300余头,并安排10余名脱贫户和村民从事饲养和收割牧草等工作。湖上村还利用上级资金建设肉牛养殖基地,用地面积20亩,其中牛栏建设面积3000余平方米。与莲花县内江西胜龙牛业有限公司发展合作伙伴关系,采用"公司+合作社+农户"的经营模式。其中,"十四五"百万帮扶资金的30%用于兴建通往养殖基地的"产业路"1400米。引进的萍乡市同盛服饰公司一期建设已经完成,生产车间约2000平方米,已吸纳务工劳动力100余人并正式生产。其中,吸纳湖上村脱贫户4户,每户平均年收入可达5万元。湖上村还将政策性扶持资金转化为入股"三创园"的股金,预计年收益分红可达4万元。

基础设施 湖上村庄道路网基本形成,交通较为便利。村内主要道路为水泥路;生产道路共6.5千米,其中硬化路面2.3千米;生活道路共13千米,其中硬化路面8千米。村内具有农田灌溉水利设施,其中灌溉耕地面积1280亩。有变压器7台,总功率约为1400千瓦,家庭通电率100%。村内未接入天然气管道,除电能外,村民主要使用蜂窝煤满足日常做饭烧水等能源需求。通信网络信号覆盖率100%,宽带网络使用率约90%,有线电视使用率90%。2016年完成村内道路建设,建设长度1200余米;实施亮化工程,安装路灯120盏;2018年新建钻上自来水池1座、冲下净化池1座;2019年罗汉泉环境整治改善了村庄人居环境;2020年柳山里新农村建设、河堤加固项目大幅提升沿河生态环境;2021年,建设完成周公塘文化公园新农村建设点和肉牛养殖场,早禾陂水利项目加固,为农民灌溉水田提供了便利;加固猪婆潭溢洪道,确保水库防洪安全。2022年修建肉牛基地产业路1400米。建成新时代文明实践站1个,退役军人服务站1个。

社会发展 湖上村内建有湖上中学和集幼儿园、小学于一体的湖上中心小学,可满足湖上村及周边村庄学龄前和九年义务教育阶段的就学需求,九年义务教育覆盖

彭宗孝旧居

率100%。

特色地情　湖上村现存传统建筑88栋,其中祠堂11栋,民居75栋,旧电影院1栋,人民公社旧址1栋,数量较多,大多分布在村落的西北部,小规模成片。这些建筑包括清代、民国以及中华人民共和国成立后的建筑,其中以清代和民国建筑为主。

湖上村非物质文化遗产和民俗资源丰富,包括莲花血鸭、石门山女人茶、古法榨油、菩萨出行、中秋烧塔等。

湖上村参加革命工作的有80多人,其中为革命牺牲的烈士49人。湖上村有两个革命带路人,一个是秋收起义部队攻下莲花县城的带路人,湘赣红二师独立团团长彭年;一个是解放莲花的带路人,长征干部彭发岳。这里还有莲花县儿童局书记彭乐年、革命的神枪手独立团团长李海荣、新四军的司号长彭宗元、湘赣省政府保卫局侦查员彭光贻、12岁参加革命的彭树慈(在红三军团担任司号员,1933在瑞金作战牺牲,年仅16岁)、为红军打造兵器的铁匠彭志和、警卫营的妇女主任彭求英。

江背村

村情概况 江背村位于莲花县湖上乡北部,东邻圳背村,南接湖上村,西与车田村、西山村交界,北与凡家村接壤,面积3750亩,下辖8个自然村组(江北、新江北、江南上屋、江南下屋、厉风边、柏树下、大树下、养路队),共423户1806人。

自然环境与资源 江背村属丘陵地带,地势北高南低,整体坡度变化不大,平地多,村内有一条萍水河支流自东向西穿村而过。石灰石矿产资源较为丰富。绿化率达80%,林地面积为5530亩,占比65.13%,主要为油茶林、松树林、杉树林等。

经济概况 江背村主要种植水稻、油茶、油菜、红薯,养殖土鸡、土鸭等,其中茶油、土鸡、水酒、麻鸭是家喻户晓的"江背四宝"。2022年,水稻种植面积约1186亩,种植户约360户;油菜种植面积约1100亩,种植户约340户。大型肉牛养殖户1户,年末存栏190头,全年出栏39头。土猪养殖户6户,年末存栏639头,出栏313头,土鸡、鸭等皆为家庭散养,未形成规模。为促进农业生产,村"两委"鼓励村民间采取资金资产、土地、劳动力、光伏发电等灵活多样的入社或入股方式成立农业发展专业合作社,规模较大的有臻源农业专业合作社、光伏电站。工业以劳动密集型的轻工业为主,如美杰鞋厂、江背村扶贫车间。

基础设施 江背村庄道路网基本形成,交通较为便利。湖闪公路和322国道穿过村庄,均为沥青路面。村内生产道路约6.2千米,生活道路约8.4千米,路宽3.5~5米,主要为水泥路面。有桥梁6座,村内有路灯310盏,均为太阳能路灯。通信网络信号覆盖率100%,宽带网络使用率约90%,有线电视使用率100%。村内有电商服务站和邮政物流配送点。家庭通电率100%。村内未接入天然气管道,村民日常做饭烧水使用的能源主要为电能和液化气,少数家庭使用蜂窝煤、木柴。村民主要生活用水来源于自来水,有2个集中供水点,一是城乡一体化供水点,一是村庄自备深水井供水点;有自来水储池1座,可蓄水100立方米;铺设自来水管道约8000米,完全满足了全村村民日常生活用水需求。具有水利灌溉功能的小(2)型水库——桃源水库1座,主要采用沟渠引水,可灌溉耕地600余亩。

社会发展 江背村建有江背村幼儿园和江背小学,可满足江背村及周边村庄学龄前和九年义务教育小学阶段的就学需求,九年义务教育覆盖率100%。文化活动场所占地面积约2000平方米,村委会(党群服务中心)约600平方米,老年活动中心、新时代文明实践站约3000平方米,文化健身广场约1600平方米,祠堂、庙宇约4500平方

江背村

米。村内建有1个卫生所(室)，服务范围辐射到江背整个村庄。村委会为村民提供代缴医保服务，2022年度农村医保缴纳比例达100%。

特色地情 江背村有400多年的古柏8棵。柏轩祠堂有200多年历史。建于1976年的江背村礼堂占地面积1800平方米，目前仍保存完好。

江背村四月初八朝仙节有600多年的历史，每年的这天村民都要去武功山白鹤峰恭请葛玄祖师爷回江背祭拜，活动形式多样，家家户户都用宴请宾客的方式来庆祝这个节日。这个节日甚至过得比春节更加隆重。葛玄祖师是湖上金陵李氏祖先的庇佑神仙，历史上祖先们选在武功山金顶购置土地修建白鹤峰道观供奉祖师，在四月初八祖师生日这天，村民们会自发组织前往武功山金顶白鹤峰恭请"葛玄祖师"回村进行朝拜。通过暖寿、敬神、游神等仪式，辅以娱乐表演、庙会、宴请等活动，感谢葛玄祖师对一方水土的保佑，祈求新的一年风调雨顺，五谷丰登，人财兴旺。每家每户在这个特殊的日子都会邀请非本村的亲戚、朋友们前来家里聚餐，场面十分热闹。

南村村

村情概况 南村村坐落于湖上乡的东部，东邻曾家村，南邻良坊镇，西与湖上村接壤，北与江背村、圳背村交界。本村距县城18千米。全村总面积约6750亩，辖区内有15个村民小组，5个自然村(石下自然村、冲里自然村、上新屋自然村、新屋自然村、文屋自然村),全村共585户2210余人,其中城镇人口106人。主要姓氏有朱、何、颜、王,是湖上乡大村之一。

自然环境与资源　　南村村地处罗霄山脉丘陵地带,因地理位置是武功山之南而得名,有耕地面积1900余亩,山林面积7000多亩,有小(2)型水库1座。

经济概况　　村民主要的经济收入为种植养殖、个体户及外出务工,也创办了较多的企业,主要有昌莲农牧有限公司、辉腾鞋面厂(扶贫车间)、博雅衣柜家具厂。南村村2019年打造了百合扶贫产业基地,面积合计800余亩,并获第十批全国"一村一品"示范村称号。

基础设施　　全面普及自来水,通村道路硬化,有通电、有线电视、广播。有六年制小学1所,村卫生室1处,村幼儿园1家,村级服务综合楼1幢;有农民健身活动广场,农家书屋,农村党员远程教育平台,龚全珍工作室、朱辉照中将陈列室及将军广场。

社会发展　　南村建有南村幼儿园和南村小学,可满足南村村及周边村庄学龄前和九年义务教育小学阶段的就学需求,九年义务教育覆盖率100%。村级组织活动场所2栋:一栋是村办公楼,为单独建设,建于2006年,建筑面积300平方米,活动场所面积200平方米。另一栋是人民礼堂,建于1966年,2015年装修,设有文化站、图书室等。其中南村村新时代文明实践站采取"一室多区"形式建设,共设立5个集中活动室,包含图书馆、未成年人活动室、市民宣讲室等10个功能区域。村内建有1个卫生所(室),服务范围辐射到南村整个村庄。村委会为村民提供代缴医保服务,2022年度农村医保缴纳比例达100%。

特色地情　　朱辉照(1911—1964),1929年加入中国共产主义青年团,1930年转入中国共产党,同年参加中国工农红军。解放前历任红二军团第四师十二团政治委

南村村

朱辉照将军陈列室

员,红二方面军第四师政治部主任、师政治委员,八路军一二〇师三五八旅七一五团政治处主任、团政治委员,晋绥军区第六军分区政治委员,第一野战军三军政治委员等职务,是长征、百团大战等重大历史事件的亲历者。中华人民共和国成立后,任西北军区干部管理部副部长,军委民航局局长。1955年被授予中将军衔。曾获一级八一勋章、一级独立自由勋章、一级解放勋章。

金字桥。位于南村金字脑,始建于清道光乙酉年(1825)。桥身全部采用条形石材拼砌而成,两侧镶嵌的石板上雕刻着精美图案。桥长6余米,桥宽约3米,因桥身似金字形状的山峰而得名。

惜字塔。古时读书人认为文字是神圣而崇高的,写在纸上的文字,不能随意亵渎,即使是废字纸也必须诚心敬意焚烧。《莲花县地名志》《南村朱氏族谱》载,此塔建于清代道光二十二年(1842)。塔高7.2米,底座周长为5.4米,呈六边形,五层上面加一个三层次的葫芦顶,用青石板与砖粉建构,塔身内空,底层设一拱门。其中一块青石板上刻有:"休言片纸只字,直是白玉黄金。"另一大块青石板上刻有捐款者的姓名和捐款数字。

炉下铸造厂。位于南村的北面,占地面积近5000平方米,始建于1918年,由本村朱邵阳和路口庙背的刘林秀、刘悟岳三人合资创办。1926年朱邵阳出资收购为独家经营,解放后收归为集体所有,是莲花县第一家村办企业。目前主要生产犁头、犁壁、锅铲等几十种生产和生活用品,翻制各种机械配件。

南村朱氏祠。始建于明万历三十一年(1603),进身两栋,全祠长40.8米,宽21.8米,占地889平方米。2008年重建,修葺一新。

山下村

村情概况 山下村位于湖上乡西部,与小水、湖上、车田村相邻,距县城20千米。辖区面积5.5平方千米。辖5个村小组,9个自然村,共442户1732人。

自然环境与资源 现有耕地面积1056亩,林地面积2888亩,森林覆盖率90%。主要以油茶、杉、松、杂用材木等为主。山下村大力推进乡村振兴,加快产业发展,2018年投入光伏扩面工程资金70万元。2020年投入23.5万到"致富驴",2021年投入42万元到湖上乡产业园,2022年投入70万元到湖上产业园,增加村集体经济收入每年24万元。带动村民就业30余人。

经济概况 山下村主要种植水稻、油茶、油菜、红薯,养殖土鸡、土鸭等,2022年,水稻种植面积约1186亩,种植户约360户;油菜种植面积约1100亩,种植户约340户。大型肉牛养殖户1户,年末存栏190头,全年出栏39头。土猪养殖户6户,年末存栏639头,出栏313头,土鸡、鸭等皆为家庭散养,未形成规模。为促进农业生产,村"两委"鼓励村民间采取资金资产、土地、劳动力、光伏发电等灵活多样的入社或入股方式成立农业发展专业合作社,其中丰盛种养专业合作社,带动70户292人种植水稻、百合、莲子等作物;湾里种养专业合作社,带动100户380人种植杉树、竹700亩。规模较大的有臻源农业专业合作社。

基础设施 近年来,拆除危房杂屋2万平方米,打造7个新村建设点。安装路灯130余盏,硬化村组道路5.5千米。通讯网络信号覆盖率100%,宽带网络使用率约90%,有线电视使用率100%。巩固提升饮水工程投资42余万元,使全村人民喝上了安全干净的生活用水。农田基本建设大有提升,修建防洪堤2座,机耕道600米、水圳6800余米。

社会发展 山下村文化活动中心于2014年由村民自筹资金兴建,占地面积100平方米,位于山下自然村中心位置,2018年进行了提升改造,各功能区分块明晰、布局合理,同时组建了中鼓队、腰鼓队、乐器队和舞蹈队,队员40余人。村内建有1个卫生室,村委会为村民提供代缴医保服务,农村医缴纳比例达100%。

特色地情 湾里自然村有1座合家庙,供奉的是观音菩萨及地方神祇,每年农历七月二十日为祭祀香期,香期有小型庙会活动。

卿正广场。山下彭姓始祖名叫彭卿正,卿正广场因而得名,广场建有百姓大舞台、健身器材、卿正公塑像等。

山下村景村新农村建设点

祭祀礼仪。 莲花上西一带的风俗礼仪主要源自明朝理学家刘元卿办的复礼书院。祠堂祭祀是山下村最重要的习俗活动。祭祀通常用供祭品、鸣放鞭炮、请筵席以示庆贺和鼓励。

西山村

村情概况 西山村地处湖上乡北部，东接江背村、圳背村，南邻车田村、山下村，西靠坊楼镇沿背村、车田村山场，北至闪石乡渭下村。全村地域呈西北倾东南走向，长约6千米，全域面积13.4平方千米，距县城25千米。全村432户1318人。全村分6个村民小组。

自然环境与资源 西山村属半丘陵半山地地形，村庄地势不平，村内有条河支流穿村而过。现有耕地面积1295余亩，林地面积9000余亩。主要种植水稻、油茶、油菜、红薯、蔬菜等，种植户约260户，水稻种植面积950多亩。山场上主要树木品种为油茶、松树、柏树，森林覆盖率70%。

经济概况 农业产业方面,有惠民农民专业合作社,流转承包租赁农户、村集体1800多亩山地,用于栽培果树、繁育花卉苗木,种植黑碳杨梅、东魁杨梅、三红蜜橘、红美人橘等当季果品,并畅销周边市县,辐射带动周边乡镇众多村民就业增收。2021年5月被评为国家级示范合作社。于2013年11月成立的湖上种植农民合作社,吸纳102户村民入社(其中贫困户20多户),流转土地800多亩,种植葡萄、草莓等水果及农作物,进行初级农产品加工和销售。乡裕种植农民专业合作社的葡萄是名优农产品,成功通过了农业农村部无公害农产品认证,并已成功注册裕硒园商标。莲花县常青种养专业合作社成立于2018年,主要经营农作物、中药材、经济林种植等,林下生态种植的草珊瑚特色药材和黄精、"赣食十味"药材正成为全县中药材产业发展的核心引领示范基地,专业合作社在2020年被省中医药管理局确定为全省10个"定制药园"项目之一。

基础设施 西山村交通便利,新湖闪公路呈南北走向从村中穿过,在新楼天与肖家的交界处,形成十字交叉路。拆除危房杂屋2.5万平方米,打造6个新农村建设点。安装路灯120余盏,硬化村组道路6.6千米,铺设村干道沥青路1.3千米,新建污水处理池1座。通信网络信号覆盖率100%,宽带网络使用率约90%,有线电视使用率100%。村内未接入天然气管道,村民日常做饭烧水使用的能源主要为电能和液化气,少数家庭使用蜂窝煤、木柴。巩固提升饮水工程投资50余万元,使全村人民喝上了安全干净的生活用水。农田基本建设大有提升,修建防洪堤1座,机耕道3600米、水圳8000余米。

社会发展 西山村改造提升新时代文明实践中心,各功能区分块明晰、布局合

西山村葡萄产业园

理。共设立4个集中活动室,包含图书馆、市民宣讲室、儿童娱乐设施等6个功能区域。有4处供村民健身、热舞的广场,篮球场2个,村内建有1个卫生所(室)。

特色地情 田新自然村和田尾自然村有1座庙,供奉的是观音菩萨及地方神祇,每年农历七月二十日为祭祀香期,香期有小型庙会活动。

小水村

村情概况 小水村地处湖上乡西南部,东、南部与本乡山下村相邻,西部与良坊镇夏布、邑田村相邻,距县城18千米。由小水、茶背冲、龙甲坊3个自然村组成,共4个村民小组,总共228户941人。小水村共11个姓氏,其中江、黄、汤、戴、贺、王等姓人数较多。

小水村莲子种植产业

自然环境与资源 小水村地处丘陵地带,平均海拔高度200米,乡道从湖上乡到小水村4千米,贯穿到良坊镇。有1条3千米的河流,是湖水河末端,该河流入良坊镇邑田村,在与邑田村交汇处,有一片225亩天然水域。土地总面积2.664平方千米,有耕地1020亩,山地3740亩,森林覆盖率80%。境内蕴藏煤炭、高岭土、石灰岩等矿产资源。

经济概况 主要种植水稻、油茶、莲子、油菜、红薯、萝卜等。种植户约200户。水稻种植面积800多亩。土特产品主要有茶油、菜油。现有专业合作社1家,是小水佳园专业合作社,带动10户42人种植油茶。湖上乡小水村以种植业和养殖业为主，其中种植作物包括水稻、油菜、莲子、牧草等，养殖业麻鸭为主，目前均未形成企业规模。2023年，小水村的村集体经济收入为15万元左右，主要为光伏收入和昌盛水泥厂分红资金。为壮大村级集体经济，安排脱贫户和村民收割牧草等工作创造收益。利用上级资金建设肉牛养殖基地，牛栏建设面积2500余平方米，完善"产业路"980米。

基础设施 小水村村庄道路网基本形成，村内生产道路主要为两条水泥路面。有桥梁3座，村内有路灯200多盏，均为太阳能路灯。通信网络信号覆盖率100%，宽带网络使用率约90%，有线电视使用率100%。有变电器4台，家庭通电率100%。村内未接入天然气管道，村民日常做饭烧水使用的能源主要为电能和液化气，少数家庭使用蜂窝煤、木柴。村民主要生活用水来源于城乡控水一体化，铺设自来水管道约10千米，基本满足了全村村民日常生活用水需求。具有水利灌溉功能的山塘5座，河床拦水坝3座，引水圳道全长约5千米，可灌溉耕地800余亩。

社会发展 小水村文化活动场所占地面积约800平方米，主要是村委会（党群服务中心）约100平方米、新时代文明实践站约300平方米、文化健身广场约400平方米，其中小水村新时代文明实践站采取"一室多区"形式建设，共设立4个集中活动室，包含图书馆、市民宣讲室等10个功能区域。村内建有1个卫生所（室），服务范围辐射到本村村民。

特色地情 小水江氏璞公祠。建于2008年，2009年10月竣工，为纪念先祖璞公而建。璞公自明朝泰昌元年（1620）迁入小水，现已繁衍37世。

黄氏宗祠。茶园村黄氏宗祠由先祖（卅六世鸣吉、鸣崇二公）倡建，现已有200余年历史。于2014年重建。

曾家村

村情概况 曾家村地处湖上乡东部，与路口镇同坑村相邻，距县城23千米。地处高山地带，莲花县第一峰石门山脚下，主峰海拔1300米。辖3个自然村：曾家、阁下、谭家。共有5个村民小组，全村246户1046人，人口较多的姓氏有曾姓、彭姓。有耕地面积约730亩，山地面积2800余亩。

自然环境与资源 曾家村水源比较充足，主要源自石门山和木龙潭，龙门溪是主要源流，相对于湖上乡其他村气温略低。有古树100余棵、生态林2000亩，生态环境

曾家礼堂

好,利用价值较高。共有耕地730亩,山地2800余亩,森林覆盖率90%。

经济概况 曾家村大力推进乡村振兴,加快产业发展,2017年至2021年分别投入木龙潭生态园有限公司产业资金用于种植养殖。木龙潭生态园有限公司每年种植罗汉果100余亩,油茶300亩,沙糖橘30亩,肉牛养殖30余头。

基础设施 近年来,拆除危房杂屋1.5万平方米,打造6个新农村建设点。安装路灯120余盏,硬化村组道路4.6千米,铺设村主干道沥青路1.2千米,新建污水处理池1座。通信网络信号覆盖率100%,宽带网络使用率约90%,有线电视使用率100%。家庭通电率100%。村内未接入天然气管道,村民日常做饭烧水使用的能源主要为电能和液化气,少数家庭使用蜂窝煤、木柴。巩固提升饮水工程投资40余万元,使全村人民喝上了安全干净的生活用水。农田基本建设大有提升,修建防洪堤3座,机耕道3500米,水圳8000余米。

社会发展 文化活动中心于1985年由村民自筹资金兴建,占地面积500平方米,位于曾家自然村礼堂,2017年进行了提升改造,各功能区分块明晰,布局合理。礼堂外设有篮球场1个,面积约350平方米。村内建有1个卫生室,服务范围辐射到本村村民。村委会为村民提供代缴医保服务,农村医保缴纳比例达100%。

特色地情 贞节牌坊。建于乾隆四十四年(1779),是为旌表曾邕卤之妻李氏头姑而建。全坊均为青石结构,南北向,共分三层,底层为四条扁坊柱,三拱门,两侧坊柱底部。

圳背村

村情概况 圳背村是由原圳背村与原五口村合并村,圳背村位于莲花县湖上乡东北部,距县城24千米,与凡家村、江背村及路口镇丰施村、庙背村相邻,322国道穿村而过。全村349户1371人。共6个自然村(圳背、三湾、辽前、末塘、油榨下、沙边),7个村民小组,共有土地面积6660亩,其中耕地面积2000余亩,山地面积4600亩。村内主要产业有种植(雷竹和栀子等中药材)、养殖(稻虾),石料开采等。2022年村级集体经济收入为31.5万元。

自然环境与资源 圳背村属半丘陵地形,地势北低南高,村庄地势坡度变化小,322国道穿村而过,交通便利。石灰石矿产较为丰富。绿化率达85%,林地面积为4200亩,主要为油茶林、松树林、杉树林。文化底蕴丰厚,民风淳朴,村内自然景点较多。2018年圳背村被评为萍乡市"美丽村庄",2021年被评为"江西省森林乡村"。

经济概况 圳背村主要种植水稻、油茶、油菜、红薯,主要养殖小龙虾、肉牛、白鹅、麻鸭、蜜蜂等。工业以石灰石开采以及附属加工为主,有1家采石场,有3家石灰加工厂、4家机制砂厂、1家混凝土搅拌站,特色工业产业有优品高端楹联制造厂、太阳能集中光伏电站各1家。小龙虾、栀子花、莲花白鹅、高端楹联是家喻户晓的圳背村特色产品。2022年,稻虾共作种植面积500亩,年产小龙虾15万斤,优质稻米约20万斤;种植栀子花1300亩,年产栀子达200吨;圳背村白鹅养殖占地40余亩,为莲花县现存最大的白鹅养殖基地,年出栏莲花白鹅8万余羽。

基础设施 圳背村村庄道路网基本形成,交通较为便利。322国道穿过村庄,为沥青路面。村内生产道路约6.9千米,生活道路约8.8千米,路宽3.5~5.5米,主要为水泥路面。兼具生产生活功能的与国道连接段约3.8千米,为沥青路面。有桥梁13座,其中平板桥梁9座,小型拱桥4座,涵洞型桥梁4座。村内有路灯335盏,均为太阳能路灯。建有垃圾分类收集点35个,收集后由保洁公司统一处理。移动、电信、联通的通信网络信号覆盖率100%,宽带网络使用率约90%,有线电视使用率100%。家庭通电率100%。村内未接入天然气管道,村民日常做饭烧水使用的能源主要为电能和液化气,少数家庭使用蜂窝煤、木柴。村民主要生活用水来源于城乡供水一体化,铺设自来水管道全部完成入户,满足了全村村民日常生活用水需求。2022年,申报1个景村建设点,获批112万元项目资金用于末塘、油榨下、沙边三个自然村人居环境整治建设改造,有效提升圳背村的村容村貌。

圳背村光伏基地

社会发展 文化活动场所占地面积约5800平方米,主要是村委会(党群服务中心)约600平方米、新时代文明实践站约1300平方米、文化健身小广场多处合计约1800平方米、祠堂七栋约2100平方米。其中圳背村新时代文明实践站共设立1个室内灯光篮球场、4个集中活动室,包含图书室、家长学校、理论学习室、未成年活动区等10个功能区域,为群众提供一个良好的学习娱乐场所。村内建有1个卫生室,服务全村。村委会为村民提供代缴医保服务,2022年度农村医保缴纳比例达100%。

闪水乡

1948年属复礼乡；1949年属二区和六区；合作社时，由原暖水、闪石、三社合并为闪石乡；1958年8月成立闪石人民公社；1968年4月并入湖上公社；1972年8月析置闪石公社；1984年6月改为闪石乡至今。

闪石乡地处莲花县东北部，东毗路口镇，南连湖上乡，西与坊楼镇、高洲乡为邻，北与安福县接壤，距县城22千米，全乡总面积59.73平方千米，有耕地面积1.2万亩，可利用林地面积4.4万亩。辖井屋村、洞背村、太源村、暖水村、闪石村、江南村、渭下村、西江村等8个行政村，65个村小组，共4389户13,194人。全境地处罗霄山脉中段，地势北高南低，山脉呈南北走向。

先后获评全省首批基层政务公开标准化规范化乡镇、全省住建领域信息公开优秀案例、2023年萍乡市数字乡村创新发展优秀案例，2023年度市域"点线面带"工程和乡镇"十个一"标准化体系建设乡村治理先进乡镇等省、市级荣誉；离退休干部党支部获评市级示范党支部。

自然环境与资源 域内矿藏主要有石灰石、煤炭、石英粉等。其中煤炭资源位于暖水村、西江村，矿区面积2.7平方千米，地质储量180万吨；石灰石资源位于洞背村，矿区面积0.6平方千米，地质储量80万吨。

经济概况 农业形成了种植水稻、油菜、茶叶、西瓜、南方红豆杉、花卉苗木为主的多种产业格局，其中洞背村有40多年的种西瓜传统，洞背西瓜在全市乃至周边地区都很有名气，每年种植面积都在800亩左右，产量可达2000吨以上。

有规上工业企业6家,分别是莲花县西云山煤矿、江西艾维斯机械有限公司、江西省和跃科技有限公司、江西品盟冶金材料有限公司、江西省贝斯微智能科技有限公司、江西众展智能机械有限公司。

2023年全乡完成财政总收入4102万元,其中税务部门收入4061万元,财政部门收入41万元;固定资产投资项目19个,投资金额24070万元。

基础设施 乡集镇位于郭家桥,周边道路已全部安装太阳能路灯,有路坊、湖闪公路以及泉五公路三条主干道。通信网络覆盖率100%,电信、移动和联通三大运营商在闪石都设有网点。有邮政、顺丰、申通、中通等主流快递服务站。通电率达100%。全乡8个村配水主管网均已铺设到位,8个村全部实现全面集中供水;建有污水处理站3座。

全乡共有2座水库(罗卜冲、愁猿岭)、28个山塘,主要采用沟渠引水,可供全乡灌溉耕地需要。

社会发展 辖区内有1所中学(复礼中学)和2所小学(闪石中心小学和三社小学)。复礼中学位于闪石乡渭下村,设有教学班16个,在校学生642人,专任教师55人。闪石中心小学位于闪石乡闪石村,现有12个教学班(其中3个幼儿班),在校生302人(小学生237名,幼儿65名),教职工34人。三社小学位于闪石乡太源村,设有教学班7个(包括幼儿园),在校学生200人左右,教职工18人。

全乡文化基础设施配齐配全,设有乡文化站1个,村级文化活动中心8处,各类图

禾水源

闪石村六舍里理学文化广场

书室10个,藏书5万余册。建有文化广场10余个,篮球场4个,足球场1个。设有1个乡卫生院和8个村卫生室,卫生室配备常用药物,并有医生常驻,能满足群众日常看病需要。2023年医保参保人数11012人、社保参保人数4730人。

人文地情　复礼书院。明朝理学大师刘元卿所创,以"克己复礼、天下归仁"命名,刘元卿因中年科举失意,遂以正学为己任。为启迪后人,他回乡动员二十四姓零八家并制订了《正俗十四条》,约定族约,兴建复礼书院,兴办教育,传道授业。

石城洞。原名书林洞。刘元卿命名"石城",明末旅行家徐霞客从武功山下山,来到石城洞,在日记里盛赞石城洞比闻名于世的阳羡、张公洞大而过之,对石城洞的奇景作了形象地描绘。

虎头岭战斗遗址。位于闪石乡闪石村五里山,1935年湘赣省军区司令彭辉明率部在这里与莲花反动势力发生激烈战斗。

"打铁"文化:民国时期,闪石有"正发号""天发号""仁发号"等近二十家著名铁匠店号。因为他们手艺精湛,打出来的铁件质量好,在周边邻县享有很高声誉,著名钢制菜刀"石字刀"就出自闪石。

闪石村

村情概况 闪石村位于闪石乡西北部、莲江源头之一的五里山脚下,东临太源村,西接暖水村,南通江南村,北连安福县钱山乡,225省道、闪石江穿境而过,村域面积为全县之最,约22平方千米,耕地面积3800余亩,林地面积26000余亩。2021年被省级评为水生态文明村。闪石村辖21个自然村,分别是:田家冲、田垄里、垄里、江下、上塘远、下塘远、滩泉上、屋背、六石里、岸上、桥边、闪板桥、塘背、路下、河家、江下垄、对下、新屋里、白渡江、石陂、移民点。全乡共20个村小组。总人口926户3054人。居住人口以汉族为主,主要姓氏有刘、冯、彭、李、贺、周、江、戚、尹、伍、朱等。

自然环境与资源 闪石村地处丘陵地带,地势北高南低,人口密度较大,村庄密集。属亚热带湿润季风气候,四季分明,气候温和,光照充足,霜期短,作物生长期长,村民以种植水稻、油菜、西瓜、油茶,养殖黄牛、黑山羊、土鸡、蜜蜂等为主。境内河道有禾水源、萝卜冲。

经济概况 全村以种植水稻、油菜、西瓜,养殖黄牛、黑山羊、麻鸭、土鸡、蜜蜂等

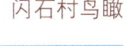

闪石村鸟瞰

为主；山上主要种植茶树、杉树、湿地松等。有专业种植养殖合作社7个，各类小型商店10个，小加工作坊4个。2023年村级集体经济收入达19万元。

基础设施　闪石村交通较便利，村主干道全面铺上柏油，水泥路户户通。宽带安装户数856户，移动安装户数628户。全村供电用户926户，家家户户用上了自来水。

社会发展　闪石村村委会占地面积1300平方米，有文化广场。新时代文明实践站占地面积320平方米，共有两层。现有一所中心小学及中心幼儿园，占地面积约8000平方米，有师资33人、学生277人。有篮球场、文化广场、红领巾营地、农家书屋、居家养老中心各一个。2023年共有652人享受居民养老保险待遇。

特色地情　六舍里地理学。"六舍"的含义即舍浪费、舍无知、舍陋习、舍失信、舍忤逆、舍贪念。在此基础上形成六舍里自然村村规民约。该自然村是闪石乡推进"以理促治"模式的试验点。

洞背村

村情概况　洞背村位于萍乡市莲花县闪石乡东北面武功山脚下，距县城30千米，东邻安福钱山乡，南接范家村，西连井屋村，北靠钱山乡月里村。洞背村四面环山，土地总面积为13500亩，耕地1154余亩（其中水田1100亩），旱地50余亩，林地7846余亩，森林覆盖率85%。乡村公路自西向东从村中经过。辖6个村民小组，共280户922人。居住人口中以汉族为主，主要姓氏有冯、刘、龙、李、黄等。

自然环境与资源　洞背村为山区地貌，四面环山，人口密度较大，村庄密集。属亚热带湿润季风气候，四季分明，气候温和，光照充足，霜期短，作物生长期长，村民以种植水稻、油菜、西瓜、油茶、白莲、药材，养殖黄牛、香猪、蜜蜂等为主。水资源丰富，村内两条河流呈依村而过，村内水域面积128余亩。村内古树名目繁多，主要有苦槠树、枫树、樟树等，树龄有500多年。矿产资源丰富，主要有石灰石、高岭土等。

经济概况　洞背村耕地面积1154亩，村民以农业为主，种植有水稻、油菜、西瓜、白莲、药材；养殖黄牛、香猪、蜜蜂等，山上主要种植茶树、杉树、湿地松等。有各类小型商店9个、小型加工作坊2个。2023年粮食种植面积700余亩，油菜种植面积600亩，西瓜种植面积300亩。辖区内有企业1家、合作社8家，培育了家庭农场1个，有养殖场1个、各类小型商店6个、小加工作坊2个，职业农民10人。2023年洞背村村集体收入20.42万元。

洞背村西瓜种植

基础设施 洞背村内交通便利,村道路均为水泥路面,6个自然村全部实现了入户道路水泥硬化。湖上水洞背村段河道总长1000米全部进行了护坡砌石,沿途水坝得到维护。村内通信网络全覆盖,宽带安装数220户;全村供电用户数量280户,年用电14000千瓦时。6个自然村组已实现城乡供水一体化,饮用水卫生合格率100%,供水保证率100%。截至2023年底,完成4个新农村点建设,农村生活垃圾分类设施覆盖率80%,农村户厕改厕率100%。全村安装太阳能路灯150盏,光伏发电44户,村集体光伏发电100千瓦。

社会发展 洞背村村委会占地面积150平方米。洞背村设置有综合文化服务中心、老年人活动室,建设室外文化广场4处,包括篮球场、健身休闲广场等。村委会积极开展精神文明建设工作,依托党群服务中心、农家书屋、活动广场,定期开展送戏下乡、电影下乡等文化活动,村民组织文艺团体参与表演,丰富群众文化生活。

特色地情 洞背村西瓜色泽好、甜度高、品质优。瓜瓤紧实脆爽、瓜香浓郁、汁多、果肉鲜红、口感极佳、不空心,早在清朝就有种植,种植历史悠久。

江南村

村情概况 江南村于2003年由原来的江边村和南头村合并而来。古属吉安府莲花厅二十四都。中华人民共和国成立后,经过多次的乡村级区域重组,1984年3月改人民公社为乡,生产大队为村,南头大队改为南头村;江边大队改为江边村,隶属于闪石乡。江南村地处闪石乡政府附近,东与路口镇接界,南与湖上乡凡家村接界,西与闪石村相邻,北与太源村相接,距县城27千米。辖区总面积7.5平方千米,耕地面积2380亩,其中耕地有效灌溉面积1580亩,旱地800亩,林地面积4400亩,辖14个村民小组,全村共10个自然村(合立山、屋场里、枫树下、南土边、大路边、太锡、江边、郭家桥、刘家、泉塘边),有492户2060人,居住人口中以汉族为主。全村姓氏有李、刘、郭、康、颜、黄、周、肖、冯、胡等,主要以李、刘为主。

自然环境与资源 村境内多山地丘陵,地势北高南低,东高西低,村庄地势坡度变化不大,平地多,居民建房集中。属亚热带湿润季风气候,四季分明,雨量充沛,光照充足,无霜期长。春季雨水多,夏季雨量集中,秋季温和凉爽,冬季干冷少雪。年平均气温16.8℃。村境内有渭溪河和洞溪河两条河流,渭溪河自西闪石村流入向南流出,洞溪河自北太源村流入向南流出,一起汇入湖上水系。村内无大型水库,有4个山塘。土地矿藏中镁质粉较为丰富。村内自然环境优美,景色宜人。村内有古樟树2株,古枫树1株。

经济概况 2023年村级集体经济收入为21万余元。主要收入来源为光伏收入、房屋出租、产业分红。农田面积1580亩,林地面积4400亩,主要种植水稻、油茶、油菜、红薯,养殖黄牛、土鸡、羊、猪等。为促进农业生产,村党支部、村两委加大宣传,鼓励村民发展种植养殖业。近年来发展5个农民专业合作社和1个家庭农场。依托政策扶持,2018年新建150千瓦光伏电站1座,2019年新建100千瓦光伏电站1座,为村集体经济年增收11万元。2020年江南村农户新办了家具厂,吸纳劳动力5人,其中脱贫人口1人,均来自本村及邻村村民,每人每年可增收1万-3万元,帮助部分有劳动力的村民就近就业再增加了家庭收入。

基础设施 村庄道路网形成环村水泥道路,交通较为便利。317省道,自东向西穿过。1条县道、2条乡道穿过村庄,均为水泥路面。村内机耕道路约2.5千米,主要为水泥路面。有桥梁5座,其中小型桥梁3座、涵洞型桥梁2座。村内有路灯150盏,均为太阳能路灯。在网络通信方面,全村实现电信光纤线缆全覆盖,通信网络覆盖率

江南村集镇

100%。家庭通电率100%。家庭通电率100%。村内未接入天然气管道，村民日常做饭烧水使用的能源主要为蜂窝煤、液化气，少数家庭使用木柴、电能。村民主要生活用水来源为自来水，有1个集中供水点；蓄水池2座，可蓄水150吨，基本满足了全村村民日常生活用水需求。有引水陂坝4座和具有水利灌溉功能的山塘4口。

社会发展　文化活动场所4个。新时代文明实践站1个，通过整合资源，采取"一室多区"形式建设，包含图书馆、青年之家等。村内有一所乡级卫生院，服务全村村民，村委会帮办代办人员为村民提供代缴医保服务，2024年度农村医保缴纳率达98%。有58户109人享受了农村低保，其中五保户9户10人，其中享受居民养老保险427人，残疾人83人，烈士子女12人，退役军人33人，现役军人4人。

井屋村

村情概况　井屋村位于莲花县闪石乡东面，与安福县钱山乡月里村接壤，南与洞背村毗邻，西、北与太源村相连，有泉五沥青公路贯通全村，交通便利，辖区总面积10.5平方千米，下辖8个村民小组，共455户1490人。建档立卡人口54户、197人。耕地面

井屋村冯氏宗祠

积1080亩,林地面积6667.2亩,河流水域面积120亩,森林覆盖率90%,村民年人均收入9200元。

自然环境与资源 井屋村地处山区,山林面积6667.2亩,森林覆盖率85%以上,主要林木有杉、松树及阔叶杂木,古樟树6棵,空气新鲜,气温宜人。村内有茶苑山塘,占地面积10余亩,能灌溉农田200余亩。

经济概况 全村有农田面积1080亩,村民以种植水稻、油菜、西瓜为主,养殖业主要有蜜蜂、肉牛、鸡、黑山羊等。有各类小型商店6家,有榨油机2部,中型碾米厂2家。村委会成立了莲花县五里山农业专业合作社,主要发展养殖中蜂产业。建立了村集体光伏电站一个,年均收入8万元以上,2023年村集体经济收入达15万元以上。

基础设施 井屋村地处偏僻山区,交通不便,基础设施落后,被列为"十二五"、"十三五"重点贫困村,在扶贫政策的帮扶下,实施进村主干道沥青路2.5千米,村组路面硬化四千米以上,入户路硬化2.5千米。兴建农田水渠6000余米。从2015年至2023年实施9个新农村建设点,安装路灯150盏,2023年完成城乡供水一体化入户212户,2022年投入10万元资金整治张家山山塘。

社会发展 村内有卫生室1个,医生2名。井屋村设有综合文化服务中心、未成年人活动室,有室外健身场所3处、篮球场2个。有享受农村养老保险人员259人,有享受农村低保人员42人,城市低保人员3人,特困供养人员4人,农村残疾20人,城市残疾2人,农村残疾生活补助17人,城市残疾生活补助1人。实行垃圾集中分类处理,有专职保洁员6人,建成生活垃圾集中分类处理设施1个,全村均已使用卫生厕所。

暖水村

村情概况 暖水村旧属吉安安福县。中华人民共和国成立后,经过多次的乡村级区域重组,1984年3月改暖水大队改为暖水村,隶属于闪石乡。暖水村位于闪石乡西端,距离乡政府驻地三千米,北接西江村,南临闪石村,是"十二五"期间的省级贫困村,距离莲花县城、萍乡市区分别为25.1千米、70.6千米。

全村区域面积约3平方千米,耕地面积793.6亩,林地面积2500亩。农民以种植水稻、油菜、油茶为主体。特色产业有韭菜、玉米、莲花血鸭等。辖区3个村民小组(一组坪地、二组暖水江、三组祥贝),9个自然村组(坪地上屋、坪地下屋、坪地新屋里、暖水新屋里、上屋、下屋、祥贝、樟屋边、新屋里),共280户1054人。村民以刘、周、李、尹4姓为主。

暖水村金陵李氏祠

自然环境与资源 暖水村境内多山地丘陵,地势北高南低,西高东低,村庄地势坡度变化大,平地少,呈现纵向狭长态势。煤矿资源较为丰富。暖水村自然环境优美,景色宜人。

经济概况 主要种植水稻、油茶、油菜,养殖土鸡、牛、猪等,家家户户到年底都自己亲手制作莲花"米酒"。

基础设施 暖水村庄道路网形成环村水泥道路,交通较为便利。144县道、225省道穿过村庄,均为沥青路面。村内生产道路约四千米,生活道路约七千米,路宽3.5米~6米,主要为水泥路面。有桥梁3座,其中大型桥梁1座、小型桥梁2座。村内有路灯50盏,均为太阳能路灯。已接通4G网络,通信网络覆盖率100%,家庭通电率达100%。有自来水蓄水池5座,可蓄水260吨,铺设自来水管道约6000米。

社会发展 文化活动场所占地面积约910平方米,主要是村委会(党群服务中心)约240平方米、新时代文明实践站约70平方米、文化健身广场约600平方米。其中暖水村新时代文明实践站通过整合资源,采取"一室多区"形式建设,包含图书馆、青年之家等活动区域。村内建有1所卫生室,服务全村村民,村委会帮办代办人员为村民提供代缴医保服务,2024年度农村医保缴纳率达99%。2020年,在坪地小组,筹资10万元建设居家养老服务中心,占地约2000平方米,中心配备休息室、休闲娱乐设施,为老人提供居家养老服务。

西江村

村情概况　西江村曾名"西江大队"。1984年3月,西江大队改为西江村,隶属于闪石乡。西江村东接闪石村,南接暖水村,西接坊楼东星村,北接高洲仓下村、五里山村。距闪石乡政府、莲花县城、萍乡市区分别为三千米、30千米、65千米。

全村总面积7.9平方千米,其中耕地面积1202亩,林地面积10529亩,农民以种植水稻、油菜、苗木、油茶为主。辖5个村民小组(一组陂头石、二组西江边、三组岭贝、四组坪背上、五组竹园),8个自然村组(陂头石、曾家垄、西江边、禾桶岭、岭贝、坪背上、乐子冲、竹园)。全村共426户1349人。村民以刘、彭、吴、李、王、唐、贺、黄、谭、左等姓为主。

自然环境与资源　西江村境内多山地,地势西北高、东南低,村庄地势坡度较平地,村庄呈现较为分散态势。域内有一座水库(愁猿岭水库)、两条水渠(东干渠、西干渠)、三条小溪河道(陂头石至暖水江、西江边至暖水江、坪背上至暖水江)。境内无烟煤地下矿产资源较为丰富。村庄内有樟树休闲观光园,百年以上的树龄古木不计其数。

西江樟树生态园

经济概况　主要种植水稻、油茶、油菜、红豆杉等苗木,养殖黄牛、家禽、羊、猪等。2022年村级依托光伏产业,为脱贫户每户经济增收近3000元。

基础设施　西江村庄道路网形成环村水泥道路,交通较为便利。S317路坊公路穿村而过,均为沥青路面。村内生产生活道路长约六千米,路宽3.5米~5米,主要为水泥路面。村内有小型桥梁8座。村内有路灯81盏,均为太阳能路灯。有垃圾集中收集点20个。在网络通信方面,西江村已接通4G网络,实现了全村通信光纤线缆全覆盖,通讯网络覆盖率达到了100%。有变电器5台,家庭通电率100%。有5个集中蓄水池,分别位于陂头石、西江边、岭贝、坪背上、竹园等。有愁猿岭具有水利灌溉功能的水库,主要采用沟渠引水,可灌溉耕地800余亩。

社会发展　文化活动场所占地面积约3200平方米。有1所卫生室,服务全村村民,村委会帮办代办人员为村民提供代缴医保服务,2023年度农村医保缴纳率达96%。

特色地情　刘元卿墓。位于西江边石方下,是明代理学家、教育学家、复礼书院创始人刘元卿的安葬地。

太源村

村情概况　明初,刘氏、尹氏、彭氏等先后从永新、安福等地迁此。1963年扩社并队,太源村由原先社背大队和太源大队合并而成立太源大队,1981年改为太源村。

太源村位于闪石乡东北面五里山脚下,距莲花县城25千米,东邻洞背村以及路口镇范家村,南接江南村,西连闪石村,北靠井屋村。土地总面积8平方千米,有耕地2300余亩(其中水田2200亩),山地6500多亩,森林覆盖率70%,是县级生态村。太源村辖9个自然村(庙前、革仔头、夜沙下、街布下、太源、吉里下、社背、新屋里、碧塘、黄泥墩),总人口434户

太源村乡村振兴馆

太源村碧塘综合种养基地

1744人。居住人口以汉族为主，主要姓氏有刘、彭、尹、肖、贺、毛、周、颜、欧阳等。

自然环境与资源 太源村地处丘陵地带，地势北高南低，三面环山，人口密度较大。属亚热带湿润季风气候，四季分明，气候温和，光照充足，霜期短，作物生长期长。境内河道书林溪发源于五里山，主要道路泉五公路穿村而过。村内古树名目繁多，有树龄500多年的黄荆、柏树、樟树、槐树等。矿产资源有石灰石、高岭土等。有明朝著名旅行家徐霞客游记记载的天然溶洞石城洞。

经济概况 村民以种植水稻、油菜、西瓜，养殖黄牛、麻鸭、土鸡、蜜蜂等为主；山上主要种植茶树、杉树、湿地松等。有专业种植养殖合作社5个，各类小型商店9个，小加工作坊2个。2023年村级集体经济收入达15万元。

基础设施 太源村境内交通较便利，村主干道全面铺上沥青，水泥路户户通。全村供电用户434户，家家户户用上了自来水。从2011年开始先后投入800余万元对黄泥墩、碧塘、吉里下、庙前、太源、新屋里、街布下等自然村进行了新农村建设。全村安装太阳能路灯250盏，光伏发电82户，村集体光伏发电100千瓦。

社会发展 太源村村委会占地面积108平方米，三层。乡村振兴馆占地面积208平方米，分为两层。现有一所完小，占地面积6000平方米，有师资16人、学生230人。有篮球场、文化广场、红歌广场、红领巾营地、农家书屋、居家养老中心各一个；有烈士陵园（109穴）、公墓山（105穴）。2023年共有377人享受居民养老保险。有低保人员66人，其中分散供养人员9人。

特色地情 太源村是江西省第三批省红色名村。有60位烈士。

刘燕玉（1896—1934），1928年加入中国共产党，1932年10月，在湘赣省第三次工农兵代表大会上被选举为湘赣省苏维埃政府副主席。1934年10月，第五次反"围剿"

失败,湘赣主力红军奉命突围西征,刘燕玉负责物资财产转移工作,留在五里山继续战争。后因叛徒出卖被捕,壮烈牺牲。

渭下村

村情概况 明正德年间,李氏弥刚公从本乡南头村迁至渭下拓业。现村内人口95%以上为李姓。村域总面积约6.18平方千米,耕地面积1680亩,水田面积1330亩,林地面积3391亩。2023年底,全村总户数524户,总人口1537人,均为汉族。辖5个村民小组,8个自然村。地理位置优越,距闪石乡政府所在地约一千米,距莲花县城25千米,距萍乡火车站71千米。东邻本乡南头村和湖上乡凡家村,南与湖上乡楼天村、西山村接壤,西倚罗霄山脉之西云山,北毗本乡闪石村、江边村。村前有湖上至闪石(泉塘)沥青公路自南向北横贯全村,还有一条水泥公路直达南头村的出入要道。书林溪,自北向南穿林而过。

经济概况 本村种植业主要是水稻、油茶、油菜、红薯、蔬菜、白莲等,养殖业主要是黄牛、猪、羊、狗和鸡、鸭、鹅等。有一家大型养殖基地,主要饲养和销售黄牛、鸡、鸭、鹅等畜禽,现存栏黄牛50多头,鹅苗3万只,带动了多家农户饲养。村委会兴办了东方鞋厂,解决本村劳动力60余人就业,每人每年可增收1万~3万元。2023年村集体经济收入达12.8万元。

渭下村鸟瞰

基础设施 村内生产道路约三千米，生活道路约6.3千米。村内有太阳能路灯80多盏，建设垃圾集中收集点6个。在网络通信方面，我们已经成功接通4G网络，实现了全村电信光纤线缆全覆盖，通信网络覆盖率达到了100%。全村家庭通电率达100%。村内建设自来水储水池（集中供水点）2座，可蓄水100吨。

渭下村肉牛养殖基地

2022年，城乡一体化自来水安装已实现全覆盖，满足了全村村民生活用水需求。

社会发展 文化体育方面，在村委会院内已建文化活动场所约200平方米、新时代文明实践站约300平方米，村内建文化健身广场约2000平方米。医疗卫生方面，村内有一所医疗卫生室，服务全村村民，村委会为村民代办代缴医疗保障服务，2023年度全村农村医保缴纳率为96%。社会保障方面，本村有64户120人享受农村"低保"。人居环境整治，做到门前屋后无垃圾堆放、无污水横流、无杂物挡道，日常生产生活物品堆放规范（落实门前三包）。

特色地情 复礼书院。位于闪石乡渭下村观前坂田垅间。明穆宗隆庆六年（1572），由坊楼镇南陂人、理学家刘元卿，联合莲花、安福、萍乡、攸县等地的二十四姓又八家，集资兴建，距今已有450多年的历史。1912年起称为学校，1927年称莲花县东区高等国民学堂。1928—1933年，中国工农红军在复礼书院设立红军医院。1949年复称莲花县复礼中心学校，1976年改称为莲花县第三中学，1982年改称为复礼中学。复礼书院于1984年由莲花县人民政府定为县级文物保护单位。

弥刚公祠。清朝乾隆十四年（1749），渭下李姓54户合力建祠，以书林李氏开基祖弥刚公之名命名为"弥刚公祠"。2013年农历正月初六日，弥刚公祠重建。

从心桥。位于渭下村东面的坛山前田垅中，横跨书林溪，始建于道光十七年（1837）。桥体全部由石块构筑，所以又称"石桥"。桥为三拱，长26米，宽4.2米。此桥乃书林李氏三十一世孙、渭下弥刚公十三世孙建勋公，与其兄建善公，两人出资，由建勋公一人专力，村人支持配合兴建。本族三修族谱时，莲花厅庠生王邦仪，见石桥善成，行人方便，又得知建勋公为此桥而被人称"从心"，故遂书题《从心桥记》，石桥由此冠名"从心桥"至今。

海潭垦殖场

海潭垦殖场创建于1957年12月,1980年12月与江西省共产主义劳动大学莲花分校合并。场部位于六市乡海潭村,属地分布在六市、高洲、坊楼、荷塘四个乡镇,下辖村级居民点三处(罗形分场、横塘分场、洌源分场),土地确权总面积12.59平方千米。辖区内有罗形分场、横塘分场、洌源分场三个分场,共128户555人,其中:罗形分场62户263人,横塘分场32户152人,洌源分场34户140人。罗形分场、横塘分场以冯姓为主,洌源分场以余姓为主要姓氏。

自然环境与资源 海潭垦殖场位于罗形山脉中段,所辖范围内地貌特征丰富,主要为低山和高丘。低山地海拔一般在500米~800米之间,主要山峰在400米以上,相对高度100米~300米,山地坡度20°~30°,山麓的岩层为山地酸性红壤、黄壤等,土地松散肥沃,植被茂盛,冲谷中的耕地适应

海潭垦殖场场部

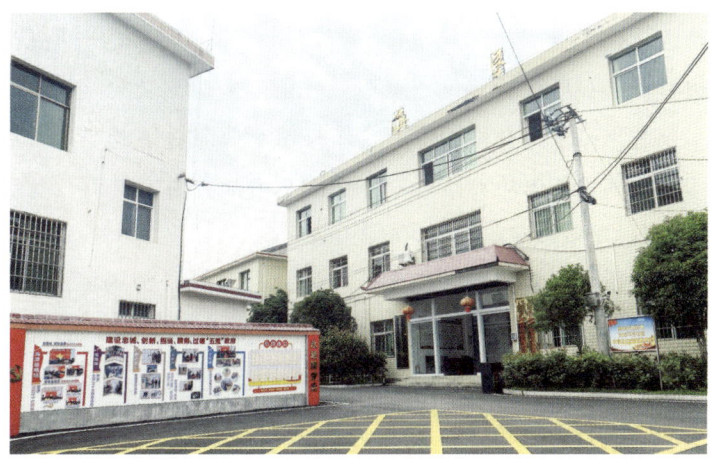

海潭垦殖场罗形分场卓氏果园

单季稻生长。高丘地海拔100米~300米，相对高度110米~180米，山地坡度20°~25°，山麓的土质为粘壤及砂壤、红壤，植被较好，以杉、松、灌木、草地为主。场内有水塘9座，分布在洌源、罗形、横塘三个分场，灌溉面积400余亩。洌源分场蛇龙山场的石灰岩、太界源山场的铁矿石、年林煤矿的燃烧煤存储量丰富。

经济概况 "海潭翡翠"绿茶和"海潭蜜梨"为辖区内两大农业拳头产品。

海潭茶厂坐落于六市乡中海潭地段，茶园种植始于20世纪70年代末，引进福建绿茶（福鼎大白），至今有50多年。1988年，海潭注册了"翡翠"绿茶商标。经过几十年的发展，现有茶园1000余亩。

卓氏果园创建于2001年。2016年，卓氏果园被认定为省级无公害农产品产地，"卓氏蜜梨"先后获得第十六届中国绿色食品博览会金奖，通过农业部农产品质量追溯体系认证、绿色产品认证。企业还成立了绿原梨业专业合作社，持续向全县果农供苗进行技术推广，并以"电商+合作社+产业扶贫+农户（脱贫户）"为运营模式，带动周边近百户农户致富。

莲花赣星实业种养专业合作社位于海潭垦殖场罗形分场辖区内。主要从事高品质水果种植和甲鱼养殖等。种植的水果品种有六月雪、黄金梨、水蜜桃、黄桃、脆皮油桃等六个品种，种植面积300多亩。

莲花县康林苗木种植专业合作社是海潭垦殖场招商引资项目，于2006年落户洌源分场。该合作社现有苗木种植面积500亩，花卉苗木品种14种，数量16500余株。

截至2022年，江西思蓝新材料有限公司完成第一期投资1.8亿元（二期将投入3.2亿元，计划2024年12月竣工投产），占地面积约24.8亩，办公区域600余平方米，生产车间2200余平方米,仓库3000余平方米,现有员工24人。目前共8条生产线,全年营业额3600余万元。

基础设施 场部位于319国道旁,距离萍莲高速5.5千米,辖区内分场水泥路全部已升级为沥青路。罗形分场主干道2条,总计约3.5千米,道路宽4.5米。浏源分场主干道2条,总计约2.7千米,道路宽4.5米。横塘分场主干道2条,总计约900米,道路宽3米,225省道途经横塘,里程为二千米。

社会发展 已接通4G网络。建有莲花共大文旅新村研学教育基地1个,为甘祖昌干部学院随营学校教学点。场部设有1个文化站、1个图书阅览室、1个新时代文明实践所,罗形分场有1个廉洁广场、1个卫生所(室)。

人文地情 莲花共大。1958年8月1日,共产主义劳动大学海潭分校成立,招收学生200余名。1962年,县委、县政府决定,将共大合并到海潭垦殖场,校产划归海潭垦殖场,教师调回原学校任教。1965年8月21日,县人委下达《关于成立共大莲花分校建校筹备委员会的通知》,在坊楼公社浏源大队龙背岭恢复共大,正式命名为"江西共产主义劳动大学莲花分校"(简称莲花共大),由甘祖昌将军任名誉校长。1968年9月28日,将位于建田的莲花县农业高中并入莲花共大。1974年,为贯彻全国农业机械化会议精神,创办了全省第一个女拖拉机手培训班,共培养女拖拉机手27名。1975年7月,八一电影制片厂在共大莲花分校拍摄电影《决裂》,电影故事素材和人物原型取自当地。1980年停止招生并撤销莲花共大。

海潭垦殖场罗形分场海潭家园小区

后 记

历时三载,这部承载着萍乡各村(社区)风貌与底蕴的《萍乡概览》终于付梓,这是迄今为止萍乡市第一部覆盖全市所有行政村的地情资料丛书,填补了萍乡地情资料的空白。

近年来,中央和省地方志工作机构越来越重视地情资源收集整理及开发利用工作。《江西省地方志事业发展"十四五"规划》提出要"整理利用地情资源""做好地方志资料工作"。《萍乡概览》的编纂积极响应了中央和省地方志工作机构的号召,秉持对历史负责、为现实服务、替未来着想的理念,深入挖掘、细致整理了各方面的资料,最终编纂成书。全书系统记述了全市各县(区)、乡(镇、街)和村(社区)各级的自然、政治、经济、文化、社会的历史和现状,可以说载述了一方地情,对于传承中华优秀传统文化、开展红色文化教育、树立文化自信等都具有重要意义。

《萍乡概览》编纂工作从启动到成书,大体上经历了四个阶段。2022年3月至6月是组织准备阶段。其间,经萍乡市人民政府同意,成立了《萍乡概览》编纂组,下发编纂方案至各县(区),逐级组建编纂机构和人员,使编纂工作逐步走上正轨。6—12月是收集资料阶段。动员和组织各级编纂人员通过查阅档案、古籍、旧志以及走访、调查、核实等多种方式进行资料收集,广征博采,整理文字500余万字,各类照片2600余幅。2023年是编写初稿阶段。组织各级编纂人员对收集到的资料进行分类、整理,撰写初稿。由于各地编纂进度不一,编纂组收到一稿即审阅一稿、反馈一稿,由主编、副主编分头带队赴各乡（镇、街），召开审稿反馈会，面对面交流探讨，对初稿提出详细修改意见并进行具体指导，大大提高了稿件质量。到2024年1月，转入总纂阶段。同时，还邀请专家进行评审，依据专家意见，进一步完善编纂成果。7月交付出版社，进入出版流程。

市委、市政府对《萍乡概览》编纂工作高度重视，市财政保障了编纂经费，市政府分管领导多次调度。编纂过程中，省地方志研究院给予悉心指导，市档案馆以及各县区委、县区政府等给予大力支持和协助，在此一并致谢。然各村（社区）历史源远流长，虽竭尽心力，但因年代跨度长、涉及内容广，兼之编者能力有限，难免存在疏漏、错讹或未尽妥帖之处，望广大读者不吝批评指正，以便我们在后续的修订中不断完善，使本书能够更加精准、全面、客观呈现萍乡各村（社区）的真实风貌，不负这片土地的厚重底蕴与读者的殷切期待。

《萍乡概览》编纂委员会
2025年1月